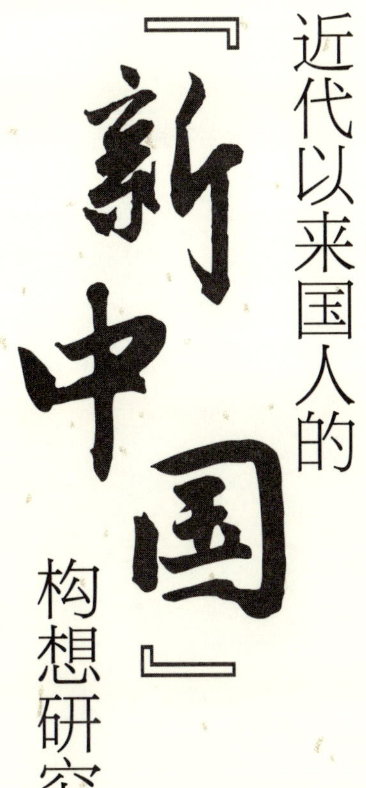

The Research on the Chinese People's Conception of "New China" Since Modern Times

王玉玲——著

中国财经出版传媒集团
经济科学出版社
Economic Science Press

图书在版编目（CIP）数据

近代以来国人的“新中国”构想研究/王玉玲著．—北京：经济科学出版社，2021.8
ISBN 978－7－5218－2806－1

Ⅰ.①近…　Ⅱ.①王…　Ⅲ.①中国历史－近代史－研究　Ⅳ.①K250.7

中国版本图书馆CIP数据核字（2021）第170033号

责任编辑：杨　洋　程　铭
责任校对：王肖楠
责任印制：王世伟

近代以来国人的“新中国”构想研究
王玉玲　著
经济科学出版社出版、发行　新华书店经销
社址：北京市海淀区阜成路甲28号　邮编：100142
总编部电话：010－88191217　发行部电话：010－88191522
网址：www.esp.com.cn
电子邮箱：esp@esp.com.cn
天猫网店：经济科学出版社旗舰店
网址：http://jjkxcbs.tmall.com
北京季蜂印刷有限公司印装
710×1000　16开　13.25印张　220000字
2021年8月第1版　2021年8月第1次印刷
ISBN 978－7－5218－2806－1　定价：52.00元

序

本书是王玉玲在其博士论文基础上修改完善而成的。作为她的博士生导师，得知她的博士学位论文即将出版，我感到非常欣慰。出版之际，玉玲让我写几句话，作为序言，我欣然接受。

王玉玲 2012 年进入中国人民大学攻读博士学位，2015 年毕业。她在郑州大学攻读硕士研究生阶段，曾经以梁启超的《新中国未来记》研究为硕士学位论文，通过对《新中国未来记》的研究，考察了梁启超对“新中国”的期望和构想。受此启发，在她攻读博士学位伊始，我便鼓励她继续“新中国”构想的研究，深入考察近代以来国人对“新中国”构想的发展变化。开始，她似乎还有点犹豫。记得好像是在 2013 年的博士论文答辩会后，几位答辩老师问起她的博士论文选题，都不约而同地表示认可。得到几位校外专家的肯定，她才对此选题有了信心。随后，在阅读史料的过程中也有了新的思考，特别是接触到了概念史的领域，并产生了浓厚的兴趣，研究方向开始明确，最终以“近代国人的‘新中国’构想研究”作为博士论文的题目。

论文题目确定之后，王玉玲立即全身心投入资料的收集和研究。在撰写论文的过程中，她先后发表了几篇关于“新中国”的学术论文，其中一篇关于清末知识分子的“新中国”构想的论文，考证出晚清以来最早提出“新中国”名词与概念的人是康有为。这篇论文发表在当年的《清史研究》上，得到夏明方教授的肯定。当时的我，也为玉玲能够在读博期间发表高水平学术论文而感到欣慰。经过三年的努力和辛勤付出，王玉玲顺利完成了博士论文的写作，并在论文答辩时得到了徐万民、阎闰鱼、罗检秋、欧阳军喜、方敏、朱浒等几位教授的认可与鼓励。王玉玲博士毕业后，赴河南财经政法大学从事教学研究工作，工作期间继续围绕“新中国”概念和话语进行深入研究，又撰写、发表了多篇相关学术论文，这些研究成果使本书得以进一步完善。2016 年，王玉玲以博士论文为基础，申报国家社科基金青年项目，最终以“近代国人的‘新中国’构想与中华民族的伟大复兴研究”为题荣获国家社科基金青年项目资助。第一时间看到王玉玲获得立项的信息，我为玉玲的进步感到十分高兴。

目前呈现在读者面前的书稿，就是在王玉玲的原博士学位论文的基础上修改、补充、完善而成。全书运用概念史和思想文化史的研究方法，梳理了自晚清以来到中华人民共和国成立之前，国人对“新中国”的构想和话语使用，分析了不同历史时期、不同思想文化背景下“新中国”的概念内涵，考察了不同群体对“新中国”的构想，比如晚清的“立宪新中国”、民国初期“民主共和国”和“虚君共和国”、民国后期的“三民主义新中国”和“新民主主义共和国”、后来的“社会主义新中国”，揭示了近代国人“新中国”构想的历史演进。本书的研究弥补了学界关于“新中国”概念研究的不足，对于近代以来国人“新中国”构想的系统考察和分析，也在一定程度上丰富与深化了中国近代思想文化史关于国家构建方面的研究。书稿最终定名为《近代以来国人的“新中国”构想研究》，可以说是目前学界关于“新中国”概念和构想研究的第一部专著，它的出版对推动“新中国”概念及话语的历史研究具有重要的学术价值和开拓意义。

古语云：学无止境。本书的研究虽说是一部比较成熟的学术著作，但是对近代以来“新中国”这一话语如何流行并得到认可等问题，还有待于进一步探讨，特别是普通民众如何看待“新中国”、如何接受知识精英的现代国家建构等问题，都可继续做深入的研究。

本书是玉玲的第一部学术著作，是她读博士以来勤恳学习和踏实研究的成果。在该书即将出版之际，由衷地向王玉玲表示祝贺，并希望她在以后的学术生涯中不断耕耘，继续努力，拿出更多更好的研究成果，贡献于学界。

是为序。

马克锋

于中国人民大学

前言

“新中国”一词最早出现在晚清，由维新派人士康有为提出和使用。本书主要研究近代以来“新中国”的深层内涵，考察“新中国”从一个词语变成国人对未来国家的构想的历史过程，并分析不同时期不同历史背景下国人“新中国”构想的发展演变。本书有两条主线，一条是从概念史的角度，针对知识分子群体的言说和史料记载，来梳理“新中国”一词从最初的出现和使用到广泛传播和流行这一完整的历史发展过程，对“新中国”作为名词和概念进行考察和研究；另一条主线是从思想文化史的角度，对不同时期国人提出的“新中国”构想所体现的思想和文化内涵进行深入的历史分析，并结合当时的社会思潮和历史背景对“新中国”在当时的历史涵义进行研究和阐释。同时从民族、国家观念的角度分析“新中国”在近代以来的发展演变所承载的理论内涵。

本书主要由六部分组成。第一部分即绪论，介绍选题意义、相关的研究综述、研究思路和创新点。第二部分即第1章，从概念史的角度对“新中国”一词进行历史考察，分析“新中国”如何出现及其早期含义，阐述“新中国”与相关概念的区别与联系。第三部分即第2章，考察“新中国”从简单的名词发展为国人对未来国家构想的历史过程。从康有为提出所谓“新中国”这样一个简单的地域名词，到谭嗣同和唐才常讨论将湖南浏阳作为“新中国”之萌芽，再到梁启超作《少年中国说》和《新中国未来记》，设想建立一个立宪民主的“新中国”。革命党人章太炎、邹容等人指出以革命方式造成民主共和之“新中国”，柳亚子号召

“推倒旧政府，建设新中国”，徐锡麟宣传非破坏无以立“新中国”，孙中山等人宣扬建立民国，晚清名医陆士谔写作小说《新中国》，对“新中国”的各个方面进行了详细的规划和构想。随着历史的发展，知识分子们对“新中国”的构想逐步深入和具体，使它从一个模糊的概念，逐步发展为一种具有深层内涵的理念和追求。第四部分即第3章，论述民国初年国人的“新中国”构想和话语，围绕民主与共和的真正实现，知识分子们又对“新中国”进行更加完善的设计和构想，其中最具代表性的是孙中山对“新中国”的政党、法治和经济建设进行的长远设计；还有康有为、梁启超等人在民主共和成为历史趋势的背景下对“新中国”构想进行的一些调整和变化；湖北志士向岩写了《新中华民国》，表达了建立一个真正的民主共和国的期望。第五部分即第4章，研究在新文化思潮的背景下，新型的知识群体对于“新中国”话语使用的新特点，不同领域的知识分子提出的“新中国”构想呈现不同的面貌，新教育、新思想、新报刊、新生活、新国民等一些新元素的出现丰富了“新中国”话语的深层内涵。第六部分即余论，在对清末民初知识分子的“新中国”构想进行梳理和考察的基础上，分析这些“新中国”构想和实践的历史局限性。同时结合现代民族、国家观念在近代中国的传播与发展，阐释现代民族、国家观念及民族主义是如何影响近代国人对“新中国”的构想的。最后分析中国共产党是如何领导中国人民建立“新中国”的，探究“新中国”从构想成为现实的原因，即“新中国”成为“中华人民共和国”简称的历史合理性和必然性。

本书的主要观点是，“新中国”作为国人在国家构想方面的流行话语，经历了一个长期的发展变化历程。不同时期、不同人物对“新中国”的构想和期望都有所不同，研究国人的“新中国”构想和话语使用一定要结合当时的历史背景和社会思潮，并基于不同阶层人物的出发点和立场。不同时期、不同人物对“新中国”的构想和期望都不尽相同，话语使用也不断变化，但追求民族复兴和国家富强是近代国人对“新中国”始终不变的期盼，是“新中国”话语内涵的核心和主线。

Contents

目 录

绪论 …………………………………………………………………… 1

0.1 选题意义 / 1

0.2 研究现状 / 2

0.3 研究思路、主要观点、几个基本概念 / 10

0.4 研究方法和创新之处 / 16

第1章 "新中国"一词的概念溯源及早期使用 ……………… 18

1.1 "中国"一词的历史释义 / 18

1.2 从"维新中国"到建立"新中国" / 24

1.3 "新中国"与"新中华"等相关概念的比较 / 32

1.4 小结 / 37

第2章 "新中国"构想在晚清的萌芽和发展 ………………… 38

2.1 "新中国"由名词到构想 / 38

2.2 "新中国"构想的具体化 / 47

2.3 "新中国"一词的传播与流行 / 68

2.4 小结 / 79

第3章　共和背景下"新中国"话语的发展与变化 …………… 81

3.1　孙中山领导下的"新中国"话语　/　81
3.2　康有为、梁启超"新中国"构想的发展与变化　/　111
3.3　向岩的《新中华民国》　/　122
3.4　小结　/　126

第4章　新文化思潮与"新中国"话语的丰富 ……………… 128

4.1　教育界和思想界的"新中国"　/　128
4.2　《新中国》杂志与"新中国党"人　/　138
4.3　"新国民"与"新中国"　/　149
4.4　小结　/　163

第5章　余论："新中国"从构想到现实 ……………………… 164

5.1　清末民初"新中国"构想的历史局限性　/　164
5.2　现代民族、国家观念及民族主义与"新中国"构想　/　167
5.3　中国共产党使"新中国"构想成为现实　/　172

参考文献　/　187
后记　/　201

绪 论

0.1 选题意义

在目前学界，“新中国”几乎是一个固定的习惯用语，我们约定俗成地将其作为1949年建立的“中华人民共和国”的简称来使用，比如新中国成立60周年、新中国的经济发展、新中国的政治制度建设、新中国的教育改革等。然而，从历史的角度来看，“新中国”并非只具有这一种指代意义，笔者在阅读史料的过程中发现，“新中国”作为一个名词，自晚清就已经出现，发展到现在经历了一个长期的发展变化历程。近代以来，建立“新中国”、为“新中国”建设而努力奋斗的有识之士不断高呼爱国口号，一代又一代的知识分子在不同历史时期提出了不同的“新中国”构想，这些构想有些成为了现实，有些被湮没在历史的长河中。作为历史研究者，我们有责任去发掘历史长河中沉积下的史实和碎片，梳理“新中国”一词在不同历史时期的发展变化过程、考察国人对“新中国”的构想和期望，有利于了解由“中国”到“新中国”词汇演变蕴含的深层历史内涵，有利于把握近代以来国人在国家构想方面心路历程的发展和演变，故本书选题具有重要的史学价值。

随着史学研究的发展，概念史、新文化史等为历史研究注入了新鲜的血液，在这一发展导向下，研究“新中国”一词从一个简单词汇到含义丰富的各种构想的发展变化历程具有极大的创新意义。本书在查阅相当多史料的基础上，将题目定为“近代以来国人‘新中国’构想的历史演进”，力图从概念史的视角和国家话语构建的角度，针对知识分子群体的言说和史料记载，来梳理“新中国”一词从最初的出现和使用到广泛传播和流行这一完整的历史发展过程，对“新中国”这一名词和概念进行考察和研究；同时，对不同时期国人提出的“新中国”构想所体现的思想文化内涵进行深入的历史分析，并结合每一时期的社会思潮和时代背景，对知识分子的“新中国”构想进行研究和探讨。这一研究不仅具有概念史的特点，还属于思想文化史的范畴，对这一课题进行研究，不仅可以更好地理解“新中国”这一话语概念，而且可以丰富中国近代思想文化史的内容。

0.2 研究现状

（1）关于“中国”一词的考察和研究，学界进行了论述和考证。早在20世纪80年代，于省吾先生就对“中国”一词的由来和含义演变进行了解释[①]，顾颉刚、王树民两位先生对“中国”作为祖国名称进行分析。[②] 陈连开先生考察了“中国”一词从西周到清末的变化，认为中国具有几种不同的含义：其一，在西周年间指天子所居之城，即京师，也指中原地区，另有族称夏族的含义；其二，春秋时期华夷观念下与夷狄相对应的中原文化概念；其三，“中国”一词从秦统一六国到明清时期含义不固定，有时指与四方相对的中原区域，有时指与夷狄相对的汉族，有时指中央政府直接管辖的地方，还有一个重要的含义就是指各朝代王朝对外的通称，即国家名称。[③] 近些年来又有许多学者对这一问题

---

① 于省吾：《释中国》，载于《中华学术论文集》，中华书局1981年版。

② 顾颉刚、王树民：《“夏”和“中国”——祖国古代的称号》，载于《中国历史地理论丛》第一辑，1981年。

③ 陈连开：《中国·华夷·番汉·中华·中华民族——一个内在联系发展被认识的过程》，《中华民族研究初探》，知识出版社1994年版。

进行详细论述和补充，例如何志虎先生的《中国称谓的起源》[①]、《鸦片战争与中国观的近代转换》[②]、《戊戌维新与"近代救亡的中国观"的中级形态》[③]、陈玉屏的《略论中国古代的"天下"、"国家"和"中国观》[④] 等。历史文献在使用"中国"这个词的时候，其所指的往往不止一种含义。陈玉屏指出，中国古代先民心目中包含"中国"和蛮、夷、戎、狄五方之民在内的"天下"具有某些现代国家的属性。"中国"一词之"中"，并非源自地域位置，而是源自"以我为中心"的政治理念。在春秋大一统学说中，"中国"和"天下"终究是要合一的[⑤]。何志虎先生在其专著《中国得名与中国观的历史嬗变》中指出，"中国"一词最早出现在西周初年，陕西宝鸡出土的西周时期的何尊上的文字"余其宅兹中国，自之辟民"是最早记载"中国"一词的史料。何志虎先生还论述了"中国"一词从古至今的词义变化以及"中国"如何从一个地域概念转变成国家的称号[⑥]。姚大力也指出，在现存文字材料里，"中国"一词最早出现在铸成于西周前期的著名青铜器何尊的铭文内。周成王追溯他父亲武王的话说："余其宅兹中国（且让我安顿在中国这个地方）。"成王口中的"中国"，原指洛阳及其邻近地区。姚先生还指出了"中国"在国家版图内不断扩展过程中所具有的五种含义。[⑦]葛兆光先生的专著《宅兹中国：重建有关"中国"的历史论述》书名用的就是何尊上铭文中的字，该专著主要不是展现"何为中国"的内容，而是关注如何来考察"何为中国"的问题，以何种态度来考察这一问题。葛兆光主张，"中国"的疆域在历史上发生过变化，"中国"

---

① 何志虎：《中国称谓的起源》，载于《人文杂志》2002 年第 5 期。

② 刘向媛、何志虎：《鸦片战争与中国观的近代转换》，载于《宝鸡文理学院学报》2006 年第 5 期。

③ 何志虎：《戊戌维新与"近代救亡的中国观"的中级形态》，载于《宝鸡文理学院学报》2008 年第 2 期。

④⑤ 陈玉屏：《略论中国古代的"天下"、"国家"和"中国"观》，载于《民族研究》2005 年第 1 期。

⑥ 何志虎：《中国得名与中国观的历史嬗变》，三秦出版社 2002 年版。

⑦ 黄晓峰：《姚大力谈历史上的民族关系和中国认同》，载于《东方早报上海书评》2011 年 12 月 4 日。

的概念也同样变动不居，因此，不应该在这类问题上陷入狭隘民族主义，但同时，也不应因此否定“中国”的历史延续性和文化一致性。该书讨论的是“世界”、“东亚”与“中国”、“学术”与“政治”、“认同”与“拒斥”、“国别史”与“区域史”这样一些大问题，并反思如何既恪守中国立场，又超越中国局限，在世界或亚洲的背景中重建有关“中国”的历史论述。① 这本书收录的是葛兆光几年来对如何认同和想象“中国”、如何构建“从周边看中国”的范式等一些问题的思考。清代康有为曾指出：“中国向用朝号，乃以易姓改物，对于前代耳，若其对外交邻，自古皆称中国。”② “中国”作为国名的历史内涵和发展过程，前人已经进行了充分的研究和论述，为本书研究主体——“新中国”奠定了前期基础。

（2）研究“新中国”离不开对中国国名、国号的考察。“新中国”一词在历史上一度成为中国的代称，国人纷纷称推翻专制王朝后的中国为“新中国”，并号召为“新中国”的政治、经济、文化建设而努力。甚至诸多外国政府在国际上也用“新中国”称呼现代中国。关于近代以来中国国名、国号的研究，已经有众多学者发表见解。陈动的《论国名与国号》一文分析了国名与国号的关系。他认为，国名是国家的名字，代表着国家；而国号只是政府为国家所起的官方称号，在特定时期内可以代表国家，但所代表的主要是政府。在政治、法律和国度意义上，中国才是我国的国名，而其他的称呼都是国号。在中国历史上，国号这个词出现的时间可能比国名还要早。历代王朝，都有不同的国号，如汉、唐、宋、辽、元、明、清等。农民起义时也会使用国号，如“张楚”“大顺”等。20 世纪以来，国号的使用

① 葛兆光：《宅兹中国：重建有关“中国”的历史论述》，中华书局 2011 年版，自序第 3 ~ 4 页。

② 康有为著，姜义华、张荣华编校：《康有为全集》（第四集），中国人民大学出版社 2007 年版，第 426 页。

先后有“中华民国”和“中华人民共和国”。[①] 下面我们梳理一下不同时期中国国号的研究状况。首先是中华民国国号的研究，学界已有的研究成果主要有胡明华的《“中华民国”国号考》和胡阿祥的《有关“中华民国”国号的“一重公案”》。胡明华的著作研究了“中华民国”的国号究竟是如何酝酿和产生的，以及用“民国”作为国号的原因及其意义等，他以孙中山等人在各个时期的思想、论述为依据，认为1905年中国同盟会成立之际，孙中山最终为未来新生的共和国确定了“中华民国”的国号，孙中山等人为避免欧美诸国的弊端，在国号之中以“民”字直接表示民权，比“共和”之意义更为积极和鲜明。[②] 胡阿祥的著作主要理清了所谓的一桩公案，即“中华民国”国号的创称者到底是章炳麟还是孙文，“中华民国”一词最早出现是在章炳麟1907年7月发表的《中华民国解》还是由孙中山在1904年、1905年间早已确定。胡阿祥认为，1904年，孙文在美国发表英文稿《中国问题之真解决》，称只有“把过时的满清君主政体改变为‘中华民国’”，才能真正解决中国问题。这是“中华民国”（英译）一词的最早出现。故“中华民国”国号的提出者是孙文，章炳麟的《中华民国解》对之进行了解释与分析。[③] 其次是中华人民共和国国名国号的研究，学术界曾经出现一些争鸣和探讨，较早注意这一问题的是潘焕昭的《“中华人民共和国”国名考》[④] 一文，潘焕昭发现该国名最早被使用的时间是在1948年1月，她指出“中华人民共和国”名称的发明权属于中国共产党，而不是民主党派，她还讨论了国名中没有加入“民主”字样的原因，丰富了人们对这一历史问题的认识。然而，该著作对“新中国”命名的历史逻辑起点的认识及“中华人民共和国”国名的由来、演进的描述还不够全面。《党的文献》2007年第5期发表了宋月红的文章《“中

---

① 陈动：《论国名与国号》，载于《厦门大学学报》2006年第3期。

② 胡明华：《“中华民国”国号考》，载于《江苏社会科学》2012年第3期。

③ 胡阿祥：《有关“中华民国”国号的“一重公案”》，载于《唯实·文史长廊》2013年第1期。

④ 潘焕昭：《“中华人民共和国”国名考》，载于《党的文献》2007年第3期。

华人民共和国”国名补考》[1]，对“中华人民共和国”提出的时间、命名的由来和作为国名的原因等问题进行了深入探讨，宋文既是对潘文观点的补充，同时也对一些观点进行了商榷。他认为，“新中国”命名是与中国共产党对国家性质的认识的发展和建立新国家条件的成熟相伴而生的。中共二大在最低纲领中指出要统一中国为真正的“民主共和国”。1935 年 12 月 27 日，毛泽东在《论反对日本帝国主义的策略》中曾专节论述“人民共和国”，应当称得上是“中华人民共和国”名称的雏形。毛泽东在 1940 年 1 月的《新民主主义论》中提出“我们要建立一个新中国”，并将“新中国”以“中华民主共和国”命名，无论是“民主共和国”“人民共和国”还是“中华民主共和国”，都应当被看作是中国共产党对其所要建立的“新中国”的一种命名，是“中华人民共和国”的一种历史形态，对于“新中国”的命名贯穿中国共产党创建新中国的整个过程中。龙心刚在《也谈“中华人民共和国”作为国名的原因——兼与潘焕昭老师商榷》一文中提到，潘文提出选择“中华人民共和国”作为国名的理由并不充分，且不符合当时的历史实际和概念的语境。龙心刚从政治理论与实践的角度，探讨了国名中“共和”是政体还是国体的问题，还探讨了中西方语境差异造成的误解和困扰。他认为，“中华人民共和国”取代“中华民国”不仅仅是国号的改变，也不仅仅是政体的变化，更主要的是国体的变化，即社会各阶级（工人、农民、城市小资产阶级和民族资产阶级）在国家中地位的变化，因此，“共和国”在近代中国指代的是一种“国体”而非“政体”，这种解释是符合当时的历史背景和概念语境的。他还指出，“中华人民共和国”与“中华人民民主共和国”都能反映我国的性质，中国共产党在对这两个国名进行选择时，考虑更多的并不是这两个名称能不能反映国体或政体的问题，而是“民主”这个概念与“人民”“共和”的概念是否重复或交叉的问题，这仅仅是一个概念表述精当与否

[1] 宋月红：《“中华人民共和国”国名补考》，载于《党的文献》2007 年第 5 期。

的问题。[1] 以上三篇文章将“中华人民共和国”当作国名来研究，没有注意到国名与国号的区别。王慧娟《新中国国号之争》一文使用了国号这种说法，文章对新中国成立前国号确立的历史过程进行了简单概述，并论述了“中华人民共和国”这一国号相对于“中华民国”的优越性。[2] 此文在“中华人民民主共和国”如何改为“中华人民共和国”以及如何解决与“中华民国”相混淆的问题上所持观点基本上与以上三篇文章相同。以上这些研究是对“新中国”的国名和国号问题进行的考察，并未专门对“新中国”这一名词进行关注，而本书的研究则是从这个角度展开的。

（3）学术界直接以“新中国”命名的论文和专著很多，比如新中国的内政外交、新中国的法律建设、新中国的教育、新中国的社会保障等，但这些研究都是直接将“新中国”作为习惯用语、作为“中华人民共和国”的简称来使用的。目前为止，真正对“新中国”一词进行专门研究的成果极为少见，据笔者目前查阅的史料看，倡导建立“新中国”的仁人志士在孙中山和中国共产党人士之前还大有人在，并且不同的人、不同时期，对“新中国”都有着不同的构想和提法，这是本书研究的主要关注点。郭继宁、郑丽丽《清末新小说中的“新中国”想象》一文，以晚清新小说《新中国未来记》《新年梦》《狮子吼》《新中国》为中心，分析了小说的作者对有关民族国家的重构、对“新中国”的想象。作者认为各类知识分子在小说中表达其理想，既是对爱国激情的激励，以达到“开民智、兴民权、新民德”的政治启蒙目的，又是指明走向未来的道路，以达到小说救国的宗旨。[3] 崔树杨的硕士学位论文《从〈新中国〉杂志看1919年前后中国社会的“新中国”建设构想热潮》，主要以1919～1920年的民国杂志《新中国》为研究

---

① 龙心刚：《也谈“中华人民共和国”作为国名的原因——兼与潘焕昭老师商榷》，载于《当代中国史研究》2009年第1期。

② 王慧娟：《新中国国号之争》，载于《中共石家庄市委党校学报》2009年第4期。

③ 郭继宁、郑丽丽：《清末新小说中的“新中国”想象》，载于《西南大学学报》（社会科学版）2009年第4期。

对象，分析了杂志中反映的中国知识界提出的各种建设“新中国”的方案。[①] 文章讨论了《新中国》杂志作者们提出的改革国家的方案，分析了蕴含的思想和社会背景。刘学照《孙中山与新中国运动》一文指出，孙中山用三民主义思想引导国人为“创建民国”和“改造民国”而斗争，始终把“建设新中国”作为号召。他所要建设的新中国，在政治层面是以中华为国号的“民族的国家”和“共和的国家”，在社会经济层面和文化层面，是一个“中西合璧的中国”[②]。作者将这些归结为孙中山开创的“新中国运动”，文章对孙中山的“新中国”思想进行了详细的考察研究，这对本书的研究具有一定的参考价值。刘学照在提出所谓新中国运动这一概念之后，又发表了《论丘逢甲诗中的“新中国”思想》。文章指出，丘逢甲是清季抗日保台运动的主要倡导者，诗界革命巨子，也是一位晚清新中国运动的先驱。他在乙未内渡后写下众多诗歌，抒发了“怆怀台变”的情怀，喊出了“欲新中国”的心声。[③] 文章对丘逢甲诗中所蕴含的“新中国”思想进行了简要分析。刘文所谓的“新中国”，是维新中国、创新中国的意思，而不是一个名词和概念。梁化奎《“新中国”：党在民主革命时期的诉求表达和传播——以其在中共建党纪念文本中的表现为主要考察对象》一文主要考察了中国共产党对“新中国”这一概念的表达和传播，该文认为，大革命失败后，中国共产党提出了“新中国”的概念，并在其后的革命进程中不断赋予它新的历史内涵。中共建党纪念文本对中国共产党的“新中国”诉求的大力传播，起到了接续表达的重要作用。它通过简明标语口号的振奋宣示、庄严思想的诠释阐发、革命实践的揭示论证、科学论断的引申提出四种传播形式，使得“新中国”的观念更加深入人心。

---

① 崔树杨：《从〈新中国〉杂志看1919年前后中国社会的“新中国”建设构想热潮》，安徽大学硕士学位论文2013年。

② 刘学照：《孙中山与新中国运动》，载于《史林》2003年第3期。

③ 刘学照：《论丘逢甲诗中的“新中国”思想》，载于《厦门大学学报》（哲学社会科学版）2005年第2期。

这一接续表达和传播，丰富了中国共产党的文化精神系统。[1] 詹宏伟、赵明强《新中国社会主义观与中国模式的生成发展》一文主要考察的是社会主义观在中华人民共和国的生成发展过程，该文只是笼统地使用"新中国"一词。[2] 此外还有几篇文章是关于毛泽东与新中国关系的研究。李捷《对毛泽东新中国探索的再思考——从〈毛泽东传（1949—1976）的写作谈起〉》一文认为毛泽东在新中国成立后主要做了三件大事：一是进行现代化建设；二是在外交上谋求中国的大国地位；三是巩固中国共产党的长期执政地位，该文对于这三件事的得失成败进行了历史分析[3]。2013 年为纪念毛泽东诞辰 120 周年，《湘潮》杂志与中央文献研究室第一编研部联合开设纪念专栏，刊发了一组题为"毛泽东与新中国"的文章，全面回顾了毛泽东领导新中国艰辛创业的历程。此外，关于邓小平与新中国，胡学举、张晓丹《邓小平论新中国》一文主要阐述了邓小平对中华人民共和国成立初期的认识和分析。[4] 这几篇文章里的"新中国"指的都是 1949 年成立的中华人民共和国。

综上所述，前人的研究为本书奠定了一定的研究基础，但也存在一些不足和有待补充的空间，目前的研究均没有将"新中国"作为一个名词和历史概念进行学理和历史的分析，对"新中国"的研究也缺乏对思想史内涵的探讨，这将成为本书的研究重点，本书从话语构建的角度，立足于概念史和思想文化史的范畴，试图对"新中国"一词的出现、发展历史进行完整的考察和梳理，并对近代以来国人对"新中国"的表述和构想进行分析和研究，探讨"新中国"构想在不同时期不同历史背景下承载的思想内涵和文化意义，最后从民族和国家建构的角度

---

① 梁化奎：《"新中国"：党在民主革命时期的诉求表达和传播——以其在中共建党纪念文本中的表现为主要考察对象》，载于《安徽史学》2012 年第 5 期。

② 詹宏伟、赵明强：《新中国社会主义观与中国模式的生成发展》，载于《云南民族大学学报》（哲学社会科学版）2010 年第 1 期。

③ 李捷：《对毛泽东新中国探索的再思考——从〈毛泽东传（1949—1976）的写作谈起〉》，载于《现代哲学》2006 年第 1 期。

④ 胡学举、张晓丹：《邓小平论新中国》，载于《天府新论》2009 年第 6 期。

对近代以来“新中国”构想进行阐释和总结。

0.3 研究思路、主要观点、几个基本概念

本书将研究的主要时间段定为晚清时期“新中国”一词的出现到抗日战争胜利前后，考察的主题是国人的“新中国”构想。广义上来讲，中国历史上每一次对国家发展和改革提出的建议都是对“新中国”的构想，每一次改革和革新都可以称作对“新中国”构想的实践，但本书是从狭义的角度，对直接出现“新中国”一词的构想进行考察，针对国人直接提出的“新中国”方案进行研究。研究思路分两条主线，一条是力图从国家话语构建的角度，针对知识分子群体的言说和史料记载，来梳理“新中国”一词从最初的出现和使用到广泛传播和流行这一完整的历史发展过程，对“新中国”作为名词和概念进行考察和研究，并注意与“新中国”平行或相关的词语和概念；另一条是从思想文化史的角度，对不同时期国人提出的“新中国”所体现的思想和文化内涵进行深入的历史分析，并结合当时的社会思潮和历史背景对“新中国”在当时的历史含义进行探讨和阐释。最后从民族、国家理论的角度分析“新中国”在近代以来的发展演变所承载的理论内涵。

“新中国”作为知识分子在国家构想方面的流行话语，经历了一个长期的发展变化历程，“新中国”逐渐取代“中华”“新中华”“新华”等相关表述，成为知识分子共同追求的国家理想。《康有为自订年谱》记载，1889 年，康有为因感民族危机深重，提出移民巴西建立“新中国”。从康有为甲午以后提出立“新中国”，到谭嗣同和唐才常讨论推广算学于湖南浏阳，以为“新中国”之萌芽，再到梁启超写作《少年中国说》和《新中国未来记》，设想建立一个立宪民主的“新中国”，革命党人章太炎、邹容等人指出以无量头颅造成民主共和之“新中国”，即革命人士立志通过暴力革命、流血牺牲的方式建立“新中国”，

徐锡麟宣传非破坏无以立“新中国”，孙中山等人宣扬建立民国，晚清名医陆士谔写作小说《新中国》。“新中国”已经从它的提出发展到讨论为什么建立，进而深入到如何建立和建立什么样的层面。随着历史的发展，知识分子对“新中国”的构想逐步深入和具体，使它从一个模糊的概念，逐步发展为一种具有深层内涵的理念和追求。民国以后，围绕民主和共和的真正实现，知识分子又对“新中国”进行更加完善的设计和构想，新型的知识群体在新文化思潮的背景下，继续着他们的“新中国”探索，不同阶层、不同领域的知识分子提出的“新中国”构想呈现不同的面貌和思想内涵，这也是由当时复杂的历史背景决定的。

本书研究国人对“新中国”的构想必然离不开民族、国家理论在近代中国的发展。因为民族、现代国家理论在中国的传播和发展很大程度上影响着国人对“新中国”构想的深度和广度。从词源上看，“民族”（nation）一词是从拉丁文 natio 派生出来的。原来的意思是“生存之物”，而 natio 一词又来自古希腊文 nasci 的过去分词 natus，意思是“生育”[①]，后来，“nation”的生物、生理含义逐渐淡化，文化、政治色彩逐渐加强。英国史学家霍布斯鲍姆对历代“西班牙皇家学院辞典”进行考证后发现，包括“民族”在内的一些词汇的现代意义到 1884 年后才出现。在此之前，“民族”（nación）带有血统含义，指的是“聚居在一省、一国或一帝国境内的人群”，有时也指“外国人”。但 1884 年后，民族则指“辖设中央政府且享有最高政权的国家或政体”或“该国所辖的领土及子民，两相结合成一整体”[②]。由此看来，近代以来，“民族”与“国家”在语义所指上带有很大的重叠性。有不少学者认为，“民族”不是自然形成的，而是人为想象和构建的，本尼迪克特·

① 宁骚：《民族与国家——民族关系与民族政策的国际比较》，北京大学出版社 1995 年版，第 13 页。

② ［英］埃里克·霍布斯鲍姆著，李金梅译《民族与民族主义》，上海人民出版社 2000 年版，第 17 页。

安德森《想象的共同体——民族主义的起源与散布》[①] 是持这种观点的代表。在定义上，“民族”指的是一个文化—政治共同体，成员们分享共同的文化和领土。它可以是由单一“族群”构成的，也可以是由多“族群”结合而成的。但就目前情况看，后者占绝对比例。[②] 至于民族主义何时兴起又经历了怎样的发展过程，安德森认为，第一波民族主义兴起于18世纪末19世纪初南北美洲的殖民地独立运动中，殖民地人民开始将殖民地想象成他们的祖国，将殖民地住民想象成他们的民族。而19世纪欧洲的群众性民族主义是第二波民族主义，主要表现为民族独立、共和革命，第三波民族主义是欧洲各王室的官方民族主义，民族主义在亚洲和非洲兴起的时间应该是20世纪初。[③] 约翰·布鲁伊利、安东尼·吉登斯、迈克尔·曼等人认为，在某种程度上，没有国家就没有民族，现代国家不仅是民族和民族主义的最佳预报者，而且现代国家与社会形式的联系对于重新统一的民族主义也是严峻考验，民族主义是国家主权不可避免的伴随物。[④] 所以，民族、民族主义和现代国家始终存在不容忽视的紧密联系。

由于历史传统、文化习惯、生存环境、历史阶段等因素的不同，“民族构建”有不同的路径。安东尼·史密斯概括的两种“民族”模式就反映了路径的多元化。他区分了两种模式：存在于西方的“民族的公民模式”（a civic model of the nation）；存在于亚洲和东欧地区的“民族的族群模式”（an ethnic model of the nation）。第一个模式主要强调政治因素在构建民族认同过程中的作用，概括了四条民族标准：（1）历史形成的领土；（2）法律和政治共同体；（3）成员在法律和政治上的

---

① ［美］本尼迪克特·安德森著，吴叡人译《想象的共同体——民族主义的起源与散布》（增订版），上海人民出版社2011年版。

② 杨雪冬：《民族国家与国家构建：一个理论综述》，载于《复旦政治学评论》2005年第1期。

③ ［美］本尼迪克特·安德森著，吴叡人译《想象的共同体——民族主义的起源与散布》（增订版），上海人民出版社2011年版，第9~11页。

④ ［英］安东尼·史密斯著，叶江译：《民族主义——理论、意识形态、历史》，上海世纪出版集团2011年版，第52页。

平等权利，即“公民权”（citizenship）的构建；（4）共同的文化和意识形态（civil ideology）。第二个模式强调的是人们生存的共同体、本土文化和血缘关系。因此民族的标准包括：（1）对血统和谱系的重视超过基于领土的认同；（2）在情感上有强大的感召力和动员效果；对本土文化（语言、价值观、习俗和传统）的重视超过了法律。史密斯认为，在当今世界的民族主义运动中，这两种模式经常是同时存在的。[①] 随着民族主义理论的不断发展和细化，民族、种族、族群和国族等概念也越来越受到学者的关注。笔者感兴趣的是安东尼·史密斯所言的族群—象征主义的观点，他强调主观因素在民族形成、民族主义的特征和影响以及族群的持续存在中的作用，并由此寻求进入并理解族群和民族主义的内在世界。他认为在民族主义兴起之前，民族的含义已经蕴含在具有一定感情纽带的族群之中，族群是拥有共同祖先、共同语言习惯，生活在共同地域中的群体。沃克·康诺指出，民族实际上只不过是有自我意识的族群，族群可以被外人来辨别和认定，并且不必有自我意识，但是民族则必须自我认定，由此族群可被视为“前民族人民”以及潜在的民族。[②] 他们重视情感联系在民族形成中的作用，将民族的形成视为对早先族群情感的重新诠释，认为民族是在前现代集体文化认同的语境中兴起的。笔者以为，考察民族的形成，应该把族群的情感依赖和现代理性认同两个因素结合起来，二者共同发挥效用才促成了现代民族的形成，而保卫族群利益不受侵犯的现代理性诉求和认同恰恰促成了现代国家的出现。

国家通常对应西方政治词汇“State”，而“State”作为一个特殊政治单位的指代词，到 15、16 世纪才被确定下来。在此之前，对最高形式（在某种程度上也是最大范围）政治组织的指代在不同历史阶段有

① 杨雪冬：《民族国家与国家构建：一个理论综述》，载于《复旦政治学评论》2005 年第 1 期。

② ［英］安东尼·史密斯著，叶江译：《民族主义——理论、意识形态、历史》，上海世纪出版集团 2011 年版，第 76 页。

不同的词汇。在古希腊有 Polis（城邦），古罗马则使用 Respublica（共和国），中世纪则使用 Civitas（共和国、民主国）。霍布斯在他的拉丁文著作中，使用的是 Civitas，而在英文著作中则采用“Commonwealth”。显然，自古希腊之后，包括古罗马人在内的学者们并没有创造出一个能够包容不同类型政体的、具有“属”的特征的词汇。因此，用 Respublica、Civitas 这些本来属于“种”的概念充当了“属”的概念。中世纪以来，随着政治生活空间的扩展，城市已经无法容纳政治权力的行使。同时，欧洲政治格局日益多元化，战争的频繁发动和规模扩大，使政治权力的暴力特征日益明显。如何概括这个地域范围扩大、暴力特征明显的政治实体成了当时许多思想家思考的重点。“State”（国家）一词就在这一背景下应运而生。“State”一词是从“Status”（等级、状态）演变过来的，中世纪晚期的法学家和学者把“Status”用作政治术语，既指统治者所处的优越状态、条件和地位，也指整个王国的地位。但是，“State”并不是“Status”直接派生的。因为后者在本质上没有包含前者在现代社会政治生活中的含义。在二者之间还存在着过渡性词汇。“Estate”（等级）被认为是“State”（国家）的直接词源，“State”含义的特定化，是一个漫长的历史过程。昆廷·斯金纳认为，这个过程从 13 世纪下半叶开始，直到 16 世纪末才基本完成，正是在这个时期逐渐具备了关于国家的、可公认为近代的概念的主要因素。这个时期，从维持统治者个人权力转变到维持一种法定的和法制的秩序，即国家的秩序，由此，国家的权力而不是统治者的权力，开始被设想为政府的基础，从而使国家在独特的近代术语中得以概念化，“State”（国家）被看作是它的疆域之内的法律和合法力量的唯一源泉，而且是它的公民效忠的唯一恰当目标。[①] 斯金纳还指出，这里的国家还不完全是现代国家的概念，现代国家概念应该是启蒙运动以后包含民族与国家关系的含义。而梁启超在《少年中国说》中对“国家”的定义正是受到西方国

① 昆廷·斯金纳著，奚瑞森、亚方译：《近代政治思想的基础》，商务印书馆 2002 年版，前言第 2 页。

家观的影响，他在以后发表的对于民族和中华民族的理解，也体现出西方民族观念对他的影响。

国家概念在中国具有传统和现代的双重含义。近代以前的中国只能是传统意义上的国家，传统中国的社会基础是由一个个分散孤立、互不联系的家庭和扩大了的家庭——村庄等构成。与西欧封建社会不同的是，在这一个个分散孤立的家庭村落之上有一个庞大的君主专制官僚体制。拥有绝对权力的君主通过居住在地域性城市的官僚实施统治，中央官僚统治权力从未直接深入到广阔的乡村社会。正如韦伯所说："政权领域的各个部分，离统治者官邸愈远，就愈脱离统治者的影响，行政管理技术的一切手段都阻止不了这种情况的发生。"① 杜赞奇曾讨论过20世纪初中国国家政权在乡村的内卷化问题，也说明了中国国家政权在基层实施的困境和特性，庞大的中国无法直接参与管理，于是出现了各种非正式的机构代替国家进行管理，这其中，文化和宗教发挥很大的作用。② 有学者指出，中国现代国家的建构都是在外国入侵的情况下发生的，它首先是以民族主义为旗帜，要求建立独立统一的民族国家。③ 金观涛、刘青峰在其研究中曾指出："20世纪头十五年，是中国民族主义开始勃兴、学习西方建立现代民族国家的时期。……这时，在公共领域，国家被定义为个人权利之集合，即国家主权是个人权利让渡的产物，儒家伦理和文化认同规定了让渡权利共同体的规模，该共同体就是中国民族。事实上，引进民族主义建立现代国家正是在这一时段（1900~1915）发生的。"④ 虽然，清政府的预备立宪和清末新政时期，清朝已经宣称自己是一个现代国家，而且也引进了西方的一些宪政观

① ［德］马克思·韦伯著，林荣远译：《经济与社会》下卷，商务印书馆1997年版，第375页。

② ［美］杜赞奇著，王福明译：《文化、权力与国家》，江苏人民出版社1996年版，第66~67页。

③ 徐勇：《"回归国家"与现代国家的建构》，载于《东南学术》2006年第4期。

④ 金观涛、刘青峰：《观念史研究：中国现代重要政治术语的形成》，法律出版社2010年版，第243页。

念，但事实上，中华民国的建立才是现代国家意义上的新中国的开端。可以说，民主、共和是现代国家的主要内涵，梁启超、孙中山等人是将现代国家理念引进中国的主要代表人物。随着现代国家理论在中国的传播，“新中国”构想也进一步发展和深化。所以，民族、民族主义和现代国家理论在近代中国的发展是“新中国”构想发展演变的另一条暗含的线索。

综上所述，国家的概念与民族、族群、民族主义等概念虽然含义不同，但三者之间又有着紧密的联系，特别是近代民族主义兴起以后。民族主义在现代国家构建中起着重要作用，它能动员、整合不同精英们的目标和利益，并使之合法化，为他们提供共同的平台。民族主义运动或以统一国家、或以新建国家、或最通常地以反对现存国家为目标。民族主义的论说只有在现代条件下，特别是当一个专制的国家从市民社会中分离出来，许多受过教育的人民产生了异化和挫折感，并需要寻求能承诺重新整合国家和社会的学说之后，才能获得广泛的吸引力。[①] 本书在考察国人“新中国”构想的同时，将结合民族主义运动在中国的兴起和发展，并结合近代中国的每一次新建国家运动进行研究和分析。

0.4 研究方法和创新之处

本书运用概念史、思想史、文化史的方法对“新中国”进行深入剖析和研究。从“新中国”这一名词的发展历史入手，利用不同时期知识分子的笔记、年谱、文集等相关史料，结合当时的历史背景，分析近代以来国人对“新中国”的不同构想，研究和梳理出不同的思想文化内容，还结合报刊、小说、诗集等资料分析国人对“新中国”的看法和期望，分析不同阶层人士的心理。最后从理论的层面解读近代以来

① ［英］安东尼·史密斯著，叶江译：《民族主义——理论、意识形态、历史》，上海世纪出版集团2011年版，第80页。

"新中国"内涵的历史变迁。

本书的创新之处在于：（1）在已有研究成果的基础上对原有的学术结论进行补充和更正，对"新中国"最先出现的时间和最早提倡人进行了重新考察和定位。（2）从概念、名词的新角度对"新中国"进行思想文化史的分析研究，突破了原有的研究框架，目前还未曾发现从这一角度进行的研究，具有一定的创新意义。（3）结合民族、国家理论对近代国人的"新中国"构想进行阐释，不仅丰富了中国近代思想史的内容，而且从理论层面提升了近代以来"新中国"的思想内涵。

“新中国”一词的概念溯源及早期使用

绪论中已经指出，本书立足于概念史的角度，那么首先应该按照概念史的研究方法，追溯“新中国”一词的出现、发展和变化过程。本书采取先分后合的方式，对“新中国”一词的组成单元——“中国”和“新”的含义分别进行了考察；然后对“新中国”最初的面世结构——“维新中国”和“以新中国”进行研究，分析了从“维新中国”到建立“新中国”这一表达方式的变化；最后对“新中国”和“新中华”等相关概念进行比较，论述“新中国”成为知识分子对未来国家构想的历史必然性。

1.1 “中国”一词的历史释义

我们研究“新中国”一词的出现、发展和变化首先应该追溯“中国”一词的历史含义。据有关学者的考订，“中国”一词古已有之，从文字学的角度来讲，于省吾先生曾经考究指出，中与国尤其是国字本来的形音义是极为复杂的一个问题。他解释了甲骨文中的“中”字和金文中的“中”字，形音义有“树立旗帜”的意思，并有中间的含义。而商代甲骨文中是没有“或”“国”二字的，至周初金文才出现“或”

字，与“国”字相通，是指城邑、城邦的意思。[①] 而“中国”一词最早出现于西周时期，陕西宝鸡县贾村塬出土的何尊上的铭文记载了周成王初年封赏功臣之事，铭文是金文，其中有一段回忆周武王克商后告天事：“惟武王既克大邑商，则廷告于天曰，余其宅兹中国，自之辟民。”[②] 意思是武王昭告天下将居此中国，在此治理民政。这应该是最早记载“中国”一词的史料。[③] 周人始兴之地在陕西关中，站在关中看全国，关中为“西土”，而把新占领的“中原”称为“中国”，这时的“中国”一词还只是一个地理概念。

陈连开先生研究指出，《诗经·大雅·民劳》中“惠此中国，以绥四方”以及“惠此京师，以绥四国”同郑玄《笺》中“中国，京师也”的说法都说明了“中国”还具有京师的含义，即天子所居之城，与四方诸侯对举。[④] 分封制使周人走向全国各地，成为统治民族，从统治民族的视角看全国，周人称其统治的所有地区为“中国”。那么“中国”在西周时期是否具有国名的性质呢？也就是说它能否代表一个国家的含义呢？针对这一问题，学界是有争论的。何志虎先生认为，《尚书·梓材》中记载的“皇天既付中国民越厥疆土于先王”证明了“中国”此时已经具有国家名称的性质。他认为，“皇天既付”指的是周公新占领的殷商故地，称殷商故地为“中国”，源于此前称殷商这个政权实体为“中国”，此时的“中国”已经具有了国家的性质。[⑤] 本书以为，这仍然是一个有待进一步讨论的问题，但可以肯定的是，从“宅兹中国”到“皇天既付中国”，“中国”一词的含义已经发生了一些微妙的变化。“中国”已经从地域名称变成了具有统治含义的管辖之地。春秋

① 于省吾：《释中国》，载于《中华学术论文集》，中华书局 1981 年版（中华书局成立七十周年纪念），第 5 ~9 页。

② 洪家义：《金文选注绎》，江苏教育出版社 1988 年版，第 38 页。

③ 于省吾先生《释中国》、何志虎先生《中国得名与中国观的历史嬗变》、葛兆光先生《宅兹中国》等论著中均持此观点。

④ 陈连开：《中华民族研究初探》，知识出版社 1994 年版，第 33 页。

⑤ 何志虎：《中国得名与中国观的历史嬗变》，三秦出版社 2002 年版，第 62 页。

战国时期，列国争雄，华夷杂居，“中国”词义也趋于多元，但与“夷狄”相对应的文化含义特别突出，代表一种中原的优越、高贵和权威。“号令中国，以尊王室”表达了一种建立统一政权的理想。秦汉时期建立了统一政权，“中国”的含义也进一步升级，开始用于代表中央集权制的统一国家。西汉时中央政权自称为“中国”，匈奴等周边民族也称汉政权所辖区域为“中国”，比如汉朝的政治家陆贾曾说过：“皇帝……继五帝三王之业，统理中国。中国之人以亿计，地方万里，居天下之膏腴，人众车舆，万物殷富，政由一家，自天地剖泮未始有也。”[①] 文学家贾谊也多次使用“中国”指称西汉政权，他在分析匈奴与汉朝的关系时说：“陛下举中国之祸而从之匈奴，中国乘其岁而富强，匈奴伏其辜而残亡”“匈奴不敬，辞言不顺，负其众庶，时为寇盗，扰边境，扰中国，数行不义”[②]。陆贾和贾谊口中的“中国”指的都是当时的统一王朝西汉。由此，我们看到，从西汉开始，“中国”一词开始具有一定的土地、人民、文化及主权等含义。王充在《论衡·宣汉篇》中提到“古之戎狄，今为中国”，说明了周边少数民族对汉朝的臣服，“中国”已经具有包括边疆民族地区的疆域含义。[③] 以上史料说明，“中国”一词的含义从春秋到秦汉时期发生了很大的变化，具有多种指称含义。从最初的中原地区、京师之地发展为具有权威和号召力的统一政权，秦之后又多用于指整个统一政权管辖之内的大汉朝。可以说，这个时候，“中国”已经具有代表国家的性质，但还比较多地用于自称，或者被周边少数民族所称呼的名称。

到了唐代，“中国”一词又更加丰富起来，主要有广义和狭义两种内涵。广义上一般指古今的通称，如：“佛法入中国，尔来六百年”“佛者，狄夷一法耳，自后汉流入中国”[④]。另外作为广义来讲，还用来

---

① 司马迁：《史记》（第三卷），吉林大学出版社 2009 年版，第 745 页。
② 贾谊著，王洲明注评：《新书》，凤凰出版社 2011 年版，第 42、45 页。
③ 陈连开：《中华民族研究初探》，知识出版社 1994 年版，第 46 页。
④ 韩愈：《韩昌黎全集》，中国书店 1991 年版，第 31、506 页。

指唐政权和唐朝统一下的全国，如：“中国始平，疮痍未复，若微有劳役，则不自安。”“今吐蕃请和默啜受命，是将大利于中国”。[①] 狭义上，“中国”一词与四夷相对，“今四夷之最强盛，为中国甚患者，莫大于吐蕃”即是证明。随着历史的发展，“中国”一词在广义上的涵义日渐深化，而与夷狄和四方、四海相对应的文化、民族含义逐渐被“中华”所代替。它作为一个国名的含义不仅被国内接受，而且也得到外国的认可。据史料记载，元朝和明朝以来，“中国”已经作为国家的名称被正式使用，特别是在与西方国家的接触中，由于中国古代各王朝都有自己的国号，比如夏、商、周、秦、汉，隋、唐、宋、元、明、清，所以对内一般以朝号自称，对外则皆称“中国”。传教士利玛窦在万历年间来到中国，在后人整理的利玛窦中国札记中提到，中国曾有着各种各样的称号，每个朝代都有自己的名称，如夏、商、唐、明等，札记中说：“在中国人自己——拉丁作家们总是按托勒密的办法经常称他们为中国人——除了新王朝一来就取一个名字以外，这个国家还有一个各个时代一直沿用的称号，有时候别的名字就和这个称号连用。今天我们通常称呼这个国家为中国或中华。第一个词表示王国，另一个词表示花园。”[②] 这里表明，“中国”一词表示国家，“中华”一词表示文化。《明史·外国传七》中指出：“意大利亚，居大西洋中，自古不通中国。万历时，其国人利玛窦至京师，为《万国全图》，言天下有五大洲，第一曰亚细亚洲，中凡百余国，而中国居其一。”[③] 这条史料记载证实，“中国”在明朝正史中已经被用来表示古代祖国的名称和当时的大明王朝。清朝统治时期，1689 年，清政府与沙俄签订《尼布楚条约》，在拉丁文汉译本和满文汉译本中使用的国名均是“中国”，中方首席代表索额图的全衔是“中国大圣皇帝钦差分界大臣、议政大臣，领侍卫内大臣”，拉丁文

① 刘昫、张昭远等撰：《旧唐书》，中华书局 1986 年版，第 306、366 页。

② 利玛窦、金尼阁著，何高济、王遵仲、李申译：《利玛窦中国札记》（上册），中华书局 1983 年版，第 5 ~6 页。

③ 张廷玉等撰：《明史》第十四册，列传·外国传七，中华书局 1974 年版，第 8459 页。

汉译本中规定："流入黑龙江之额尔古纳河亦为两国之界：河以南诸地尽属中国，河以北诸地尽属俄国。"[①] 满文汉译本中的表述与此大意相同，另还有"除从前一切旧事不议外，中国现有之俄罗斯人及俄罗斯国现有中国之人免其互相索还，着即存留"[②]。此条约是中国与外国政府确定边界所立的第一个具有国际法律水准的条约，全文均对外称"中国"。俄文汉译本中有一处出现了"大清国"，其他地方均使用"中国"代表当时的清王朝。[③] 这最起码说明了"中国"与"大清"是同等的、可以互换使用的。康有为曾指出："中国向用朝号，乃以易姓改物，对于前代耳，若其对外交邻，自古皆称中国。"[④] 这些史料说明，至少到明清时期，"中国"已经成为所处朝代的名称，而且也成为用来表示几千年文明古国的通称，近代以来，"中国"作为国名的含义一直沿用至今。

从国号和国名的角度来讲，国名是国家的名字，代表着国家；而国号只是政府为国家所起的官方称号，在特定时期内也可以代表国家，但所代表的主要是政府。在政治、法律和国度意义上，"中国"才是我国的国名，而其他的称呼都是国号。严格来讲，此后的"中华民国"和"中华人民共和国"也都只是中国的国号，与"夏、商、周、秦、汉、隋、唐、宋、元、明、清"具有一样的含义，国名一直都是"中国"。但"中国"在漫长的历史时期也发生了很大的变化，尤其是在疆域和人口方面。因为中国是一个由多民族组成的国家，所以我们现在所说的历史上的"中国"应该包括地域范围内的一切政权和民族。

应该注意的是，"中国"一词虽在古代就已经成为朝代对外的统

---

① 北京师范大学清史研究小组：《一六八九年的中俄尼布楚条约》，人民出版社 1977 年版，第 451 页。

② 北京师范大学清史研究小组：《一六八九年的中俄尼布楚条约》，人民出版社 1977 年版，第 453 页。

③ 北京师范大学清史研究小组：《一六八九年的中俄尼布楚条约》，人民出版社 1977 年版，第 454 ~ 455 页。

④ 康有为著，姜义华、张荣华编校：《康有为全集》第四集，中国人民大学出版社 2007 年版，第 426 页。

称，但它并不具有近代意义上完整国家的含义。直到近代，“中国”才得以完成近代意义的转换，具有中华民族统一政权的含义。这一转换是伴随着近代“民族”“国家”观念的传入而完成的。1901 年，梁启超作《中国史叙论》一文，使用了“中国民族”一词，有时用来指称汉族（古为华夏族），有时则是将其作为对有史以来中国各民族的总称，在西方“民族国家”观念传入中国和发生影响之初，“中国”一方面可指代“中国各民族”，另一方面也可指代一个民族共同体。[①] 1900 年，梁启超《少年中国说》对“完全成立之国”进行了解释，指出“王朝”和“国家”是两个不同的概念，号召建立一个“少年中国”，这里的“中国”是近代意义上之“中国”，而非封建专制王朝之“中国”。他所言的“中国”是指：“有土地，有人民，以居于其土地之人民，而治其所居之土地之事，自制法律而自守之；有主权，有服从，人人皆主权者，人人皆服从者。”[②] 他指出，国家也包括少年和成年，即少年之国和完全成立之国。所谓完全成立之国，壮年之事也。未能完全成立而渐进于完全成立者，少年之事也，于是欧洲列邦在此时为壮年国，而中国为少年国。所以，康有为最早在晚清时期提出的“中国”还不具有近代意义上完整国家的含义，这个“新中国”还只是与当时的清朝相区别的一个地方，是想象着将中国人移往巴西之后所形成的一个新地域。自梁启超《少年中国说》和《新中国未来记》以后，“新中国”才真正成为知识分子的国家构想。由此，我们看到，“新中国”成为对未来国家的构想是建立在“中国”一词具有现代国家含义的基础上的，那么，从“中国”到“新中国”又经历了怎样的发展过程呢？

① 黄兴涛：《现代“中华民族”观念形成的历史考察——兼论辛亥革命与中华民族认同之关系》，载于《浙江社会科学》2002 年第 1 期。

② 梁启超：《少年中国说（附少年中国论）》，载于《清议报》1900 年第 35 期，第 2251 页。

1.2 从“维新中国”到建立“新中国”

本书所研究的“新中国”一词是由名词“中国”和形容词“新”共同组成的，而“新中国”最初是以“维新中国”的形式出现的。因此，我们要研究“新中国”一词，必须要先梳理“新”的内涵以及“新”是如何与“中国”结合在一起的，它具有怎样的含义。

从“新”字的产生源流来讲，《说文·斤部》段注：“新，取木也”，本义为砍柴，是“薪”的本字。但“新”字的含义发生了一些演变，由于古代钻木取火，四季用木种类不同，换季时改换柴木以延续火种，称为新火（又称“改火”），由此引申指初始的、刚出现或刚经历的。它作为名词，指新的东西、事物，如辞旧迎新，推陈出新等。又引申指没有用过的，或刚用不久的，进而引申指改变旧的，使变新，如汤之盘铭曰：“苟日新，日日新，又日新。”[①] 这说明，“新”本义为“薪”，柴火的意思。后来演变为初始的、刚出现的事物，可作名词用，也可作动词用，一指新的东西、事物，一指更新、使变新。《辞海》中对“新”的解释有以下几种：“（1）初次出现的。与‘旧’相对。如：新人新事。引申为新鲜。王维《送元二使安西》诗：‘渭城朝雨浥轻尘，客舍青青柳色新。’（2）才；刚。《荀子·不苟》：‘新浴者振其衣，新沐者弹其冠，人之情也。’（3）改旧；更新。《诗·鲁颂·閟宫》郑玄笺：‘修旧曰新。’（4）朝代名。公元 8 年王莽代汉称帝，国号新，建都长安（今陕西西安）。公元 23 年为绿林农民起义军所灭。（5）新疆维吾尔自治区的简称。”[②]《辞源》中的解释大致与此相同：“（1）初次出现的，与‘旧’相对。庄子刻意：‘吐故纳新。’释文引李颐：‘吐故气纳新气也。’（2）更新。书胤征：‘旧染污俗，咸与维新。’春秋庄

① 谷衍奎编：《汉字源流字典》，语文出版社 2008 年版，第 1642 页。

② 夏征农主编，辞海编辑委员会编：《辞海》，上海辞书出版社 2002 年版，第 1886 页。

二九年：‘春，新延厩。’注：‘言新者，皆旧物不可用，更造之辞。’（3）开始，如岁首称‘新年’，始出之月称‘新月’。（4）才，刚。荀子不苟：‘新浴者振其衣，新沐者弹其冠，人之情也。’（5）朝代名，汉王莽封新都侯，后废汉，建号曰新。见汉书九九上王莽传。（6）姓。新稺穆子之后。见元和姓纂三。”[①] 根据以上对“新”的解释，我们不难看出，“新”字曾有过三种词性：名词、动词和形容词，本书要研究的“新中国”中的“新”主要是形容词“初次出现的”和动词“改旧”“修旧”的含义。

“新”字的意义在中国古代已经受到重视，从一些经典文献中我们可以看到古人对于“新”的提倡。如《大学》中曰：“苟日新，日日新，又日新。”《康诰》曰：“作新民。”《诗经·大雅·文王》中有：“周虽旧邦，其命维新。”第一句中的“新”被刻在商汤王的洗澡盆上，本义是要洗去身上的污垢，使身体焕然一新，引申义是鼓励人们在身体和精神上都要日日自新。第二句中的“作新民”，“作”是振作、激励的意思，“新民”中的“新”是使新、变新的意思。第三句中“维新”中的“维”是语气助词，“新”意思是改革、革新、完善的含义。在古代前人的影响之下，晚清康有为对“新”事物和求“新”具有极大的热情，他和他的学生们掀起的一场声势浩大的维新变法运动就是有力的证据。康有为曾在《孟子微》中指出：“孔子道主进化，不主泥古，道主维新，不主守旧，时时进化，故时时维新。《大学》第一义在新民，皆孔子之要义也。孟子欲腾进化于平世，去其旧政，举国皆新，故以仁政新之。盖凡物旧则滞，新则通。旧则板，新则活。旧则锈，新则光。旧则腐，新则鲜。伊尹曰：‘用其新，去其陈，病乃不存。’天下不论何事何物，无不贵新者。”[②] 康有为为了宣传维新变法而提倡万事求新，

① 广东、广西、湖南、河南辞源修订组，商务印书馆编辑部编：《辞源》（修订本），商务印书馆 2009 年版，第 1501 页。

② 康有为著，姜义华、张荣华编校：《康有为全集》第五集，中国人民大学出版社 2007 年版，第 455 页。

本书认为，从一定程度上来说，这也是他提出建一个“新中国”的思想根源之一。

“维新”思想在晚清如一阵飓风将求“新”促成一股潮流，严复翻译的《天演论》在清末传播以来，更是极大地促进了这一政治改革思潮。“物竞天择，适者生存”被知识分子所接受，追求进步成为先进知识分子们选择的方向，在维新和进化风行的历史背景下，“古”与“旧”都被认为“不合道”“不适者”，被断然否定，“今”和“新”与“进化”结合了起来并具有了无上的生命力。这种现象，在晚清以后变得日益普遍。“进化主义”不仅使传统的“古今之辨”向“今”急剧偏转，也使“新学”与“旧今”中外化出来的“新旧之辨”朝着“新”的一方奔驰。[①]“新”与进化主义的关系显而易见，“新”意味着有变化的，中国传统的“变化”观念与西方的“进化”观念相辅相成，它为“进化”观念在中国的传播提供条件，而“进化”则为它指出方向，从而“进化”观念也为“新”指出了方向。[②] 这是我们所讲的“新”在晚清社会的新发展，它与进化观念联系了起来，并通过维新变法的方式被大大提倡，在《天演论》和进化主义的影响之下，“维新”成为晚清思想界的最强音。本书认为，提倡“维新中国”和建立“新中国”呼声的高涨也建立在此基础之上。严复在《政治讲义》中把进化主义的方法和理论运用到国家和社会群体领域中，强调国家和群体都是有机体，它们也遵循着自然的进化法则。严复认为：“国家为有机体，斯其演进之事，与生物同。”[③] 他还提出：“国家是天演之物，程度高低，皆有自然原理……国家既为天演之物，则讲求政治，其术可与动植诸学，所用者同。”[④] 这说明国家也如同生物一样经历着演变和进化，优胜劣汰的自然法则同样适用于国家之间，国家天演之理为晚清维新和

---

① 王中江：《“新旧之辨”的推演与文化选择形态》，载于《中国社会科学》1999 年第 4 期。

② 王中江：《进化主义在中国》，首都师范大学出版社 2002 年版，第 110 页。

③ 王栻主编：《严复集》第 5 册，中华书局 1986 年版，第 1266 页。

④ 王栻主编：《严复集》第 5 册，中华书局 1986 年版，第 1250 页。

求“新”提供了理论支持。吴汝纶给严译《天演论》作的序中说：“抑严子之译是书，不惟自传其文而已，盖谓赫胥黎氏以人持天，以人治之日新，卫其种族之说，其义富，其辞危，使读焉者怵焉知变，于国论殆有助乎？是恉也，予又惑焉。凡为书必与其时之学者相入，而后其效明。”① 此言也说明了进化与晚清国家求“新”求强的互助关系，这就在一定程度上促进和迎合了“新”与“中国”的结合。最初“新”与“中国”一起使用的意思是维新中国、改革中国，此时的“新”作动词讲，而本书研究的“新中国”主要是将“新”作为形容词来讲，意思是新的中国，改革维新之后的中国。

清朝末期，一些新知识的传播使中国当时的社会不知不觉发生着变化，特别是青年一代，开始对一些专制行为表示不满，对学校的反抗越来越激烈，中国近代著名的教育学家蒋梦麟在《西潮》中以自己亲身经历记述了学生对抗学校当局的学潮事件。从1901年至1911年之间学潮不断，他提到了上海南洋公学和浙江省立高等学堂全体学生集体罢课、离校风潮。蒋梦麟指出：“这种反抗运动可说是新兴知识分子对一向控制中国的旧士大夫阶级的反抗，不但是知识上的反抗，而且是社会和政治的反抗。自从强调物竞天择、适者生存的进化论以及其他科学观念输入中国以后，年轻一代的思想已经起了急剧的变化。18世纪的个人观念与19世纪的工业革命同时并临：‘个人自由表现于对旧制度的反抗；工业革命则表现于使中国旧行业日趋式微的舶来品。中国的旧有制度正在崩溃、新的制度尚待建设。’”② 蒋梦麟还回忆了他们几个青年学生自创学校的举动：“我们离开那所教会学校以后，我们的学生会自行筹办了一个学校，取名‘改进学社’……改进的意思就是改良、进步。”③ 改良和进步已经包含求新的内涵，反映出当时知识青年对“新”的追求。对旧制度的不满和对新制度的追求，体现了知识分子骨子里对旧王朝的不满和对建立“新中国”的渴望。

---

① 王栻主编：《严复集》第5册，中华书局1986年版，第1318页。

②③ 蒋梦麟：《西潮与新潮——蒋梦麟回忆录》，东方出版社2005年版，第65页。

在1889年康有为提出建立“新中国”之前或同时，也有知识分子提出“新中国”的美好愿景，但是大多是讲要维新中国、改革中国。他们所讲的“新中国”中的“新”还是作维新、革新的意思。比如1892年，薛福成曾在《考旧知新说》中指出：“吾闻西人之言曰，华人尚旧，西人尚新，盖自熹其能创一切新法以致富强，而微讽中国不知变计也。讵知不忘旧，然后能自新，亦惟能自新，然后能复旧。夫日月，日新也，而容光之照，万古如旧；流水，日新也，而就下之性，万古如旧。西人穀械，所以能参造化精微者，亦本前人已阐之学，屡研而益进耳，并非一旦豁然超悟，骤得无上之秘诀也。……能新中国，并能新及遐方殊俗者，莫中国之圣人若也。降及近古，中国之病，固在不能更新，尤在不能守旧。”① 薛福成所言的“新中国”是指革新中国、改变中国、发展中国，使中国进步，他提倡的“新”是在旧的基础上巩固和发展，要继承和学习传统不是一味地学习西方。

中国近代著名的爱国志士丘逢甲在1900年的一首诗中抒发了对祖国现状的担忧，希望能够唤起国人立志救国的爱国热情，希望能有一些人革新中国之面目，提出“欲呼群力以新中国”的愿望，《南还抵汕头埠闻琰儿球儿殇耗哀感书此六首》中言：“频年痛哭为哀时，谁料今朝更哭儿，拟遣灵龟向天问，挑灯和泪读韩诗。扁舟劫外侍东还，投劫安知在此间，阿弟六龄兄十六，九泉风雨念家山。望尔成人竟不成，中年哀感倍伤神，青山何处埋儿骨？黯黯愁云隔凤城。全家避地古梅州，独客南归尚滞留，夜夜雏魂梦中见，寒潮呜咽浪西楼。食厉偏难恃女媊，便非英物也凄然，欲呼群力新中国，已失人间两少年。”② 诗中“欲呼群力新中国”表达了维新中国、革新中国的志向，这里的“新中国”是使中国“新”、革新、维新的意思。1900年1月，丘逢甲去香港、澳门，此行结识了“力谋起兵勤王”的康有为、唐才常等保皇会人士。同年3月，他受广东地方派遣，赴南洋调查和联络侨商。在新加坡，他

① 薛福成著，丁凤麟、王欣之编：《薛福成选集》，上海人民出版社1987年版，第424页。

② 黄志平、丘晨波主编：《丘逢甲集》，岳麓书社2001年版，第473～474页。

再次遇见康有为，又会见支持康有为勤王活动的容闳和主张改革中国并以巨款支持康有为起兵勤王的挚友丘菽园。三个月的南洋之行使丘逢甲交游益广，见识大增，并实际上卷入了“勤王”活动。[①] 由此可见，丘逢甲提出的“欲呼群力新中国”“旦晚要维新”等主张难免会受到康有为维新思想和保皇勤王运动的影响。

1900 年 9 月《申报》的一篇文章分析维新之义，并提出维新中国的正确出路，文章指出：“中国初无守旧维新之名也，自日本变法后，其名始流及中国，然中国虽有是名而并无是党。所谓维新者，不过欣羡西法，目中国之事为陈腐而已。……吾又窃怪今之维新者，于西人工商之务、格致之学未尝涉历，而惟于起居服用之间竞尚洋货，而并以耳食唾余高谈时务，渐至踰闲荡检，置伦纪于不问，是直狂妄之徒，何足言维新中国。自有此等守旧之人，以致北事如此糜烂溃败，有此等维新之人，以致流为匪党，阴售富有之票，渐萌叛乱之心。中国又安望自强乎？必俟大有作为之人出，俾守旧维新之事合而为一，不矫情独立，不随声附和，庶利于因者守之，利于创者改之，不必泥古而因循之习，自除不必求新而富强之基。自立世有其人乎？吾不禁馨香祝之，祷祀期之已。”[②] 此文中提到的“维新中国”，与前述薛福成的“新中国”意指相同，都是要在守旧与维新相结合的基础上，以旧修新，希望维新者不忘中国古老传统礼法。

上述的“维新中国”和“新中国”都是笼统地讲中国需要革新、维新，没有达到要建立一个“新中国”的层次，而康有为、容闳等人则进一步提出了建立“新中国”的构想。但康有为没有具体阐述他此时所言的“新中国”的具体形态，经过分析，我们发现，他所说的“新中国”还不是一个具有独立国家特性的新国家，只是指为了区别清

① 刘学照：《论丘逢甲诗中的“新中国”思想》，载于《厦门大学学报》（哲学社会科学版）2005 年第 2 期。

② 《中国守旧维新之人均不得其要领说》，光绪二十六年闰八月初二日（1900 年 9 月 26 日），载于《申报》第九千八百五十八号，第 1 版。

政府统治的、所属亚洲的、原来的中国而言的新地域。

除康有为以外，较早提出建立一个新国家，造一个“新中国”的还有容闳，他在晚年（1909 年）所作的回忆录自传《西学东渐记》中提出了这一说法。1860 年 11 月，容闳跟随美国传教士一起前往太平军中进行访察，希望探究太平军能否创造新中国取代满洲政府，他对太平天国运动给予很高评价，认为：“革命之于中国，固数见不鲜。闻者疑吾言乎，则试一翻中国历史。其中所谓二十四朝，非即二十四次革命写真耶？顾虽如此，战国而外，中国之所谓革命，类不过一姓之废兴，于国体及政治上，无重大改革之效果。以故中国二千年历史，如其文化，常陈陈相因，乏新颖趣味。亦无英雄豪杰，创立不世伟业，以增历史精神。太平军战争之起，则视中国前此鼎革，有特异之点。非谓彼果英雄豪杰，以含有宗教性质耳。其魄力至伟，能自僻远之广西，由西南蔓延东北，而达精华荟萃之金陵，历时至十五年之久，亦惟宗教之故。此十五年中，满州政府几无日不处于飘摇风雨之中。然于历史上究其若何精神，则未易轻许也。”① 并指出：“此次革命，虽经十五年剧烈之战争，乃不久而雾散烟消，于历史上曾未留一足为纪念之盛迹。……其可称为良好结果者惟有一事，即天假此役，以破中国顽固之积习，使全国人民皆由梦中警觉，而有新国家之思想。”② 从容闳对太平天国的评价可以看出，他认为太平天国革命同以往农民革命完全不同，它建立了一个新政府并与清朝对峙 15 年之久，提出了许多关于改革国体的纲领，使人民产生建立新国家的思想，彻底改变原来的国家面貌。但太平天国最终还是以失败告终，容闳表达了对此次南京之行的失望：“南京之行，本希望遂予夙志，素所主张之教育计划，与夫改良政治之赞助，二者有所藉手，可以为中国福也。不图此行结果，毫无所得。曩之对于太平军颇抱积极希望，庶几此新政府者能除旧布新，至是顿悟其全不足恃。以予观察所及，太平军之行为，殆无有造新中国之能力，可断言也。于是不

① 容闳著，徐凤石、恽铁樵译：《西学东渐记》，新世纪出版社 2011 年版，第 80 页。
② 容闳著，徐凤石、恽铁樵译：《西学东渐记》，新世纪出版社 2011 年版，第 85 页。

得不变计，欲从贸易入手。”① 容闳希望依靠太平天国的力量和自己的教育计划来造一个“新中国”的愿望虽然落空，但是他对太平天国干王提出的七条建议反映了他当时所想的“新中国”景象：“一、依正当之军事制度，组织一良好军队；二、设立武备学校，以养成多数有学识军官；三、建设海军学校；四、建设善良政府，聘用富有经验之人才，为各部行政顾问；五、创立银行制度，及厘订度量衡标准；六、颁定各级学校教育制度，以耶稣教圣经列为主课；七、设立各种实业学校。”② 容闳非常同情和支持康梁的维新变法，后来又投入自立军起义的准备过程中，起草自立军起义对外公告，其中文版继续表达了容闳的“新中国”愿望：“我等谓满州政府不能治理中国，我等不肯再认为国家。变旧中国为新中国，变苦境为乐境……系我等义士所应为之责。”③ 容闳是中国留美学生第一人，他也是第一个拿到美国名校毕业学位的中国人，归国之后一直致力于立足教育改革的报国事业中，他提出的许多改革计划均与教育有关。但不幸的是，他的教育计划终因顽固派阻扰而失败。而他之后的一位教育家陶行知曾经对其所提倡的“新教育”之“新”进行解释：“说文新，取木也。木有取去复萌之力，故新有层出不已之义。新教育与旧教育之分其在兹乎。”④ 这里，陶行知希望通过创办新教育的方式建设一个“新中国”，他所言的“新”有层出不已之义，也就意味着不管是“新教育”还是“新中国”都是随时时代的发展而不断发展，有所发明创造才叫“新”。历史事实证明，知识分子们的“新中国”构想也在不断向前发展，无穷尽也。

以上我们分析了“新中国”从“中国”一词与“新”的结合到“维新中国”和革新中国的发展过程，梳理了国人从原来追求在国家内部进行维新“以新中国”到要求推翻旧政府建立一个崭新的“新中国”

① 容闳著，徐凤石、恽铁憔译：《西学东渐记》，新世纪出版社 2011 年版，第 88 页。
② 容闳著，徐凤石、恽铁憔译：《西学东渐记》，新世纪出版社 2011 年版，第 77 页。
③ 容闳著，徐凤石、恽铁憔译：《西学东渐记》，新世纪出版社 2011 年版，第 198 页。
④ 陶行知：《试验主义与新教育》，载于《新教育》1919 年第 1 期，第 11 页。

的发展变化，通过研究梳理，我们可以得知，“新中国”一词的含义经历了从“维新中国”到建立“新中国”的发展演变，从改革、改良的愿望变为对国家未来的新构想。

1.3 “新中国”与“新中华”等相关概念的比较

研究“新中国”这一概念必然要研究它与相关概念群的区别和联系，与“新中国”概念相近的名词有“新中华”“大中华”“大清”等，要了解“新中国”与“新中华”概念的区别，我们首先有必要追溯一下“中国”与“中华”一词的异同。前文中，我们已经对“中国”一词进行了历史分析和阐释。在中国的几千年历史长河中，中国、中华、华夏、诸夏、诸华、九州岛、天下等词语都曾经用于对不同历史时期中国的自称或他称，最普遍的与“中国”一词互用的便是“中华”和“华夏”，甚至沿用至今。至于“华”字何时出现，有学者认为，“华”可能产生于夏朝时期，因为“华”代表了夏族的服饰和文化特征[①]，然而在殷商甲骨文中，并未发现“华”字。还有学者指出：“‘华’字是创自周朝无疑。”[②] 据史料考证，“华”字本义为“花”，《诗·小雅》中多处出现以华作花的诗句，比如“棠棣之华”“裳裳者华”等。清朝朱骏声的《说文通训定声》指出：“开花谓之华，与花朵之华微别。……木谓之华，草谓之荣。……华荣释言华皇也。”[③] 由此，我们可以看出，古代“华”字和“花”字是可以互换使用的。花本色彩绚烂，于是华遂有光华、鲜美之义，于是有“华者，色也”“色如华而赤”“夏有服章之美谓之华”。[④] 引申到文化上，又指服章之美和文化

---

① 田继周：《夏族的形成及更名汉族》，载于《民族研究》1990 年第 4 期。

② 田倩君：《“中国”与“华夏”称谓之寻原》，载于《大陆杂志》第 31 卷第 1 期，中国台湾地区，1966 年。

③④ 朱骏声撰：《说文通讯定声》，武汉市古籍书店影印，1983 年版，第 421 页。

之高，所以“华”和代表统治王朝的“夏”常通用或合用。顾颉刚、王树民先生曾提到东汉郑玄笺《诗·小雅·苕之华》云：“陵苕之干，喻如京师也，其华犹诸夏也，故或谓‘诸夏’为‘诸华’。”这说明“华”与“夏”是名异而实同的称号，至于二者为何同义，顾颉刚、王树民认为：“华字古音敷，夏字古音虎，其音相近。‘夏’名号使用的机会既多，便由音近而推衍出‘华’字来，以便加重语气。”[①] 用华夏、诸夏代表中国，意思为服饰华美的国家和文化至高的国家，多用于春秋时期，后来也有人陆陆续续使用其指称古代中国。但笔者以为，“华”和“夏”属于种族、民族的范畴，时人多以华族、华夏族指称中国的主体民族，它也被当作汉族的旧称和俗称，春秋战国时期，列国争雄成为主要特点，“华”和“夏”不再具有国家的权威性和号召性，所以一般不再作为国家含义使用。而“中华”一词可以说是中国和华夏的合称，它在历史上的使用经历了一些发展变化，据王树民先生研究，“中华”一词的使用始于魏晋，最初用于天文方面，《晋书·天文志》载《天文经星·中宫》：“东番四星，南第一星曰上相，其北，东太阳门也。第二星曰次相，其北，中华东门也。第三星曰次将，其北，东太阴门也。第四星曰上将，所谓四辅也。西番四星，南第一星曰上将，其北，西太阳门也。第二星曰次将，其北，中华西门也。”这是以世间的宫城比拟天宫的构造，东西两面各有三个门，中间之门以“中华”命名，两旁者则以太阳和太阴命名。阴和阳常被古人用来表示天和地，因“中于天地者为中国”，而“中国”又不便用于宫门之名，故从“中国”和“华夏”中各取一字而称“中华”，以配合太阴、太阳之名。[②] 笔者以为这也是“中华门”的由来。后来“中华”又用来指中原地区，比如《晋书·陈頵传》中提到“中华所以倾弊，四海所以土崩者，正

---

① 顾颉刚、王树民：《“夏”和“中国”——祖国古代的称号》，史念海主编《中国历史地理论丛》第一辑，陕西人民出版社 1981 年版，第 12～13 页。

② 王树民：《中华名号溯源》，史念海主编《中国历史地理论丛》第二辑，陕西人民出版社 1985 年版，第 13 页。

所以取材失所”。另有裴松之在《三国志·蜀志·诸葛亮传》后评论：“若使（亮）游步中华，骋其龙文……”[①] 这两处的“中华”均与古代“中国”同义，指中原地区。关于中华名号的由来，还有两种说法：其一，“古代中原地区（黄河流域一带）的人们，认为自己是‘冕服章采’的文明地区，因为古代‘华’字是‘美丽’的意思，又由于历史、地理、认识等条件的限制，他们认为自己所居住的地方位于天下的中央……故名‘中华’”。其二，“‘华’字古代为赤色之意，周朝人尚赤，又因认为自己的民族居住于中央，故称‘中华’”。[②] 但笔者以为，“中华”一词的使用主要还是作为文化和民族的称谓。《资治通鉴》第一百九十八卷记载，贞观二十一年五月，唐太宗总结其成功原因时指出：“自古皆贵中华，贱夷狄，朕独爱之如一，故其种落皆依朕如父母。”[③] 这反映了唐太宗比较开明的民族政策，和夷狄相对的中华，显然是指唐朝的主体民族——汉族。杜佑在《通典·边防序》中说：“缅惟古之中华，多类今之夷狄，有居处巢穴焉，有葬无封树焉，有手团食焉。”[④] 此处的“中华”亦指华夏汉族，即中华人。后来，明太祖朱元璋发动对元朝征伐的檄文中提出“驱逐胡虏，恢复中华”的口号，并且说：“归我者永安于中华，背我者自窜于塞外。”[⑤] 这里的“中华”与“胡虏”和“塞外”相对，既指汉族，又指中原。孙中山在1905年提出的同盟会纲领——“驱除鞑虏，恢复中华，创立民国，平均地权”，这里的“中华”与“鞑虏”相对应，更多的是种族和民族称谓，“民国”显然是指国家称谓。

所以说，知识分子们之所以选择“新中国”作为他们的国家构想，有着一定的历史必然性。“新中国”与同时期出现的相关表述和概念，如与“新中华”“大清”等相比，更加符合国家构想的范畴，具有更强

① 费孝通主编：《中华民族多元一体化格局》，中央民族大学出版社2018年版，第214页。
② 顾阿祥：《伟哉斯名：“中国”古今称谓研究》，湖北教育出版社2000年版，第282页。
③ 司马光编著，胡三省音注：《资治通鉴》（13），中华书局2012年版，第6360页。
④ 杜佑撰、王文锦等点校：《通典》校点本（五），中华书局1988年版，第4979页。
⑤ 《明太祖实录》卷二六，吴元年十月丙子条。

的合理性。

早在1898年，康有为在《请君民合治满汉不分折》[①] 中就曾进言："为中国计，而求其治本，惟有君民合治、满汉不分而已。"请求皇上"立裁满、汉之名，行同名之实"，并指出"伏惟今定国号，因于外称，顺乎文史，莫若用中华二字"。[②] 章太炎在1908年发表的《政闻社解散之实情》一文中也指出："康有为已遍发檄文，传入腹地，以改号撤帘迁都为号。夫请开国会者，亦欲清政府之听从耳。今先讼言改大清国为中华国……"[③]"中华"二字曾一度被康有为当作中国的理想国号，而革命派建立"中华民国"也以"中华"作为国名的一部分来使用，这足以说明"中华"在清末知识分子国家构想中占据重要地位，那么为什么国人最终更多地选择"新中国"而不是"中华"或"新中华"作为他们理想的国家代称呢？

笔者经过考查发现，"中华"最初与"中国"一词是通用的，1902年，梁启超在《论中国学术思想变迁之大势》一文中指出："立于五大洲中之最大洲，而为其洲中之最大国者谁乎？我中华也。人口居全地球三分之一者谁乎？我中华也。四千余年之历史未尝一中断者谁乎？我中华也。……我中华有三十世纪前传来之古书，世界莫能及。……若夫二千五百年以上之书，则我中国今传者尚十余种，欧洲乃无一也。"[④] 这里的"中华"和"中国"含义是相同的，指历史上各专制王朝建立的国家。但后来"中华"一词的含义发生了很大的变化，更多指代的是民族概念，而非国家概念，它大多以"中华民族"的概念被使用。梁启超在同一篇文章中写道："中华建国，实始夏后。古代称黄族为华

① 黄兴涛教授在《民族自觉与符号认同："中华民族"观念萌生与确立的历史考察》（载《中国社会科学评论》2002年2月创刊号）一文的注释50里，指出康有为此文是1910年伪造，笔者参考的《康有为全集》时间仍为1898年。

② 康有为著，姜义华、张荣华编校：《康有为全集》（第四集），中国人民大学出版社2007年版，第426页。

③ 章太炎撰，汤志钧编：《章太炎政论集》上册，中华书局1977年版，第478页。

④ 梁启超：《饮冰室合集》文集之七，中华书局1989年版，第1页。

夏，为诸夏。”[①] 这里的中华，已经开始指代华夏民族，即汉民族。[②] 1905 年，梁启超在《历史上中国民族之观察》一文中明确指出：“今之中华民族，即普通俗称所谓汉族者。”[③] 1907 年，杨度在《金铁主义说》一文中明确地说明了“中华”作为民族称呼的历史。他指出：“中国自古有一文化较高、人数较多之民族在其国中，自命其国曰中国，自命其民族曰中华。即此义以求之，则一国家与一国家之别，别于地域，中国云者，以中外别地域之远近也。一民族与一民族之别，别于文化，中华云者，以华夷别文化之高下也。即此以言，则中华之名词，不仅非一地域之国名，亦且非一血统之种名，乃为一文化之族名。”[④] 杨度这里明确地指出，中国为地域概念，而中华为文化民族概念，于是“中华”也就成了中国民族的指称，它最初专指汉族，后来指中国境内的多民族大融合。杨度在《金铁主义说》一文中还指出：“大明之非国名，犹之大清之非国名，明国非中国，清国亦非中国。”[⑤] 笔者认为，正如杨度所言，大明、大清都不能称为国家，它们只是一个封建专制统治政府的朝号而已。“中国”和“中华”是国家民族话语的历史发展，要将二者的具体指代含义清晰地区分开来，“中华”成为民族指称的专用术语；同时伴随着国人对朝代和国家概念理解的加深，一方面“大清”成为国人要革命和推翻的对象，另一方面因革命派的仇视，“大清国”也只能成为过去式。这也就说明了国人在构想未来国家时选择“新中国”，而不是选择“中华”“新中华”或者“大清”的原因。

在稍后的历史阶段，“新中国”和“新中华”的含义更加明确，分别指国家范畴和民族范畴。康有为、梁启超等人多次呼吁建立“新中国”，孙中山等革命派也提出为“新中国”而奋斗，而“新中华”则极

---

① 梁启超：《饮冰室合集》文集之七，中华书局 1989 年版，第 5 页。

② 黄兴涛：《现代“中华民族”观念形成的历史考察——兼论辛亥革命与中华民族认同之关系》，载于《浙江社会科学》2002 年第 1 期。

③ 梁启超：《历史上中国民族之观察》，载于《新民丛报》第三年第七十号，第 44 页。

④ 杨度：《金铁主义说》（续第四号），载于《中国新报》第一卷第五期，第 17 页。

⑤ 杨度：《金铁主义说》（续第一号），载于《中国新报》第一卷第二期，第 29 页。

少被使用，尤其是作为一个国家的范畴。抗日战争时期，毛泽东在《中国革命与中国共产党》中阐述中国和中华民族的特征时指出：“中国是一个由多数民族结合而成的拥有广大人口的国家。”[①] 还指出：“中华民族的各族人民都反对外来民族的压迫，都要用反抗的手段解除这种压迫。他们赞成平等的联合，而不赞成互相压迫。”[②] 他很明确地将中华纳入中国的要素之中，呼吁整个中华民族为建立一个“新中国”而共同奋斗，呼吁在新的历史时期，开展新型的民主主义运动，即新民主主义运动，指出：“中国现时的革命阶段，是为了终结殖民地、半殖民地半封建社会和建立社会主义社会之间的一个过渡的阶段，是一个新民主主义的革命过程。”[③] 毛泽东所言的新民主主义革命的目标就是要使中国变为一个新民主主义共和国，作为社会主义“新中国”的基础。

1.4 小　结

我们从名词概念的角度考察了“新中国”一词的产生、发展和变化，追溯了“中国”一词的古今释义，分析了“新”字的字义源流和意思演变。通过对“新”字与“中国”一词结合的最初表现形式“维新中国”“以新中国”的研究，探讨从“维新中国”到呼吁建立一个“新中国”的发展演变，梳理了“新中国”一词在词性和词义上的微妙变化。按照概念史的研究方法，我们对“新中国”一词的相关概念和平行概念也进行了研究和考察，分析了知识分子之所以选择“新中国”而不是“新中华”等其他词语作为国家构想的原因。总之，本部分内容为本书的研究——国人的“新中国”构想奠定了一定的基础。

① 《毛泽东选集》第二卷，人民出版社1991年版，第622页。
② 《毛泽东选集》第二卷，人民出版社1991年版，第623页。
③ 《毛泽东选集》第二卷，人民出版社1991年版，第647页。

“新中国”构想在晚清的萌芽和发展

鸦片战争以来，中国经历了“三千年未有之变局”，清王朝面临亡国灭种的危机，在此社会历史背景下，“救亡”和建立“新中国”成了近代以来知识分子们思考的主题。自清朝末期康有为提出“新中国”一词后，经改良派、立宪派和革命派知识分子的传播和发展，“新中国”成为中国近代知识分子共同构筑的一个流行词和国家理想，成为近代思想史上重要的一笔。“新中国”之“新”在每个历史时期具有不同的内涵，在清朝末期是区别于“中国古代王朝”含义的“旧中国”而言的，它还具有进化的意指，是指“中国”进化成“近代完整国家”以后形成的“新国家”。清末知识分子们在进化论和新旧观影响下，提出了各种形态的“新中国”构想，本部分内容将试着展现清末知识分子对“新中国”构想的提出、萌芽和发展历程，揭示“新中国”构想在晚清的不同含义。

2.1 “新中国”由名词到构想

虽然“中国”一词的含义在近代已经开始发生变化，但其近代意义真正得到广泛认同是通过与“新”字的结合实现的。近代以来，“新中国”已经成为国人对国家未来的一种期望，知识分子们也提出了各种不同的构想。随着近代民族危机的加深，以及现代国家观念在中国的传播和发展，“新中国”从一个地域名词发展为具有现代民族国家含义的国家构想。

2.1.1 康有为对“新中国”一词的早期使用

1889 年，康有为深感清王朝的灭亡难以挽救，又加上第一次上书未果，于是萌发所谓在巴西建立“新中国”的想法。此处“新中国”是区别于对外号称“中国”的清王朝而言的。《年谱》写到光绪二十三年（1897 年）十月，又言：“中国人满久矣，美及澳洲皆禁吾民往，又乱离迫至，遍考大地。”[①] 从这段叙述中可以看出，由于中国人满为患，又因割地赔款损失了许多土地和财富，面对亡国灭种的危险，自乙未年（1895 年）以来，康有为即产生了“移民存吾种”的想法，他仔细考察世界各地，认为巴西最适合中国人迁移，他把移民巴西当做一项救亡措施，通过向外移民来挽救亡国灭种的危机。《年谱》中还记载了他最初是想通过将中国人迁往巴西通商做工的方式移民，并详述了这一设想破产的经过：“乙未之归，遇葡人及曾游巴西者，知巴西曾来约通商招工，其使来至香港，而东事起，巴使在香港俟吾事定，至数月，东事益剧，知不谐乃归，吾港澳商咸乐任此，何君穗田擘画甚详，任雇船招工之事。于是拟入京举此，适胶州案起，德人踞之，乃上书言事，工部长官淞桂读至‘恐偏安不可得’语，大怒，不肯代递。”“与李合肥言巴西事，许办之，惟须巴西使来求乃可行。”[②] 关于巴西在中国招募华工以及康有为欲在巴西立“新中国”的设想，茅海建先生在《我史》鉴

①② 沈云龙主编：《近代中国史料丛刊》（11），台湾文海出版社 1966 年版，第 39 页。

注中运用大量档案和相关人士的记载进行了证实。[①] 康有为在 1895 年《上清帝第四书》中，于“立科以励智学”一项中，介绍了泰西诸国“其有寻得新地，为人迹所未辟，身任大工，为生民所利赖者，予以世爵”的举措，结果“国人踊跃，各竭心思，急求新法，以取富贵。各国从之，数十年间，科仑布寻得美洲万里之地，辟金山以致富，每年得银巨万”[②]。康有为以泰西国家为例，请求光绪帝为实现国家富强而鼓励新法良策、辟新地。从康有为的上书内容可以看出他希望中国效仿泰西诸国的急切心情，认为“寻得新地”是泰西诸国富强的原因之一。由此可知，康有为之所以萌发“辟新地”“立新中国”是为了改变清王朝腐朽落后的局面，他提出在巴西立“新中国”是在与巴西使者协商的基础上，必须是巴西使者来华请求官方，即“惟须巴西使来求乃可行”[③]。

笔者以为康有为之所以会有移民巴西的想法，还与其《大同书》中“去国界合大地”有一定的关联。康有为《大同书》乙部“去国界合大地”用大量篇幅阐述了“有国之害”以及“欲去国害必自弭兵破国界始”，他认为：“然国域既立，国义遂生，人人自私其国而攻夺人之国……然因相持之故累数千百年，其战争之祸以毒生民者，合大地数千年计之，遂不可数，不可议。”[④] 于是指出：“今将欲救生民之惨祸，致太平之乐利，求大同之公益，其必先自破国界去国义始矣”。[⑤] 继而康有为设计了去国界之后对人民、土地管理的办法，他列出大同合国三世表，在第一阶段“迁徙住居自本国至他国不得自由”，在第二阶段

---

① 茅海建：《从甲午到戊戌：康有为〈我史〉鉴注》，生活·读书·新知三联书店 2009 年版，第 198～210 页。还可参考茅海建：《巴西招募华工与康有为移民巴西计划的初步考证》，载于《史林》2007 年第 5 期。

② 康有为著，姜义华、张荣华编校：《康有为全集》（第二集），中国人民大学出版社 2007 年版，第 81 页。

③ 沈云龙主编：《近代中国史料丛刊》（11），台湾文海出版社 1966 年版，第 39 页。

④ 康有为著，姜义华、张荣华编校：《康有为全集》（第七集），中国人民大学出版社 2007 年版，第 119 页。

⑤ 康有为著，姜义华、张荣华编校：《康有为全集》（第七集），中国人民大学出版社 2007 年版，第 128 页。

“迁徙住居各国可以自由”，第三阶段的大同世界即“无国界，人民听其迁徙住居”。[①]

不难发现，康有为移民巴西的想法与其《大同书》中人民“迁徙各国可以自由”有相通之处，康有为的“新中国”可以理解为大同社会的第二阶段中的各个自治国家之一，按照康有为“大同”社会的设计，这一阶段“人民迁徙住居各国，可以自由”。康有为提出的“新中国”，于巴西“以存吾种”的构想恰恰体现了这一思想。康有为在后来写作的《巴西》一文中，盛赞巴西“气候和平，疠疫不行，各国移民，皆保壮健”[②]，对巴西的土地、河流、气候、物产都进行了详细的介绍，从气候和地理状况证明了巴西是适宜移居的好地方。

关于《大同书》的写作、出版过程，据康有为所言，为1884年[③]，许多学者对此提出质疑，汤志钧先生指出，康有为的大同思想是在1885年写作的《人类公理》基础上发展而来的，书中记载了诸多1884年以后的事，故真正成书不可能在1884年，而是在1901～1902年，并举了多处例子证明《大同书》的内容有很多1901～1902年发生之事。[④]萧公权先生基本认同汤志钧的看法，他认为康有为1884～1887年所著的《万身公法》《人类公理》及《实理公法》可能都是《大同书》的草稿。这几种未刊稿中反映了康有为主张全世界共享立法、说共同语言、在统一政府治理之下的“世界化”思想。[⑤]

梁启超在1901年所写的《南海康先生传》中叙述康有为的“世界的理想”，提到“破国界”“归于大同”等内容，梁启超指出：“先生现

① 康有为著，姜义华、张荣华编校：《康有为全集》（第七集），中国人民大学出版社2007年版，第152页。

② 康有为著，姜义华、张荣华编校：《康有为全集》（第十集），中国人民大学出版社2007年版，第161页。

③ 转引自康有为著，汤志钧导读《大同书》，上海古籍出版社2005年版，导读第10页。

④ 康有为著，汤志钧导读：《大同书》，上海古籍出版社2005年版，导读第7～11页。

⑤ 萧公权著，汪荣祖译：《近代中国与新世界：康有为变法与大同思想研究》，江苏人民出版社2007年版，第310、第326页。

未有成书，而吾自十年前受其口说。"[①] 据梁启超所言，康有为的《大同书》中"破国界"的思想应始于1901年的十年前，即1891年以前。1921年《清代学术概论》中提到《大同书》："有为著此书时，固一无依傍，一无剿袭，在三十年前……其弟子最初得读此书者，惟陈千秋、梁启超。"[②] 这说明，《大同书》初稿应写于1891年之前，只是一直未予公布。

汤志钧、萧公权等认为《大同书》成书时间是1901~1902年，笔者以为，《大同书》最终定稿的时间应符合两位先生的推测，但是关于"破国界"的思想却是在1884~1891年已经萌发，只是没有完全成型。梁启超所言"先生现未有成书，而吾自十年前受其口说"，恰恰印证了笔者的观点。在此书最后面世之时，康有为进行一些补充修改，这是符合常理的，这也就是为何《大同书》中记述了多件发生在1884~1902年的事情之原因。《康南海自订年谱》中曾提到光绪十一年"乃手定大同之制，名曰人类公理"[③]，康同璧提到《大同书》时也曾言："自甲申（先君时年二十七岁）属稿，初以几何原理者人身公法，旋改为万年公法，十余年来，至是数易其稿，而卒年成大同书十部。"[④] 也就是说，自1884年最迟至1885年，康有为已经萌发大同的思想，并在此基础上写作《人类公理》。而康有为在巴西辟地立"新中国"的想法是在1889年、1895年和1897年，不能说不受其已有思想的影响，故笔者以为这一定程度上体现了"去国界""世界大同"的思想。

梁启超用"理想与现实之调和及其进步之次第"[⑤] 来评价康有为的"大同"思想，指出理想与现实的冲突之处，康有为所提出的在巴西建"新中国"的设想，也恰恰反映了理想和现实的差距，故康有为所言的

---

① 梁启超：《南海康先生传》，载于《清议报全编》卷八，第445页。

② 梁启超著，朱维铮导读：《清代学术概论》，上海古籍出版社2011年版，第82页。

③ 沈云龙主编：《近代中国史料丛刊》（11），台湾文海出版社1966年版，第15页。

④ 《南海康先生年谱续编》收自蒋贵麟主编《康南海先生遗著汇刊》（22），台湾宏业书局出版1987年版，第31页。

⑤ 梁启超：《南海康先生传》，载于《清议报全编》卷八，第447页。

"新中国"就像《大同书》描述的社会一样只能成为一种空想，从史实记载也可看出，巴西是招募华工，并非帮助移民，康有为也并无财力在巴西购买或租用土地，实行其移民计划，所以他所称的开辟新国只是一种美好的愿望而已[①]。虽然康有为提出"立新中国"的设想最终失败，但对"新中国"从概念名词发展为国家构想起到了重要的推动作用。应该指出，康有为此时所言的"新中国"只是对习惯称呼"中国"的一种区分，还不具有具体的"国家"概念，随着西方国家观念的传入，国人对"新中国"的构想也逐渐趋于清晰化和具体化。

2.1.2 梁启超早期的"新中国"构想

梁启超的"新中国"构想经历了一个很长时间的酝酿、发展过程，1900年发表的《少年中国说》和1902年的《新中国未来记》，是梁启超早期"新中国"构想的代表，我们试着通过对这两篇作品的分析，透视梁启超早期的国家理想。

《少年中国说》写于戊戌变法失败后的1900年，文中极力歌颂少年的朝气蓬勃，鼓励国人改变"老大帝国"的腐朽面貌，建设一个充满活力和希望的"少年中国"。文章开篇便指出："日本人之称我中国也，一则曰老大帝国，再则曰老大帝国。是语也，盖袭译欧西人之言也。呜呼！我中国其果老大矣乎？……吾心目中有一少年中国在。欲言国之老少，请先言人之老少。老年人常思既往，少年人常思将来。惟思既往也，故生留恋心；惟思将来也，故生希望心。惟留恋也，故保守；惟希望也，故进取。惟保守也，故永旧；惟进取也，故日新。"[②] 梁启超在这里明确反对日本人和欧西人称中国为"老大帝国"，并且提出"少年中国"的说法，他还分析了何为"旧"、何为"新"的含义。于

① 茅海建：《从甲午到戊戌：康有为〈我史〉鉴注》，生活·读书·新知三联书店2009年版，第210页。

② 梁启超：《少年中国说》，载于《清议报》第35期，第2249页。

是将“希望”“进取”和“新”与“少年中国”联系了起来。任公还阐述了“国”的意义，即“有土地，有人民，以居于其土地之人民，而治其所居之土地之事，自制法律而自守之；有主权，有服从，人人皆主权者，人人皆服从者。夫如是，斯谓之完全成立之国”。[①] 他指出，所谓完全成立之国，壮年之事也。未能完全成立而渐进于完全成立者，少年之事也，于是欧洲列邦在此时为壮年国，而中国为少年国。

按照以上所言之国家概念，梁启超指出：“我黄帝子孙聚族而居立于此地球之上者既数千年，而问其国之为何名，则无有也。夫所谓唐虞夏商周秦汉魏晋宋齐梁陈隋唐宋元明清者则皆朝名耳。朝也者，一家之私产也，国也者，人民之公产也……其老年时代也，自余历朝莫不有之。凡此者谓为一朝廷之老也则可，谓为一国之老也则不可。……然则，吾中国者，前此尚未出现于世界，而今乃始萌芽云尔。”[②] 梁启超认为中国自古以来只有朝廷没有国家，从国家的角度来衡量，中国目前只是一个逐渐发育、成长的“少年”，被称作“老大帝国”是不公允的。他接着分析：“造成今日之老大中国者，则中国老朽之冤业也，制出将来之少年中国者，则中国少年之责任也。彼老朽者何足道，彼与此世界作别之日不远矣，而我少年乃新来而与世界为缘。……使举国之少年而果为少年也，则吾中国为未来之国，其进步未可量也。”[③] 梁任公最后还以极大的气势鼓励有识之士为建立“少年中国”而努力，希望中国能早日成为完全成立之国。

梁启超在1900年以“少年中国”来构建他心目中的未来中国，他指出中国自古无“国”之概念，他所言的“少年中国”是要建立近代意义上的中国，即完全成立之国，这就是梁启超当时向往之“新中国”。1901年，梁启超在《南海康先生传》中，指出康有为“欲任天下事，开中国之新世界”的抱负，正体现了《少年中国说》的期望，

---

① 梁启超：《少年中国说》，载于《清议报》第35期，第2251页。
② 梁启超：《少年中国说》，载于《清议报》第35期，第2252~2253页。
③ 梁启超：《少年中国说》，载于《清议报》第35期，第2255页。

即“制出将来之少年中国”。梁启超对戊戌维新评价曰：“戊戌维新，虽时日极短，现效极少，而实二十世纪新中国史开宗明义第一章也。”[①]这里的“新中国”是梁启超按照近代国家概念来定义的“新中国”，康梁领导之戊戌维新在近代中国最早提出要建立一个自古没有的、完整意义上的君主立宪“新中国”，故为20世纪“新中国”史第一章。

戊戌变法失败后，梁启超激烈抨击封建专制，他在《拟讨专制政体檄》中声讨专制政体之罪恶，号召青年起而推翻之，他指出：“起起起！我同胞诸君！起起起！我新中国之青年！我辈实不可复生息于专制政体之下，我辈实不忍复生息于专制政体之下。”[②] 文中提到“新中国”之青年，说明梁启超此时已经产生推翻专制政体建立“新中国”的想法。梁启超此时期的思想极为复杂，“激进与保守常交战于胸中”，1901年发表的《立宪法议》中，大力赞扬“君主立宪者，政体之最良者也”[③]，并提出“首请皇上涣降明诏，普告臣民，定中国为君主立宪之帝国，万世不替”[④]。1902年在《新民说》第十三节“论合群”中表现出对共和政体的向往，他批评中国“公共观念之缺乏”，强烈反对“中国不可以言共和”[⑤] 的说法，激励志士仁人为自由平等、自治共和而奋斗。那么梁启超的“新中国”究竟主张实行立宪还是共和呢？这可以从他的政治小说《新中国未来记》中找到答案。

1902年11月，梁启超在《新小说》杂志上发表《新中国未来记》，此小说是梁启超对中国未来60年的一个设想，他设想的“新中国”成立于1912年，恰恰言中了中华民国的成立时间，且小说中的人物、事件与后来“事实竟多相应”。梁启超在小说中安排“西历二千零六十二年（即1962）”为我中国“举行维新五十年大祝典”[⑥]，也就是说中国

① 梁启超：《南海康先生传》，载于《清议报全编》卷八，第420页。

② 李华兴、吴嘉勋编：《梁启超选集》，上海人民出版社1984年版，第380页。

③ 梁启超：《饮冰室合集》文集之五，中华书局1989年版，第1页。

④ 梁启超：《饮冰室合集》文集之五，中华书局1989年版，第6页。

⑤ 梁启超：《饮冰室合集》专集之四，中华书局1989年版，第76～80页。

⑥ 梁启超：《新中国未来记》，广西师范大学出版社2008年版，第6页。

维新开始于1912年。梁启超将这60年分为六个时代："第一预备时代，从联军破北京时起，至广东自治时止。第二分治时代，从南方各省自治时起，至全国国会开设时止。第三统一时代，从第一次大统领罗在田君就任时起，至第二次大统领黄克强君满任时止。第四殖产时代，从第三次黄克强君复任统领时起，至第五次大统领陈法尧君满任时止。第五外竞时代，从中俄战争时起，至亚洲各国同盟会成立时止。第六雄飞时代，从匈牙利会议后以迄今日。"[①] 这个时代的划分透露出梁启超对"新中国"未来发展的一个阶段性规划，即从地方自治做起，各省自治再联合开国会建立统一国家，先有罗在田君（爱新觉罗氏光绪帝）为第一任总统，进而皇帝让权于民，进入真正的民主时代。

在小说《新中国未来记》中，梁启超为"新中国"设计了一个民主国方案。"其理想的国号，曰'大中华民主国'；其理想的第一代大总统，名曰罗在田，第二代大总统，名曰黄克强。……罗在田者，藏清德宗之名，言其逊位也；黄克强者，取黄帝子孙能自强立之意。"[②] 由此我们得知，"新中国"的第一任总统罗在田为清德宗光绪皇帝。他接下来介绍了"新中国"成立的基础——"立宪期同盟党"，简称"宪政党"，当时志士希望中国行"立宪政体，期于必成，因相与同盟，创立此党，合众力以达其目的，所以用这个名。"[③] 从以上内容可以推断：梁启超所预设的"新中国"是一个立宪国，实施的步骤是先从地方自治开始，进而开国会、立宪法，而后第一任"新中国"统领光绪帝顺应时势，让权于民，黄克强任第二届统领。梁启超的"新中国"前期应为君主立宪国，到光绪让权时转为民主共和国。故梁启超期望的"新中国"是一个渐进式平和过渡的新国家，"非到万不得已之时，必不轻用急激剧烈手段"[④]，"新中国"的总统是主张渐进改良的黄克强，

---

① 梁启超：《新中国未来记》，广西师范大学出版社2008年版，第12页。

② 梁启超：《鄙人对于言论界之过去及将来》，载于《庸言》1912年第1年第1号，第3页。

③ 梁启超：《新中国未来记》，广西师范大学出版社2008年版，第14页。

④ 梁启超：《新中国未来记》，广西师范大学出版社2008年版，第16页。

而不是主张暴力革命的李去病，也体现了梁启超对改良和革命的态度。《新中国未来记》虽反映了梁启超在革命与改良、共和与立宪之间的矛盾抉择过程，但小说的结局却真正体现了梁启超最后的选择。《新中国未来记》体现的是一个由君主立宪过渡到民主共和的“新中国”，小说通过黄克强和李去病的精彩辩论，最终厘清了“新中国”的实现途径，即联合志士、开展教育、充民力、开民智、兴民德；待民智大开，各省自治、开国会、立宪法，由仁慈英明的光绪帝任君主，先行君主立宪；进而圣主让权，人民共享民主共和、自由平等。

通过以上分析和研究，我们看到，“新中国”已经不再是一个简单的名词，它在晚清知识分子的提倡下，已经成为一种对国家未来的构想和期望。将梁启超构想的“新中国”与康有为相比较，我们发现，知识分子的“新中国”构想在晚清时期已经从康有为的殖民地空想发展为梁启超的“大中华民主国”的国家理想。这一方面是受到西方国家观的影响，另一方面也与当时社会历史背景有关，即维新变法失败，梁启超对改良逐渐丧失信心，赞成必要情况下进行革命，同时他对中国走向的构想也发生了一些变化，选择民主共和作为中国改良和革命的最终目标。

2.2 “新中国”构想的具体化

“新中国”一词在康有为、梁启超等人的早期使用过程中得到了一定程度的传播和流传，它逐渐成为所有爱国人士对国家期望的一个共同代称。使用它的不仅仅是维新派，革命派人士也用“新中国”一词表达他们对未来中国的规划和设想，在维新派和革命派的共同努力下，国人对“新中国”的构想也逐渐由模糊变得具体。

2.2.1 维新派的“新中国”构想

继康有为之后，建立“新中国”的说法得到了知识分子们的延续和认同。唐才常与谭嗣同曾共同商量在浏阳兴算学的问题，提出以浏阳一邑为“新中国之萌芽”[①]，他们二人是希望以在地方兴新学的方式来营造一个“新中国”。戊戌政变使维新派人士受到巨大的打击，他们总结戊戌变法失败的原因，认识到在旧的清王朝基础上图维新不足以救中国，旧政府基础上的小修小补根本无法挽救腐烂不堪的局面，故欲救中国必当立新国。麦孟华就曾发文指出：“旧物必不足以图存，苟安必不足以立国。……故今日欲存中国则惟有组立新中国而已，新国不立，则不和固亡，和成亦亡，瓜分固亡，保全亦亡。”[②] 麦孟华此文发表于1900年，这里的“新中国”还仅仅是为了救亡而弃旧立新，唐才常1901年领导自立军起义，曾宣称：“我等谓满洲政府不能治理中国，我等不肯再认为国家，变旧中国为新中国，变苦境为乐境，不特为中国造福，且为地球造福系我等义士所应为之责”。[③] 这里的“新中国”已经是一个稍显具体的构想，是要取满洲政府而代之的新国家。继上述三人之后，清末宣传建立“新中国”的最有力者当属梁启超。梁启超的《少年中国说》和《新中国未来记》对建立一个怎样的“新中国”和如何建立“新中国”进行了具体的论述，上文我们已经对此进行了分析。

在维新派影响下，宣传变法、呼吁学习西方建立“新中国”的例子有很多，1902年有人在《申报》发文曰：“今中国之危迫极矣，不变法无以救亡，变法而不变教仍无以救亡，何则，教也者，盖西法之至精

---

① （清）唐才常撰，王佩良校点：《唐才常集》，岳麓书社2010年版，第262页。

② 麦孟华：《论救亡当立新国》，载于《清议报全编》卷三，横滨新民社1901年辑印，第369页。

③ 杜迈之、刘泱泱、李龙如辑：《自立会史料集》，岳麓书社1983年版，第37页。

者也，其教宗何则，天主耶稣二教之真理也……特今日之中国舍西学无以救亡，无以兴国……一国知崇西教，而后举泰西之善政、美俗、良工、巧艺皆可以学之而无难，则不数年而中国且大治矣，是新中国之耳目”。[①] 此文中对变法救亡的呼吁和对建立“新中国”的构想与维新派人士的宣传如出一辙。

维新派中除了唐才常与谭嗣同提出了在地方兴新学以立“新中国”的想法，同样提倡从地方着手建立“新中国”的还有欧榘甲，但是与唐才常和谭嗣同二人不同的是，欧榘甲提出各省分立然后联合的方式，通过建设“新广东”“新湖南”等方式逐步建立一个“中国人之中国”，推翻满清统治。

1902 年，欧榘甲以“太平洋客”为笔名，在《文兴报》上连载 27 篇长篇政论文《论广东宜速筹自立之法》，1902 年 8 月由横滨新民丛报出版社结集出版，即为《新广东》，又名“广东人之广东”。“新广东”即“新中国”之准备，欧榘甲在绪论中分析了中国人的特性：“自一统以后，各安其居，无争竞则无远征，无远征则无交涉，无交涉则彼此不相闻问，不相亲爱，故此省之视彼省也与秦人视越人之肥瘠无以异也。……夫治公事者，不如治私事之勇；救他人者，不如救其家人亲戚之急；爱中国者，不如爱其所生省份之亲。人情所趋，末如何也。”[②] 于是，他提出：“故窥现今之大势，莫如各省先行自图自立。有一省为之倡，则其余各省争相发愤，不能不图自立。各省既图自立，彼不能自立之省，必归并于能自立之省。”[③] 紧接着，他还进一步解释了之所以提出各省独立的原因：“一因人心视其生省份之亲切，易于鼓舞；二因专力一省，易为措置；三因一省自立，各省得以感动奋起，不致如泛言中国、各存观望而无实志；四因一省自立即为中国自立，人人视其省为

① 《宗西教以救亡论上》，1902 年 3 月 18 日，光绪二十八年二月初九，载于《申报》第一万零三百八十三号，第 4 版。

② 欧榘甲：《新广东》，北京大学图书馆所藏影印本，第 2 ~ 3 页。

③ 欧榘甲：《新广东》，北京大学图书馆所藏影印本，第 3 页。

中国之土地而图自立，则视此中国，自为切实，将来联合，亦自容易。有是四者，故一省自立之说，不可不大明也。吾广东人请言自立，自广东始，姑名是议曰，新广东以谂我广东人欲享新国之福分者。"[①] 他明确指出，省省自立并非最终目的，而是通过仿效德国和美国联邦政府的方式，在一个新的基础上建立一个统一的独立的"新中国"。"省省自立，然后公议建立中国全部总政府于各省政府之上，如日耳曼联邦、合众国联邦之例，即谓全中国自立可也。"[②] 而他提倡以广东首先自立为各省自立之基础，因广东自立特质较为鲜明，异于各省者数端："一曰人才之出众。广东通商最早，风气最开，其能通外事知内情者所在而有故。自有洋务以来，其变国政之形式者若开平矿务局、招商局、制造局等事，变国民之精神者若开报馆、开学堂、开学会、开国会等事无不发起于广东人之手，而他省无闻焉。其在中国之内部如此。若夫在海外者，除福建人外则皆广东人也。间有能谈时事、开报馆、遣子弟入外国学堂者，惟广东人为多。而近年又有一大会以团海外数百万人为一体，讲爱国爱种之策俨成一外中国、新中国焉，于是中国全部之事，几于有广东人则兴，无广东人则废。外人之论中国者辄谓命脉在于广东诚非虚语也。"[③] 据笔者推断，这里提到的广东人在海外宣传爱国成一大会应该是康梁等人成立的保皇会，而提出"外中国""新中国"的说法应该是受到康有为"新中国"构想的影响。"一曰财力之雄厚。广东以财雄闻于天下，中外所公认也。"[④] "一曰地方之握要。中国汉人本部可以建京师以临全局者有五省焉，北京无论已，江苏可以建东京以收东海之利，四川可以建西京以制卫藏之势，武昌可以建中京以集中央之权，其背负扬子江面对南洋千万岛屿者，厥惟广东是可以建南京以握东西两洋之吭。"[⑤] 他还介绍了广东独特的地理位置：水陆交通之方便，外国文

---

① 欧榘甲：《新广东》，北京大学图书馆所藏影印本，第 3 ~ 4 页。
② 欧榘甲：《新广东》，北京大学图书馆所藏影印本，第 3 页。
③ 欧榘甲：《新广东》，北京大学图书馆所藏影印本，第 5 页。
④ 欧榘甲：《新广东》，北京大学图书馆所藏影印本，第 6 页。
⑤ 欧榘甲：《新广东》，北京大学图书馆所藏影印本，第 7 页。

明输入之早，东西两洋船舶必经之地。“一曰户口之繁殖，广东人口滋生之易，世界殆无其比。”[1] 以上四点，是欧榘甲所言的广东省能首先自立的优越条件。而当时的中国，朝廷几乎成了外国的傀儡，导致国家领土日益丧失，“扬子江诸省则许为英吉利势力圈矣，云南两广则许为法兰西势力圈矣，山东则许为德意志势力圈矣，福建则许为日本势力圈矣，东三省则许为俄罗斯势力圈中矣”。[2] 欧榘甲指出，此等严峻形势下，中国各省不自立就无法自存，就会被朝廷所出卖，像云南、山东、东三省一样沦为外国的势力范围。所以要建立“新广东”，进而建立“新中国”。所谓“新广东”，即“广东人之广东也非他人之广东也……以广东之人办广东之事，筑成广东自立之势，以建全中国自立之起点。……西人所谓地方自治，属土自主以助政府，稽之于中国，则有徵考之于各国，则有例。此并无不合义理之处，万宜急办者也”。[3] 实施方法上，他提出开报馆、办学堂、联合秘密社会三种策略。以上言论表明，欧榘甲提倡的是通过各省自立来实现中国自立，通过建设“新广东”并推广到全国，进而建设一个“新中国”，有较强的地方自治倾向。

欧榘甲提出的“新广东”可以说是维新派“新中国”构想的一种重要表现，但是却遭到了康有为等人的批评和指责。《康南海辩革命书节录新民丛报》批评这种各省自立的思想，“今言自立则必各省相争，即令不争而十八省分为十八国。……岂不知民主独立之义哉，而在普国独伸王权、开尊王会，卒能合日耳曼二十五邦而挫法合为德国，称霸大地。嘉富尔乃力倡民权者，而必立萨谛尼为共主，备力设法而合十一邦以为意国，故能列于众大为欧洲之强国”。[4]《新民丛报之评论新广东》一文指出：“吾闻吾友太平洋客著一新广东则怒之曰：‘中国者中国之

① 欧榘甲：《新广东》，北京大学图书馆所藏影印本，第 8 页。
② 欧榘甲：《新广东》，北京大学图书馆所藏影印本，第 27 页。
③ 欧榘甲：《新广东》，北京大学图书馆所藏影印本，第 38 ~ 39 页。
④ 欧榘甲：《新广东》，北京大学图书馆所藏影印本，第 92 ~ 93 页。

中国也，新则俱新，旧则俱旧，存则俱存，亡则俱亡，而何新甲省新乙省之可言，广东人自知其广东，自私其广东，浸假而他省尤而效之，而各省自知焉自私焉，则犹他人瓜分我之不速而先自瓜分乎。'"① 由此，我们看到，《新广东》被批评不可行主要是因为担心中国被分立之后无法再联合和统一，而康有为在批判各省分立的同时也不忘宣传他的保皇思想，他认为，德国和意大利之所以能够联合各邦为统一国，是因为开尊王会、伸王权、立共主等举措，侧面印证了尊王保皇的重要性。

在维新派中提倡从地方自治着手建设"新中国"的不只有欧榘甲，梁启超在其政治小说《新中国未来记》中也多次提到南方各省自治，他在小说绪言中明确表示："吾本粤人，知粤事稍悉，言其条理，可以讹谬较少，故凡语及地方自治等事，悉偏趋此点"。② 小说多次提及地方自治、南方各省自治、广东自治，还将一重要政党命名为爱国自治党。梁启超在小说中通过"现任全国教育会会长孔觉民"的讲演，展开了对其后六十年中国发展的畅想，他将六十年中国史分为六个时代，"第一时代：从联军破北京时起，至广东自治时止。第二分治时代：从南方各省自治时起，至全国国会开设时止"。③ 孔觉民还讲到："维新以后，国中三大政党，所谓'国权党'，所谓'爱国自治党'，所谓'自由党'。"④ 从这几处提到广东自治和南方各省自治来看，梁启超对地方自治尤其是广东自治的支持和提倡。从唐才常、谭嗣同到梁启超再到欧榘甲，我们看到维新派人士对地方各省自治的关注，故由各省自治到联合建立"新中国"是维新派"新中国"构想中比较重要的一种倾向。

继《新中国未来记》之后，1911 年，梁启超在《国风报》上发表《新中国建设问题》，对"新中国"建设的有关问题发表看法，文章分从国体和政体两方面入手。上篇讨论中国应实行"单一国体"还是

① 欧榘甲：《新广东》，北京大学图书馆所藏影印本，第 97 页。
② 梁启超：《新中国未来记》，广西师范大学出版社 2008 年版，绪言第 5 页。
③ 梁启超：《新中国未来记》，广西师范大学出版社 2008 年版，第 12 页。
④ 梁启超：《新中国未来记》，广西师范大学出版社 2008 年版，第 15 页。

"联邦国体"，主要针对当时各省相继宣告独立之后该不该联合、怎样联合的问题。梁启超介绍了两种不同观点，即联邦论者和非联邦论者，最后发表自己的见解，提醒国人："欧美人所谓完全自治机关，求诸我国，实渺不可得。夫德之各邦、美之各州，其内部之构造，实与一国无异者也。今日合全国俊髦，以谋构造唯一之新中国，犹惧不给，其更有余力以先构造此二十余邦乎？此不可不熟审也。"[①]《新中国建设问题》下篇讨论虚君共和政体与民主共和政体的问题。梁启超将共和政体分为六种，着重以美国、法国和英国为例，分析了虚君共和与民主共和的优劣。他指出："虚戴君主之共和政体何如？此虽未敢称为最良之政体，而就现行诸种政体比较之，则圆妙无出其右者矣。"[②] 最后说："盖吾畴昔确信美法之民主共和制，决不适于中国，欲跻国于治安，宜效英之存虚君，而事势之最顺者，似莫如就现皇统而虚存之。十年来之所以慎于发言，意即在是。"[③] 应该注意的是，梁启超虽认为虚君共和比民主共和更加适合当时要建设的"新中国"，但他也看到中国无一人可以担任英国式的"虚君"，认为"现皇室既不能戴，则我国行虚君共和制之望殆绝也。夫民主共和制之种种不可行也既如彼，虚君共和制之种种不能行也又如此，于是乎吾新中国建设之良法殆穷"。[④] 梁启超分析了种种国体和政体的利弊，他希望中国国民能够慎思审择，他在《新中国建设问题》中明确指出："人民选举终身大统领之共和政体何如？此共和政体之最可厌恶者也。何以故？以他种皆为共和立宪政体，独此种为共和专制政体故。……又此种政体最后之结果，必变为君主专制政体。果复为因，因复生果，必酿第二次革命"。[⑤] 1912 年，以孙中山为首的革命党建立了中华民国，仿效的是美国式的民主共和制度，遗憾的是，袁世凯担任大总统以后，民主共和名存实亡，特别是迫使国会选举其为终

① 梁启超：《饮冰室合集》文集之二十七，中华书局 1989 年版，第 29 页。
② 梁启超：《饮冰室合集》文集之二十七，中华书局 1989 年版，第 43 页。
③ 梁启超：《饮冰室合集》文集之二十七，中华书局 1989 年版，第 45 页。
④ 梁启超：《饮冰室合集》文集之二十七，中华书局 1989 年版，第 46 页。
⑤ 梁启超：《饮冰室合集》文集之二十七，中华书局 1989 年版，第 36 页。

身大总统，又闹出洪宪帝制的丑剧，引起“二次革命”的爆发。这些都说明梁启超《新中国建设问题》中的思考对“新中国”的现实发展具有很强的指导性和前瞻性。

梁启超对英国式虚君共和的青睐可以从早期维新派王韬身上找到共同点。王韬曾在《重民》文中表示：“泰西诸国，以英为巨擘，而英国政治之美，实为泰西诸国所闻风向慕，则以君民上下互相联络之效也。”[①] 王韬在康梁之前已经开始宣传西方国家国体政体之美，他曾言：“泰西之立国有三：一曰君主之国，一曰民主之国，一曰君民共主之国。如俄、如奥、如普、如土等，则为君主之国，其称尊号曰恩伯腊，即中国之所谓帝也。如法、如瑞、如美等，则为民主之国，其称尊号曰伯理玺天德，即中国之所谓统领也。如英、如意、如西、如葡等，则为君民共主之国，其称尊号曰京，即中国之所谓王也。顾虽称帝、称王、称统领，而其大小强弱尊卑则不系于是，惟其国政令有所不同而已。一人主治于上而百执事万姓奔走于下，令出而必行，言出而莫违，此君主也。国家有事，下之议院，众以为可行则行，不可则止，统领但总其大成而已，此民主也。朝廷有兵邢礼乐赏罚诸大政，必集众于上下议院，君可而民否，不能行，民可而君否，亦不能行，必君民意见相同，而后可颁之于远近，此君民共主也。论者谓，君为主，则必尧、舜之君在上，而后可久安长治；民为主，则法制多纷更，心志难专一，究其极，不无流弊。惟君民共治，上下相通，民隐得以上达，君惠亦得以下逮，都俞吁咈，犹有中国三代以上之遗意焉。”[②] 王韬对君民共主的政体表现出极大的兴趣，他希望中国也能走上像英国式的君民共主道路，从而改变中国上下不通的现状。在《达民情》中，王韬分析了中国衰败的原因：“窃尝究其得失，揆其由来，即委穷原，参观互证，盖以为上下之情，不能相通互已矣。欲挽回而补救之，亦惟使上下之情，有以相通

① （清）王韬：《弢园文录外编》，上海书店 2002 年版，第 20 页。
② （清）王韬：《弢园文录外编》，上海书店 2002 年版，第 18～19 页。

而已矣”。[①] 以王韬为代表的早期维新派关注的是如何改良清政府，还没有产生建立一个“新中国”的想法，但是他们所传播的关于西方国家政体国体的介绍却深深影响了其后的维新派人士。康梁等维新派对西方民主国家的了解一定程度上来源于王韬等人的介绍，特别是梁启超与王韬对英国虚君共和、君民共主的同样青睐，恰恰印证了这一点。而早期维新派由于受历史条件的限制，无法提出一个取代清朝的国家方案，维新派在这一点上无疑是更加先进的，不仅提出了“欲救中国必当立新国”的呼号，还进一步提出建立一个“新中国”将满清取而代之的目标，梁启超《新中国建设问题》更是对“新中国”的建设问题进行了具体的规划和设想。

通过以上分析，我们看到，维新派的“新中国”构想已经越来越具体，一些思想也越来越激进，比如唐才常发动自立军起义呼吁要取代满洲政府而代之，欧榘甲提倡各省独立推倒旧政府，但是他们在康有为的规教下却始终没能摆脱对君主的依赖，直到 1911 年，梁启超还在鼓吹建立虚君共和、君民共主的“新中国”。

2.2.2 革命派的“新中国”构想

在康有为、梁启超、麦孟华等人的影响下，“新中国”这个词在清末已开始被知识分子们接受和使用。而宣称建立“新中国”的除了维新派和立宪派，还有革命派。革命派与立宪派共同之处都是要推翻专制政体，不同的是，立宪派呼吁建立的“新中国”是立宪国，而革命派呼吁建立“民国”，即“共和国”。1894 年 11 月 24 日，近代中国第一个革命团体兴中会成立，其宗旨是“驱除鞑虏，恢复中华，创立合众政府”，这是革命派最初的革命口号和目标。1905 年，革命派的政党组织同盟会成立，确定其政治纲领为“驱除鞑虏，恢复中华，建立民国，

① （清）王韬：《弢园文录外编》，上海书店 2002 年版，第 55 页。

平均地权”。由兴中会到同盟会，革命口号“驱除鞑虏”和“恢复中华”始终未变，由此我们得知，革命派的“新中国”构想具有极其强烈的排满倾向。

1903 年，邹容在《革命军》中指出：“吾同胞今日之所谓朝廷，所谓政府，所谓皇帝者，即吾畴昔之所谓曰夷、曰蛮、曰戎、曰狄、曰匈奴、曰鞑鞑；其部落居于山海关之外，本与我黄帝神明之子孙不同种族者也”。[①] 他阐述了满汉不平等之种种劣迹，自从满族人进入中原，建立清王朝，汉族人就不得不被迫为满洲统治者做牛做马、为奴为隶，他认为欲扫除此专制政体、摆脱此奴隶地位，不可不革命。于是高呼：“张九世复仇之义，作十年血战之期，磨吾刃，建吾旗，各出其九死一生之魄力，以驱除凌辱我之贼满人，压制我之贼满人，屠杀我之贼满人，奸淫我之贼满人，以恢复我声明文物之祖国，以收回我天赋之权利，以挽回我有生以来之自由，以购取人人平等之幸福。”[②]《革命军》以激烈的词语和激昂的感情呼吁中国人起而革命，号召汉人推倒满洲人所立之北京野蛮政府、驱逐住居中国中之满洲人，认为：“中国为中国人之中国。我同胞皆须自认为自己的汉种中国人之中国”。[③] 但推翻满洲专制政府后要新建一个什么样的国家呢？邹容提出：“定名中华共和国（清为一朝名号，支那为外人呼我之词）。中华共和国，为自由独立之国。……立宪法，悉照美国宪法，参照中国性质立定。自治之法律，悉照美国自治法律。”[④] 按照邹容的设计，革命派要建立的新中国是美国式的民主共和国。

1903 年 6 月连载于《苏报》的文章《驳革命驳议》对立宪和革命进行了比较，指出：“吾知一旦宪政党出现于中国，而政府之追讨，外人之干涉，犹如故也。夫低首下心，以求所谓维新者而终不成，何如倡

① 邹容著，张梅编注：《邹容集》，人民文学出版社 2011 年版，第 27 页。
② 邹容著，张梅编注：《邹容集》，人民文学出版社 2011 年版，第 30 页。
③ 邹容著，张梅编注：《邹容集》，人民文学出版社 2011 年版，第 49 页。
④ 邹容著，张梅编注：《邹容集》，人民文学出版社 2011 年版，第 50 页。

言革命，反有万一之希冀哉！……革命之举，虽事体重大，然诚得数千百铮铮之民党，遍置中外，而有一聪明睿知之大人，率而用之，攘臂一呼，四海响应，推倒政府，驱除异族。及大功告成，天下已定，而后实行其共和主义之政策，恢复我完全无缺之金瓯。……若夫维新……吾恐迟之十年、数十年后，仍不能睹效于万一，而中国之亡，已亟不能待，况满清政府之初无立宪思想乎？"[①] 作者章太炎、柳亚子、邹容等人指出了维新立宪的致命伤，即依赖没有立宪思想的满清政府，结果必将失败，于是革命派高呼："无量头颅无量血，即造成我新中国前途之资料"。[②] 革命派宣传为建立新中国而奋斗，他们是要采取激进破坏的方式，推倒满清政府，制造出一个"新中国"。

20 世纪初，在革命派宣传的影响下和戊戌维新遭到重创的情况下，许多支持维新人士和保皇人士都转移到支持革命的阵营。1903 年第 4 期《江苏》杂志上刊登一篇名为《新中国传奇》的小说，小说一方面反映了革命潮流已经势不可挡的形势，另一方面也体现了革命派人士对"新中国"的构想。小说主人公用"睡狮梦应惊""无量头颅无量血""我来狱底度众生""我自横刀向天笑，去留肝胆两昆仑"[③] 等激奋人心的口号唤醒民众，号召大家起而革命，众志成城地抵抗狼贪虎视的强邻、建设独立自治的大帝国，推倒羊腥犬种、蝇营狗苟的政府，颁行立宪共和大宪章。小说指出："我同胞念及泰西各国种自由之树，扬独立之旗，皆由流血而成，遂不惜以大好头颅作自由独立的代价。"还提到章太炎、邹容两同志编成《革命军》一书，"此唱彼和，风行沪上，文字收功日，全球革命潮"。[④] 小说介绍，海上青年"将革命军中实事实人编成一部新中国的小小传奇，在上海自由戏园开演，竟是为他年革命大舞台立杆取影。"[⑤] 小说中谭壮飞从保皇党的魁首变成了支持革命的

① 章太炎撰，汤志钧编：《章太炎政论集》上册，中华书局 1977 年版，第 229 ~ 230 页。
② 章太炎撰，汤志钧编：《章太炎政论集》上册，中华书局 1977 年版，第 231 页。
③ 横江健鹤：《新中国传奇》，载于《江苏》1903 年第 4 期，第 1 页。
④ 横江健鹤：《新中国传奇》，载于《江苏》1903 年第 4 期，第 2 页。
⑤ 横江健鹤：《新中国传奇》，载于《江苏》1903 年第 4 期，第 3 页。

激进人士，他说："老夫昔日理想幼稚，所以堕落魔障，生为保皇党魁，死作革命雄鬼。"① 通过小说描写，透露出当时革命风潮之兴起，流血革命已经基本上战胜了保皇党成为公认的趋势，小说所言的"新中国之传奇"记载了革命人士的所言所行，他们期望的"新中国"是要推倒满清统治，建立独立自治、立宪共和的新国家。

1903 年，具有革命倾向的留日青年学生也发文号召建立新中国，极为关注中国的现状，深感专制政府害人之深，认为专制愚昧之国必自取灭亡，故呼吁推翻旧政府，建立新政府。他们指出，吾政府"立国数千年，浸润生育于大一统之下，无尚武之精神，无独立之气魄，无进步之希望。一旦猝遇外族北者，北服者。……当民族帝国主义之潮流立，万马奔槽之冲东方病夫，老帝国之嘲腾笑，六洲瓜分、豆剖势力范围之论横飞，万国岌岌焉，朝不保夕矣"。② 他们认为，20 世纪平民主义政治盛行之时，"为今之计，非斩绝依赖之劣根性以自立""巩固坚强之新政府""建造新中国"，"新中国不建"则不能"雪二百余年之耻辱"。③ 文中所言之雪耻，是呼吁汉族同胞起而反抗满族统治之耻辱，推翻专制政体，建立"新中国"。他们要建立的"新中国"必须以国民政府为机关，而新政府要满足以下条件："政府必由全国国民所组成，而以全国国民为政府之实体；政府必为全国国民之机关，而以全国公共事务为政府之职掌；政府必以全国国民为范围，而专谋全社会幸福为目的"。④ 满足此三条，国家才能成为强国，民族才能繁荣。

上文提到维新派人士欧榘甲所著的《新广东》一书，受其影响，支持革命的湖南长沙人杨笃生写了《新湖南》一书。杨笃生在戊戌变法时期担任过《湘学报》时务栏的编撰，并被湖南时务学堂聘为教习。1902 年春留学日本，选入宏文学院读书，后考入早稻田大学。1903 年

---

① 横江健鹤：《新中国传奇》，载于《江苏》1903 年第 4 期，第 4 页。

② 汉驹：《新政府之建设》，载于《江苏》1903 年第 6 期，第 27 ~ 28 页。

③ 汉驹：《新政府之建设》，载于《江苏》1903 年第 6 期，第 30 页。

④ 汉驹：《新政府之建设》，载于《江苏》1903 年第 6 期，第 31 页。

又以“湖南之湖南人”署名出版《新湖南》一书，主张湘省独立。需要指出的是，杨笃生是受到革命思想的影响由维新派人士转到革命派的阵营中去的，章太炎在《稽勋意见书二》中介绍了革命人士杨笃生：“湖南人。著《新湖南》，鼓吹革命，其后专务制造炸弹。黄花岗败后，发愤在法国投海死”。[①] 虽然杨笃生后来成为革命派的一员，但其著作《新湖南》的出版却是受到维新派人士欧榘甲的影响，书的结构及其独立主张也与《新广东》大致相同，不同的是增加了对革命的宣传。

《新湖南》也是从国家危亡的形势和湖南人的特质两方面着手呼吁湖南自立。他在绪言中提到：“太平洋客著新广东，三户之愤民读而题之，有顷见康有为所为辨革命书，反复而读之，犹沈沈而袭心。某之言曰，凡物合则大，分则小，合则强，分则弱，物之理也。……毕士麻克、嘉富洱苦心极力合小为大，以致强霸。吾中国革命诸人号称救国者，乃欲分现成之大国为数十小国。……三户之愤民曰唯唯否否，夫今视界既入二十世纪之舞台……生于现在过去之事会而混成于历史，其组织而凝集之者必缘于政治上之调和与宗教上之融结，力其混成与否，当以何等原则规定之，此颇为复杂之问题也，而要视其民族根性之厚薄。……夫所谓十八省为十八国者，非未来之现象而已，往与现在之现象也。”[②] 他指出，如果按照康有为所言，希望光绪帝复辟，那么在满洲政府统治下，吾种人“必不自存”。接着他提出湖南独立的设想：“太平洋客曰广东有自立之特质五，一曰人才众多也，一曰财力雄厚也，一曰地方扼要也，一曰户口繁殖也，广东之事诚然矣。……广东倡独立，吾湖南犹将倡独立焉，乃者庚子实试行之，举事不成，奋为鬼雄。……吾湖南人对于汉种之公责也作新湖南用，遍告湖南中等社会，以耻旧湖南人之甘于为奴者，以谂旧湖南人之不愿为奴者。以待十八省

① 汤志钧编：《章太炎政论选集》（下），中华书局1977年版，第638页。

② 杨笃生：《新湖南》，北京大学图书馆所藏，上海新湖南社发行印刷，光绪29年（1903年）版，第1～3页。

之同裱奴服而还我主人翁之位置者。”[①]“且夫以党人各自占其会党之一部分，则会党立，以会党各自占湖南之一部分，则湖南立。不能自占党人之一部分而欲新湖南者，犹各省不能占中国之一部分而欲新中国也，日日而言之，昔昔而梦之，岂有及哉……然则遍数湖南人，而无一非旁观者也，吾自为之，他人亦自为之，自为者可与他人合而为之，亦可与他人分而为之，然则遍数湖南人，而无一非自为之者也，遍湖南人而自为之，新湖南之成立夫岂远而。”[②] 书中第 5 章和第 6 章以破坏和革命为主要内容，指出各省独立的最快、最彻底的方法就是革命和破坏，这就突出体现了革命派的特征，比欧榘甲的《新广东》更加激进。而文中在汉族和其他民族的关系方面明显分而化之，指出：“内部之吸集力与外部之刺激力相触而生者也。以排满与排外二重之刺激力并入于汉种之心目乃可以言吸集，汉种能自相吸集，而后能提携满蒙卫藏使自相吸集，而后能集权于亚洲中央政府以抗御白祸”。[③] 杨笃生明确提出了排满与排外，这是与维新派对“新中国”构想不同的地方。

1904 年柳亚子发表《哀女界》，倡导女界革命，宣扬“推倒旧政府，建设新中国”“公等亦得享自由、独立之幸福”[④]。《清史纪事本末》记载了 1905 年革命义士徐锡麟从日本回国的原因：“洞悉民族之义理、亡国之旧闻，慷慨激发，毅然以光复为职志，知新中国非大破坏不为功，欲以政界为着手地，遂返国。”[⑤] 这里的新中国就是革命党人宣传的通过革命破坏方式建立的“新中国”。

由最初同情维新转为支持革命的蔡元培，1904 年于《俄事警闻》

---

① 杨笃生：《新湖南》，北京大学图书馆所藏，上海新湖南社发行印刷，光绪 29 年（1903 年）版，第 4 页。

② 杨笃生：《新湖南》，北京大学图书馆所藏，上海新湖南社发行印刷，光绪 29 年（1903 年）版，第 42 页。

③ 杨笃生：《新湖南》，北京大学图书馆所藏，上海新湖南社发行印刷，光绪 29 年（1903 年）版，第 3 页。

④ 张枬、王忍之编：《辛亥革命前十年间时论选集》第一卷，生活 · 读书 · 新知三联书店 1960 年版，第 936 页。

⑤ 黄鸿寿编：《清史纪事本末》卷七十二，民国三年石印本，第 366 页。

上发表小说《新年梦》，日俄战争是《新年梦》发表时期的重大事件，蔡元培就是在这样的背景下发表了这篇小说，表达了对西方帝国主义的反感，希望中国能独立富强，不再受其他国家侵占和掠夺。《新年梦》表达了造一个“新中国”的新年梦想，并且带有世界主义的倾向。蔡元培是希望中国人能由“家人”变为“国人”，进而成为“世界人”。蔡元培在小说中塑造的“中国一民”作为其国家理想的代言人，他曾留学美国、法国、德国，又游历英国、意大利、俄国、瑞士等国，然后回国由北向南考察了中国。通过考察和研究，“中国一民”认为：“人类的力量，现在还不能胜自然，如瘟疫水旱的事，终不能免。是因为地球上一国一国的分了，各要贪自己国里的便宜。国与国的交涉，把人的力量都縻费掉了，一国所以不能胜别国，不是土地失去，就是利权让人。因为一国中，又是一家一家的分了，各要顾自己家里的便宜，把人的力量都縻费掉了。”① 他觉得要改变这种状况，“先要把没有成国的人，都叫他好好儿造起一个国来才好。……其实造个新中国也不难，只要各人都把縻费在家里面的力量充公就好了”。② 蔡元培认为，中国过去只有家，没有国，中国人也只是家人而从来不是国人，清政府统治下的中国已经被帝国主义国家分割成一块一块的殖民地，四分五裂的国土在日俄战争的炮声中更加岌岌可危，在这种背景下，蔡元培提出了造一个“新中国”的想法，将家人变为国人，乃至世界人。

《新年梦》中描述，在甲辰年的正月初一，小说的主人翁“中国一民”从梦中醒来喊着：“新年了，到新世界了。”小说接下来描绘了“中国一民”口中所谓的新世界，他作为家乡公举的议员，参与讨论治理国家和地方的诸多议案。其中主要包括有：调查地理状况及人口分布，区划建筑，划分职业，规划每人一生的课程、每人一日的课程五个主要方面以及各种具体细则和变通方法，以上五条都属于内政，至于外交方面，提出三款内容：恢复东三省，消灭各国的势力范围，撤销租

①② 高平叔编：《蔡元培全集》第一卷，中华书局1984年版，第231页。

界。为实施内政各条提案，设立统计所、裁判所等扫除各方面障碍。而外交等政治策略的推行，则要靠爱国心、技艺和枪炮弹药，本国人不去外人工厂做工，没有私人与外人通商，中国人联合起来办本国的事业，“在外国的，除了留学、游历与外交三项，知道新中国的国法，不是也照国法办，就是回国。……以后外国，除了游历、外交两项人外，那就要遵我们的国法，才准他住哩”。[①] 接着提出了与外国交战的条件：有德国陆军学卒业生、英国海军学卒业生还有自己制造的枪炮弹药，以及筹钱购买外国先进炮舰等，指出：“并不穷，有许多人藏着钱，不肯拿出来归公中用，反要把公中的钱刮回家里去。……照现在的国法，国里面用不着金钱，这些钱都用在外交上面，还怕不够用么?”[②] 交战结局是各国的海陆军都被中国击败，几项外交议案都实现了。至于内政国法，“先造个模范村，先教上流最明白的人实行起来”“下等社会，他因为有许多小说、唱本、演说坛、戏院”等门径的影响，“不到一年竟做到全国一心”。[③] 最后达到的效果是：“如今新中国讲共和，讲平等”“设一万国公法裁判所，练世界军若干队……那时候各国听中国的话，同天语一样。……没有君臣的名目……没有父子的名目……没有夫妇的名目……不到六十年，竟把这个新法传遍五洲了。……人类没有互相争斗的事了。”[④] 小说最后点出了这些内容都是“中国一民”做的一个新年梦，但透过这个梦，我们可以看到作者蔡元培的国家构想，他所塑造的“新中国”景象是一个讲共和、讲平等的国度，是一个将家人变成国人最后变成世界人的过程，蔡元培的“新世界”与康有为的“大同世界”有相似之处，透露出世界大同的思想倾向。

以上这些是革命人士对“新中国”的种种设想，而最终将革命党

---

① 高平叔编:《蔡元培全集》第一卷，中华书局1984年版，第236页。
② 高平叔编:《蔡元培全集》第一卷，中华书局1984年版，第237页。
③ 高平叔编:《蔡元培全集》第一卷，中华书局1984年版，第238页。
④ 高平叔编:《蔡元培全集》第一卷，中华书局1984年版，第241~242页。

人的构想统一起来的当然是孙中山1904年提出的“中华民国”[①]。1904年，孙中山在美国发表《中国问题之真解决》，提出要真正解决中国问题，消除妨害世界和平的根源，“必须以一个新的、开明的、进步的政府来代替旧政府。……把过时的满清君主政体改变为‘中华民国’”[②]，这是“中华民国”一词（其英文表述为National Republic of China）的最早出现。[③] 自此，“中华民国”第一次作为革命派的“新中国”目标被正式使用。孙中山还明确了这个新政府是要仿效美国政府的建制。孙中山指出：“一旦我们革新中国的伟大目标得以完成，不但在我们的美丽的国家将会出现新纪元的曙光，整个人类也将得以共享更为光明的前景。……因为我们要仿照你们的政府而缔造我们的新政府，尤其因为你们是自由和民主的战士。我们希望能在你们中间找到许多的辣斐德。”[④] 孙中山以此来呼吁美国人民给予中国革命同情和帮助。1905年8月20日，在孙中山的倡导下，各革命团体联合成立了全国性的革命组织——中国同盟会。确立同盟会政治纲领为“驱除鞑虏，恢复中华，创立民国，平均地权”。此时的“民国”即是“中华民国”的简称。1907年章太炎写了《中华民国解》，进一步宣传和强化了革命派所要建立的“新中国”的名称是“中华民国”。

1905年，孙中山在《民报发刊词》中指出：“今者中国以千年专制之毒而不解，异种残之，外邦逼之，民族主义、民权主义殆不可以须臾缓。而民生主义，欧美所虑积重难返者，中国独受病未深，而去之易。……使最宜之治法适应于吾群，吾群之进步适应于世界，此先知先

---

① 关于“中华民国”由谁先提出的问题，学界曾有争论，被鲁迅先生称为一桩公案。鲁迅先生在《关于太严先生二三事》一文中指出“中华民国”是由章太炎《中华民国解》首先提出的，胡阿祥先生考证应是孙中山1904年首先提出后被章太炎先生继续宣传和解释。参见胡阿祥《有关“中华民国”国号的一重公案》，《唯实》2013年第1期。此前胡明华先生也对此进行了考析，见胡明华：《“中华民国”国号考》，《江苏社会科学》2012年第3期。

② 广东省社会科学院历史研究室、中国社会科学院近代史研究所中华民国史研究室、中山大学历史系孙中山研究室合编：《孙中山全集》第一卷，中华书局1981年版，第254页。

③ 胡明华：《“中华民国”国号考》，载于《江苏社会科学》2012年第3期。

④ 广东省社会科学院历史研究室、中国社会科学院近代史研究所中华民国史研究室、中山大学历史系孙中山研究室合编：《孙中山全集》第一卷，中华书局1981年版，第255页。

党之天职，而吾《民报》所为作也”。[①] 发刊词中点明了《民报》的宗旨，就是要推行三民主义，驱除满洲贵族专制统治，建立民主共和国，实行民主政治。这体现了革命派“新中国”构想中的排满倾向，他们所要立的“新中国”即中华民国。

与此前革命派排满建国的思想不同，1907 年初，立宪派代表人物杨度在《中国新报》上刊登的《金铁主义说》中，提倡“五族合一，君主立宪”，他认为：“国民之汉、满、蒙、回、藏五族，但可合五为一，而不可分一为五……至于合五为一，则此后中国，亦为至要之政”。[②] 在杨度等人的影响下，恒钧、乌泽声等一批满族留日学生创办《大同报》和《大同日报》，积极宣传满汉平等、五族大同的思想，提出：“一、主张建立君主立宪政体；二、主张开国会以建设责任政府；三、主张满汉人民平等；四、主张统合满、汉、蒙、回、藏为一大国民”。[③] 立宪派主力蒋智由也曾指出：“于立宪之下，合汉满蒙诸民族皆有政治之权，建设东方一大民族之国家，以谋竞存于全地球列强之间者是也。”[④]“合汉满蒙诸族、共建统一国家”是 20 世纪初建立“新中国”的主流思想，辛亥革命后，革命派顺应历史发展趋势，提出了“汉、蒙、满、回、藏”五族共和的主张，以五色旗作为新建中国——中华民国的国旗，改变了最初的排满倾向，体现了革命党人“新中国”构想的进步性。

总之，20 世纪初的前十年间，建立“新中国”的理想在革命派的各种政论、言谈和文学作品中俨然已经成为流行话语，而“中华民国”将此理想变成了现实。革命派提出的“新中国”构想对于辛亥革命的发动和共和国家的建立乃至整个 20 世纪中国历史，都产生了不可估量的影响。1905 年，中国同盟会成立时，孙中山将兴中会时期提出的

---

① 孙文：《民报发刊词》，载于《民报》1905 年第一期，第 2 ~ 3 页。
② 杨度：《金铁主义说》（续第一号），载于《中国新报》第一卷第二期，第 92 页。
③ 乌泽声：《大同报序》，载于《大同报》第一号，第 20 页。
④ 蒋智由：《变法后中国立国之大政策论》，载于《政论》1907 年第一号，第 34 页。

"创立合众政府"口号改为"建立民国"，正式提出了建立共和民主的"新中国"的目标。在此前后，"民国""中华国""新中华国""共和国"等概念在革命者的言论中层出不穷。革命派对"新中国"理想进行了广泛的勾勒和宣传，邹容在《革命军》中呼唤："中华共和国万岁！中华共和国四万万同胞的自由万岁！"对于进步青年和革命党人产生了振聋发聩的作用。革命派强调，要实现"新中国"的伟大目标，必须走革命之路。在这种激进思想的指导下，许多知识分子都视"革命"为挽救旧中国、建设"新中国"的唯一手段。

2.2.3 "新中国"之"新民"

按照梁启超对国家的定义，有国民才能称为国家，那么"新中国"就要有新国民。晚清关于"国民"和"新民"的讨论是国人的"新中国"构想走向具体化的重要体现。中国古代向来无"国民"观念，据有关学者考证，"国民"一词，初见于戊戌维新时期。1898 年，康有为感愤于列强瓜分狂潮的切肤之痛，急切地寻找中国自强保种之策。他在《请开学校折》中对中西教育异同加以比较，使用"国民"一词。[①] 康有为指出西方国家强盛的根源在于兴学"教成国民之才"，而中国"乃鞭一国之民以从事于八股枯困搭裁之题，新人才而绝之"，故"才不足立国也"。随后，"国民"一词开始流传开来，具有资产阶级民主自由思想的维新派和革命派都逐渐认识到唤醒国民意识的重要性。

1899 年 11 月，流亡日本的梁启超在《清议报》发表《论近世国民竞争之大势及中国之前途》一文，认为"国民者，以国为人民公产之称也。国者，积民而成。舍民之外，则无有国。以一国之民，治一国之事，定一国之法，谋一国之利，捍一国之患。其民不可得而侮，其国不

① 张元隆：《辛亥革命与国民意识的崛起》，载于《探索与争鸣》1991 年第 6 期。

可得而亡。是之谓国民”。[①] 他指出：“吾中国之不知有国民也，不知有国民，于是误认国民之竞争为国家之竞争。故不得所以待之之道，而终为其所制也。……而国事非民所能过问，民无爱国心，虽摧辱其国而莫予愤。”[②] 梁启超指出了中国人的奴隶性：“我国蚩蚩四亿之众，数千年受制于民贱政体之下。如盲鱼生长黑壑，出诸海而犹不能视；妇人缠足十载，解其缚而犹不能行。故步自封，少见多怪。曾不知天地间有所谓民权二字。有语之曰：尔固有尔所自有之权，则且瞿然若惊，蹴然不安，掩耳而却走，是直吾向者所谓有奴隶性有奴隶行者。又不惟自居奴隶而已，见他人不奴隶者，反从而非笑之。呜呼，以如此之民，而与欧西人种并立于生存竞争、优胜劣败之世界，宁有幸耶?”[③] 鉴于此现状，他提倡在国内竭力灌输国民观念，传播民权思想，使中国人人皆知民主自由之公理，养成独立、团体之意识，培养爱国之精神。1901 年，革命派在东京创办《国民报》，报纸直接以“国民”命名，在叙例中指出：“其国强，其民有完全无缺之人权，可表而异之曰国民，此欧美诸国国势之所以强盛、人权之所以发达也。中国之无国民也久矣！驯伏于二千年专制政体之下，习为佣役，习为奴隶，始而放弃其人权，继而自忘其国土，终乃地割国危，而其民几至无所附属”。[④] 革命派人士指出了中国人素无民权观念，更无完整人权，这一切的根源就是中国的几千年专制政体。为了灌输“国民”观念、扫除奴隶习性，他们对“国民”与“奴隶”进行明确区分，指出：“何谓国民？曰：天使吾为民而吾能尽其为民者也。何谓奴隶？曰：天使吾为民而卒不成其为民者也。故奴隶无权利，而国民有权利；奴隶无责任，而国民有责任；奴隶甘压制，

---

① 梁启超：《论近世国民竞争之大势及中国之前途》，载于《清议报全编》第二十二卷，第 88 页。

② 梁启超：《论近世国民竞争之大势及中国之前途》，载于《清议报全编》第二十二卷，第 92 页。

③ 梁启超：《饮冰室合集》文集之三，中华书局 1989 年版，第 76 页。

④ 《叙例》，载于《国民报》1901 年第 1 期，第 1 页。

而国民喜自由；奴隶尚尊卑，而国民言平等；奴隶好依傍，而国民尚独立。”[①] 由此可以看出，革命派人士对国民的理解，即具有权利、责任、自由、平等、独立等意识，这几个方面几乎囊括了革命派与改良派在晚清时期呼吁国民逐渐养成的主要特性。

20 世纪初，具有革命倾向的留日学生曾直接指出，西方国家之所以文明昌盛，是由于平民主义政治的发达，“国中有国民而无臣民，有主人而无奴隶，一国大多数之平民莫不享有公权”[②]。中国之所以衰败，受到列强的侵略和压制，是因为中国的情况是“无主之国，无国之民，民必奴隶、犬马，无以自立。……无主之国，国必夷割灭亡”[③]。这位留日学生指出中国人民一贯的奴隶本性、无国民意识，呼吁推翻专制政府，建立新政府，推行平民政治，培养国民性。在 20 世纪西方国家、国民观念的影响之下，革命人士指出：“我同胞之国民，当知一国之兴亡，其责任专在国民。世界万国以有民权与无民权而亡者而踵相接背相望。”[④] 他们积极宣传，意欲使中国人明了作为国民的权利与责任，激起国民的爱国情感。

梁启超的《新民说》更是在传播国民思想方面引起了轩然大波，他全面客观地分析了中国国人的本质弱点，提出了应该要养成的国民特性，诸如“自尊、自治、自立、合群、公共观念”等。早在 1902 年，梁启超就专门对“新民”进行过论述，他在《新民说》中指出：“新民云者，非欲吾民尽弃其旧以从人也。新之义有二：一曰，淬厉其所本有而新之；二曰；采补其所本无而新之。二者缺一，时乃无功。”[⑤] 由此，我们看到梁启超认为塑造“新国民”有两种含义：一是学习原来没有的，一是改进原来本有的。这几乎是“新国民”思想发展的两种正确路径，不少人士对中国人固有的勤劳、勇敢、善良的品性进行了肯定，

① 《说国民》，载于《国民报》1901 年第 2 期，社说第 1 页。
② 汉驹：《新政府之建设》，载于《江苏》1903 年第 5 期，第 26 页。
③ 汉驹：《新政府之建设》，载于《江苏》1903 年第 5 期，第 17 页。
④ 《二十世纪之中国》，载于《国民报》1901 年第 1 期，时论第 7 页。
⑤ 李华兴、吴嘉勋编：《梁启超选集》，上海人民出版社 1984 年版，第 211 页。

这是我们应该继承的，但是他们也看到了中国人在生活习惯和政治观念方面的不足，于是就提出了很多改进卫生习惯、社会陋习和政治观念薄弱的措施。新的时代背景下，知识分子们提出了培养“新国民”的说法。培养“新国民”本身就是建设“新中国”的必然要求，而培养“新国民”一方面需要通过改革道德习俗和生活方式来实现，另一方面还要逐渐树立对国家的责任和义务，当然也包括自身权利的觉醒。所以普通民众的“新国民”意识也是“新中国”构想的一部分。

在这些有识之士的共同努力下，通过办刊物、发表演说、表演戏剧等方式，使国民观念逐渐在中国传播开来。清末国人的国民意识在救亡图存的历史条件下产生、发展，使中国社会朝着独立、富强与民主的方向进化，其历史意义是巨大的。而清末学校教育、报刊教育和文艺教育对国民意识的产生与增长起到了至关重要的作用。国民意识的发展作为一种文化变革，要经历非常艰难和曲折的道路，绝不会一蹴而就。事实上，清末国民意识的发展是极为有限的。[①] 辛亥革命以前，国民观念的传播和老百姓的接受程度有限，在清政府专制统治被彻底推翻以后，国民思想的传播才进入一个新的阶段。

2.3 “新中国”一词的传播与流行

晚清以来，建立“新中国”的提法已经颇为流行，知识分子们提出的各种“新中国”构想也在国内外民众之间传播开来。在海外，表现在除了上文提到的梁启超在日本发表的《新中国未来记》，还有保皇派在美国檀香山创办的《新中国报》；在国内，医师陆士鄂出版小说《新中国》，上海《申报》也多次有文章使用“新中国”作为对晚清中国未来的期望。

---

① 梁景和：《清末国民意识与文化启蒙》，载于《史学月刊》2003 年第 4 期。

2.3.1 保皇派的《新中国报》

1898 年戊戌政变后，康有为、梁启超等维新派逃往国外，在康有为忠贞保皇思想的指导下，维新派人士思想转为以保皇为主，1899 年 7 月，康有为在加拿大创立了保皇会组织，随后在南洋、美洲、欧洲等地设立了 170 多个分支机构，会众以数十万人计。仅美洲就建立了 78 个分支机构，旧金山一地就有近万名会员，占当地华侨总人数的 1/3。[①] 保皇派的主要活动是通过创办报刊、发表演说来宣传保皇和立宪，比较著名的有在檀香山创办的《新中国报》。《新中国报》创刊于 1900 年 4 月 19 日，梁启超是这个报纸的第一任主笔。梁启超返回日本后，由黄绍纯暂时接任，此后相继主持笔政的有陈宣庵、黎大年、梁文卿、陈文谷、黄显操、李启辉、李大明等人。[②] 《新中国报》以宣传保皇立宪为主要指导思想。因为是夏威夷最老的华侨报纸，《新中国报》的报头下方印着“夏威夷第一”的字样，据学者研究，该报刊的目的是普及文学于夏威夷华侨中，并使夏威夷华侨保持与中国与世界现势的接触。它是很保守的报纸，用文言文，在第一页上除印着中华民国纪年外，还用孔子纪年和阴历的月日。[③] 虽然《新中国报》受康梁保守思想的影响，在编辑方式上保守，刊登内容上也不见得多么先进，但是它本身的报刊名称对于建立“新中国”的传播作用不容忽视。

《新中国报》在宣传宗旨上具有一定的保守性，特别是对光绪帝的赞扬和对保皇立宪的鼓吹。但是它作为具有众多会众的保皇派的主要报刊，直接以“新中国”命名，无疑对“新中国”这一名词的传播起到极大的促进作用，使“新中国”的提法和建设“新中国”的构想不仅

---

① 桂栖鹏、赵晓兰：《辛亥革命前夕革命派报刊与保皇派报刊的两次大论战》，载于《出版科学》2003 年第 1 期。

② 方汉奇：《中国近代报刊史》（上册），山西教育出版社 2012 年版，第 180 页。

③ 胡道静编著：《新闻史的新时代》，世界书局 1946 年版，报坛逸话第 21 页。

在国内流行，甚至传播到海外。《新中国报》刊登的消息分本埠、祖国和外国三部分，并且固定地刊载船期表和汇率表，以便利读者汇寄大宗款项给祖国的亲属和朋友。这说明在一定程度上，《新中国报》起着连接国外与国内的桥梁作用，同时能够使国内和夏威夷民众共同分享祖国和世界的要闻。

《新中国报》曾刊载《敬告保皇会同志书》等文，批判孙中山领导的资产阶级民主革命。1904 年 1 月，孙中山发表《驳保皇报书》一文，对檀香山《新中国报》刊发的《敬告保皇会同志书》予以逐条驳斥，掀起了革命派与保皇派的大论战。在此之前，孙中山发表的《敬告同乡书》指出了《新中国报》副主笔陈仪侃混淆革命与保皇的问题，他说："陈某者，康趋亦趋，康步亦步，既当保皇报主笔，而又口谈革命，身入洪门，其混乱是非、颠倒黑白如此……继则大露其满奴之本来面目，演说保皇立宪之旨，大张满人之毒焰，而痛骂汉人之无资格，不当享有民权。……可见彼辈所言保皇为真保皇，所言革命为假革命。……革命者志在扑满而兴汉，保皇者志在扶满而臣清，事理相反，背道而驰"。[①] 于是，孙中山宣布革命与保皇必须划清界限，决分两途。从此，保皇派与革命派彻底走上了两种不同的"新中国"道路，一个宣传保皇立宪，一个呼吁革命民主；一个倡导满汉不分，一个致力排满兴汉。两派的反复论战更是将两种不同的构想极尽彰显，而《新中国报》承载了早期保皇派论战革命派的重要任务。

1904 年，《新中国报》大力提倡的"爱国"遭到孙中山的反问和质疑，孙中山指出："试问其所爱之国为'大清国'乎，抑'中华国'乎？若所爱之国为'大清国'，则不当有'今则驱除异族谓之光复'之一语自其口出。若彼所爱之国为'中华国'，则不当以保皇为爱国之政

---

① 广东省社会科学院历史研究室、中国社会科学院近代史研究所中华民国史研究室、中山大学历史系孙中山研究室合编：《孙中山全集》第一卷，中华书局 1981 年版，第 232 页。

策，盖保异种而奴中华，非爱国也，实害国也。”[①]《新中国报》倡言“中国之瓜分在于旦夕”，孙中山说：“必先驱除客帝复我政权，始能免其今日签一约割山东，明日押一款卖两广也。……故欲免瓜分，非先倒满洲政府，则无挽救之法也”。[②] 孙中山认为，列强瓜分中国是因为政府不振作、人民不奋发，倘若“发奋为雄，大举革命”，推翻“残腐将死之”的满清政府，则“列国方欲敬我之不暇，尚何有窥伺瓜分之事哉”。[③] 孙中山用“大清国”和“中华国”来加以区分，表明了革命派要建立的“新中国”是“中华国”，即中华民国。

《新中国报》也承认“中国固始终不能免于革命”，而且指出“革命之结果，为民主政体也”，但是认为“中国今民智为萌芽时代”，“立宪者，过渡之时代也；共和者，最后之结果也”。[④] 按照保皇人士的观点，中国“必当先经立宪君主，而后可成立宪民主，乃合进化之次序也”。[⑤] 孙中山指出，“若世间已有其事，且行之已收大效者，则我可以取法而为后来居上也。……若照彼之意，则中国今日为火车萌芽之时代，当用英美数十年前之旧物，然后渐渐更换新物，至最终之结果乃可用今日之新式火车，方合进化之次序也。……夫今日，专制之时代也，必先破坏此专制，乃得行君主或民主之立宪也。既有力以破坏之，则君主、民主随我所择。如过渡焉，以其滞乎中流，何不一棹而登彼岸，为一劳永逸之计也”。[⑥] 通过这次比较有名的辩论，《新中国报》也名噪一时，不仅在华侨之间，在国内知识分子中也广为流传。这无疑促进了“新中国”一词和国家构想的传播。

《申报》曾对檀香山《新中国报》的内容进行过介绍，“三十日檀

---

① 广东省社会科学院历史研究室、中国社会科学院近代史研究所中华民国史研究室、中山大学历史系孙中山研究室合编：《孙中山全集》第一卷，中华书局 1981 年版，第 233 页。

②③ 广东省社会科学院历史研究室、中国社会科学院近代史研究所中华民国史研究室、中山大学历史系孙中山研究室合编：《孙中山全集》第一卷，中华书局 1981 年版，第 234 页。

④⑤ 广东省社会科学院历史研究室、中国社会科学院近代史研究所中华民国史研究室、中山大学历史系孙中山研究室合编：《孙中山全集》第一卷，中华书局 1981 年版，第 236 页。

⑥ 广东省社会科学院历史研究室、中国社会科学院近代史研究所中华民国史研究室、中山大学历史系孙中山研究室合编：《孙中山全集》第一卷，中华书局 1981 年版，第 236 ~ 237 页。

香山新中国报云，土人自治党以将举议员极力运动，于礼拜六晚在奄麻街公园大演说，土人到者不下二千余人华人，白人之观听者亦数百人，竞争之世，其事应尔，是晚，华人之演说者惟伍君文华一人慷慨登台，声色飞动，虽为时未久，然发言中节批却导窍能以少许胜人多许，庖丁妙技，进乎道矣，将来任议员之职，争我利权，吾将于伍君祝之”。[①]这说明《新中国报》的影响力还是很大的，虽然在海外发刊，却能传到国内，这无疑会对“新中国”一词和国家构想的传播起到促进作用。接下来的几年中，“新中国”一词更是被频频使用，而且是作为国人对未来中国的构想而出现的。

比如时人在《申报》发文指出：“若今之所谓名流，所谓志士，固铮铮自命为新中国之主人翁。而一般社会所仰之如帝天，奉之为山斗者也。然吾观今之所谓志士者，窃报章之剩语，袭西籍之名词，满口皆平等自由，遍纸皆起点进步，诵其文则人人皆忧国，读其诗则语语皆爱君。……一学堂之设，规则本腐败也，而必号于众曰仪器如何完全、课程如何美备、学风如何驯谨，而误人子弟不问矣。一新书之出，内容本不足道也，而必登之报曰译笔如何雅驯、材料如何丰富、趣味如何浓深，而费人目力不顾矣。夫一人好伪，其人必不足以共事，一国之人皆好伪，则其国必不可以自存。若英若美诸国之所以能富强者无他，尚诚而好信，务实而黜名之为之也。而吾国乃如此，而吾国大多数之人乃如此。而吾国所号为名流称为志士者乃如此。”[②] 这篇时论主要指出了“新中国”在求新的过程中暴露出了国民的弱点，由此可见，“新中国”的真正建成还需要国民集体努力才行。另有一篇文章赞扬预备立宪，称预备立宪之后的中国为“新中国”：“年年有第一月，月有第一日，何谓新。第一月犹是月，第一日犹是日，何足贺。人人目中以为新则新

---

① 《舌妙莲花》，1902 年 12 月 30 日，光绪二十八年十二月初一日，《申报》第一万零六百七十号，第 7 版。

② 《论中国国民之性质一续（僇）》，1906 年 11 月 18 日，光绪三十二年十月初三日，《申报》第一万二千零六十四号，第 2 版。

矣，人人意中以为可贺则可贺矣。可贺在人人之希望，而不在循例之新年。今日非吾中预备之立宪后之第一新年，平年之新年可贺，则今年之新年更可。今年之新年可贺则今年以后之新年更可贺。何也？预备之程度日高，则希望之程度亦日进，希望之程度日进，则新年之气象益将焕发而不同。……美乎哉，吾二十世纪预备立宪之新中国。美乎哉，吾二十世纪新中国国民希望之新年”。[①] 还有一篇同样是呼吁中国立宪：“今日欲新中国，惟有立宪，欲求立宪，非改革军机别立新内阁不可，西林得君如此，其专甚望其赞成斯举，又言近来精力消耗，体羸多病，极欲早日告退，以资调摄，北洋一席愿力保西林，自代云云宫保之言如此，至其由衷与否，则非吾侪所得而知也。”[②] 这两篇提到“新中国”的政论是在清政府宣布预备立宪的背景之下所作的，作者言语中皆透露出对立宪新中国的期待。通过考察这几篇报刊文章对“新中国”的使用和提倡，我们也看到“新中国”说法的流行以及不同人士心目中“新中国”应有面貌的不同。

从当时的文学作品中也可以看到“新中国”一词的传播程度之广，1906 年发表在《新世界小说月报》上的小说《新中国之豪杰》，署名“新中国之废物”，小说开头对豪杰下了定义：“一个人想如何立功如何传名，替国民争幸福，为万国所钦仰，铜像巍巍，千古不朽，这便是大英雄大豪杰”。[③] 小说中描述了广东南海县圣人“江能”讲道传教的故事，江能有一部著作叫《真经记》，“他有一个别号叫跨孔，就是胜于孔子的意思”。[④] 小说中还提到江能开办传道堂、广收门徒讲学，来听课的人总是座无虚席。江圣人的两位高徒一个姓杨名超参，一个姓田名轶回，都视他们的老师比孔子还要高明，特别是杨超参觉得：“我们江

---

① 《敬告丁未年新年诸君（春）》，1907 年 2 月 16 日，光绪三十三年正月初四日，《申报》第一万二千一百四十七号，第 3 ~ 4 版。

② 《日下近闻》，1907 年 5 月 28 日，光绪三十三年四月十七日，《申报》第一万二千二百四十八号，第 3 版。

③④ 《新中国之豪杰》，载于《新世界小说月报》1906 年第 3 期，第 1 页。

先生真是上下古今空前绝后的一个大圣人，据我看来竟是比孔子还要强些”。[①] 小说中，江圣人在讲课中指出：“现在我们中国必要另一个大教，我们中国向来是尊奉孔教的，孔教未始不好，不过被后世一班迂儒腐鬼闹坏了，几千年来江河日下，到了今日害得我中国民气奄弱，人心晦塞，所以孔教虽好，现在却用不着了，必要兼用佛老耶回，将各教融会贯通，造成一个新教，方可救目前之弱，望将来之强”。[②] 小说中江圣人进京参加会试途中注意联络同人，在京城发起了约合众举人上书请变法的运动[③]。小说读到这里，我们不难联想到康有为在广东南海讲道和康梁维新派公车上书的举措。小说中江圣人的原型很明显是康有为，包括他的号“跨孔”与“长素”相对，其著作《真经记》与《新学伪经考》相对，小说中江圣人的高徒杨超参即是现实中的梁启超，作者将康有为、梁启超刻画成了文学人物，并称他们为“新中国之豪杰”，可见康有为、梁启超等维新派宣传的“新中国”影响之深远。

2.3.2 陆士谔的小说《新中国》

以上我们分析了晚清时期国人的一些文章中出现的“新中国”一词及知识分子对“新中国”的简要构想，在一定程度上说明了“新中国”一词的流行和传播之广，而更能体现国人“新中国”构想走向具体和完善的还要数陆士谔的小说《新中国》，1910 年，在立宪派和革命派宣传的共同影响下，上海名医陆士谔写成小说《新中国》，畅想了一个 40 年后的现代化“新中国”，其中对于上海未来的预言尤为准确，被称为晚清传世的一本“奇书”。陆士谔的小说《新中国》，又名《立宪四十年后之中国》，全书以梦为载体，描述了自己梦中所见的上海，透过上海来预测 1951 年的“新中国”。《新中国》实现了宪政，收回了

---

① 《新中国之豪杰》，载于《新世界小说月报》1906 年第 3 期，第 4 页。
② 《新中国之豪杰》，载于《新世界小说月报》1906 年第 3 期，第 5 页。
③ 《新中国之豪杰》，载于《新世界小说月报》1906 年第 3 期，第 10 页。

租界，取消了治外法权，马路异常宽广，高楼鳞次栉比。在黄浦江上建成了浦江大铁桥，水下还有越江隧道，还造了地铁，中国自己的科学家们研制出了先进的机器和交通工具，人民生活幸福，中国在国际上赢得了尊重。《新中国》虽是小说，但它反映的却是作者对未来国家的一种理想和期望。

陆士谔在《新中国》第一回中指出了小说写作时是宣统二年正月初一，梦中好友李友琴告诉他“今年是宣统四十三年”，即西历一千九百五十一年，也就是说陆士谔的“新中国”是四十年之后（1951 年）的中国。小说描绘了“光绪三十四年各省人民请求立宪，公举代表入京”和“宣统元年，准行召集国会”的情景，[①] 这里反映了作者希望中国能够尽早召开国会，实行立宪。小说还就中国的财政经济问题的解决进行了阐述，中国人首先齐心协力还清了国债，然后用国债票当钞票流通，外国洋行不收国债票于是不同中国做生意，中国人开始自己办工厂，自己搞发明，“造出来的货已胜过洋货数倍了”，从美国矿学专科大学留学归来的“金冠欧”先生受国家委派勘探矿苗，竟然发现了“三个金矿、八九个铁矿、六七个铜矿、二十多个煤矿，又在广西发现了一个钻石矿、二个银矿”，官民合力开采，不到两年，金银铜铁都有了，于是开办了国家银行，“把民间的国债票全数收回，国用顿时宽裕了”[②]。《新中国》对中国的政治和经济问题都进行了展望和设计体现出知识分子对“新中国”的构想越来越具体。

小说第二回明确了“新中国”是“立宪国”，“全国的人上自君主，下至小民，无男无女，无老无小，无贵无贱，没一个不在宪法范围之内”，众人平等；我国还建立了南北洋海军。至于外国人，“各国一因屈于公理，二因惮吾兵力，把领事裁判权废掉，租界交还。……外人侨寓在吾国的，气焰顿时消失了，与吾国人民一般的纳税，一般的遵守中

① （清）陆士谔：《新中国》，上海古籍出版社 2010 年版，第 9～10 页。

② （清）陆士谔：《新中国》，上海古籍出版社 2010 年版，第 12 页。

国法律。不过各项选举权、被选举权，享受不着是了”。[①] 在中国的兵力方面，由于科学昌明，人才极盛，懂陆军、海军、电机制造各学的中国人都很多，所以“兵舰都是自家制造的。……炼钢厂炼出的钢，比了英德名厂所出的，还要坚硬耐用。……并且吾国造成的各兵舰，坚固灵便，都非他国所能及，因此他国都有些惧怕我们”。[②] 这一回中，作者心目中的“新中国”实行了立宪，兵力国力也变得很强大，收回了租界，取消了外国人的特权，这是作者对“新中国”内政、军事、外交进行的展望。

《新中国》第三回对城市建筑和交通进行了构想，其中提到“雨街”，即下雨的时候走在其中也不会被淋湿，“雨街就在店铺的后背，上覆着琉璃瓦，通光而不漏雨，旁立木柱支撑着，晴闭雨开，专有人管理的”。[③] 小说还提到了电车在地道里行走的细节：“把地中掘空，筑成了隧道，安放了铁轨，日夜点着电灯，电车就在里头飞行不绝。那电车在地道里行走，共有两便：一免得碰撞行人车辆，二免得让避人家，一竟可开快车。”[④] 作者还描述了横跨黄浦江上的铁桥和黄浦江下的海下隧道铁轨[⑤]，对街道建设和路政交通如此详细和有远见的设想为后来的城市建设提供了参考，比如现在的既通光又避雨的建筑、现在的地铁，长江跨海大桥，海下铁轨等都大致符合作者陆士鄂的设想。小说中还预测到中国在宣统二十年（1928 年）举办了“万国博览会”[⑥]。

《新中国》第四回就唤醒国民意识和改造国民素质方面进行构想。《新中国》中描述了南洋公学的发展，文理学科完备，还记述了南洋公学医科专院一位叫苏汉民的医学先生发明了“医心药”和“催醒术”

---

① （清）陆士谔：《新中国》，上海古籍出版社 2010 年版，第 18 页。

② （清）陆士谔：《新中国》，上海古籍出版社 2010 年版，第 19 ~ 21 页。

③ （清）陆士谔：《新中国》，上海古籍出版社 2010 年版，第 33 页。

④ （清）陆士谔：《新中国》，上海古籍出版社 2010 年版，第 34 页。

⑤ （清）陆士谔：《新中国》，上海古籍出版社 2010 年版，第 38 ~ 39 页。

⑥ （清）陆士谔：《新中国》，上海古籍出版社 2010 年版，第 38 页。此处，学界有不同意见。有一说为“内国博览会”，指国家内部的展览会；有一说为“万国博览会”，并以此认为陆士谔预测到了 2010 年的上海世博会。

两种学问。这两种发明是为了医治中国人的民风民习，当时欧美、日本人都称中国为“病夫国”，自从“医心药”发行以后，中国的“心病”全被治愈，国势民风顷刻都转变过来。“催醒术”专治沉睡不醒病，中国人迷迷糊糊，终日天昏地黑，只要用“催醒术”一催，就会醒悟过来。[①] 因着这两种发明，南洋公学也名声大震，欧美和日本都纷纷派遣学生来我国留学，“新中国”在教育、科学方面都在世界上首屈一指。这些设想都是作者对改造国民素质和提升国民人格方面进行的美好期望，作者对“新中国”的教育包括学科建设等方面的完善都进行了设想。

小说还指出立宪前“所以萎靡不振者，都缘政体不良之故”。[②] 这些都体现了作者对于立宪的期望和对美好生活的畅想，希望通过立宪来建立一个“新中国”，改善中国的社会风气和国家状况。小说鉴于欧美的贫富不均风潮，还为我国工厂想出了一个改良妙法：“赚了钱，除掉开销，摊作四六两分；厂主取六分，经理人取一分，其余三分办事人与工人公拆。所以吾国的工人，差不多个个都是小康了。”[③] 小说中还提到“我国人创业，纯是利群主义，福则同福，祸则同祸，差不多已行着社会主义了”[④]，社会主义思想在20世纪初被陆士谔所闻知主要是受他妹妹陆灵素的影响，陆灵素是南社杰出女诗人、是同盟会会员刘季平的妻子。1906年，陆灵素赴安徽芜湖皖江女学，与陈独秀、苏曼殊同执教鞭，灵素在沪时，常去陈独秀家与陈妻高君曼彻夜长谈。1907年，她参与发起成立“女子复权会”，提倡女界革命，并出版机关刊物《天义报》[⑤]，1908年《天义报》发表了民鸣翻译的《共产党宣言》，成为《共产党宣言》的最早的中译本之一。陆士谔在《新中国》中指出的“差不多已行着社会主义”，很大程度是受到其妹陆灵素及《天义报》

---

① （清）陆士谔：《新中国》，上海古籍出版社，2010年版，第49~50页。
② （清）陆士谔：《新中国》，上海古籍出版社2010年版，第65页。
③ （清）陆士谔：《新中国》，上海古籍出版社2010年版，第54页。
④ （清）陆士谔：《新中国》，上海古籍出版社2010年版，第55页。
⑤ （清）陆士谔：《新中国》，上海古籍出版社2010年版，附录第170页。

的影响。《新中国》第十回叙述了苏汉民新发明的一种专治邪念的药，帮助除掉人们的恶根性，结合前述的“医心药”和“催醒术”两种发明，这些内容共同体现了作者唤醒国民、改良国民性的理想。第十一回是海军操演的场景，展示了许多“无国可比”的武器和兵舰，这也承载着作者对我国军事实力增强的期望。《新中国》虽然只是描述作者的一个梦，但是却表现了他对新事物、新风气、新文化的追求和渴望，同时也表达了他对国家和民族命运的关心和热爱，对“睡狮破浓梦、病国起沉疴”的希望和期待。

陆士谔在小说《新中国》中提到的两种医治中国国民劣根性的发明：“医心药”和“催醒术”，体现了作者唤醒国民、除恶改良和希望改进中国人种的理想。在陆士谔之前，早就有人注意到唤醒国民意识的必要性，一则刊登在《申报》上的戒烟药品广告中提出了这一点。广告中称：“自去年政府发表官卖烟膏之信寓征于禁，于是中国二十二行省凡沾染烟癖者无不觅药戒食，而作伪之徒假此机缘以牟厚利……本医生慨蕴毒之无穷，惧大害之难去，特制一种戒烟丸，不入杂质，名曰天然世界，至清至洁至纯至正之气，莫如人高高在上，纤尘不染，障翳尽去，渣滓弗容，其体晶莹，其色澄鲜，皎皎乎蒙万涅而不污，皜皜乎历千刦而难秽……本医生为拯救同胞起见，并非借此牟利，且不惜巨费……就鄙见所及撰成各种浅言，装订成书，命名《留心看》，内分三字经、千字文，道情开篇，五更叹等，其宗旨无非劝人戒烟，现已在商务印书馆印刷十万万本，随药附送外，并发给二十二行省各大药房，代为分赠同胞，作为乡歌童谣互相传诵庶几，父戒其子，兄勉其弟，有瘾者读之必早回头，无瘾者读之不再失足，窃望各省志士仁人、教员校徒将此浅近之书或为教堂课本，或在乡曲宣讲，或至城镇演说，或令弹词歌唱，从此家讴户诵，入耳警心，则本医生所制之药，即谓为新中国之返魂丹也可，所编之书，即谓为新中国之保种券也亦无不可，三五年后烟魔尽扫，土伥不来，国民一分子之义务本医生庶可告无罪于同胞矣乎，昔法人战败，绘为彩图，编为俚说，到处演讲，国民大奋，起而自强，国势中兴，然则本医生所编《留心看》一书，其即师法人彩图俚说之意，或于自强中兴之前途不无影响，未可知也，我同胞尚其注意。”[①] 这则广告将所售戒烟药品和改进国民的小册子分别称为“新中国”之返魂丹和“新中国”之保种券，足以显示“新中国”使用的流行度，还有作者对唤醒国民意识的期望。从它在《申报》（上海版）连续登了数十期来看，这则广告应该会产生一定影响。

陆士谔的“新中国”可以说与梁启超《新中国未来记》中的“新中国”一脉相承，但陆士谔的《新中国》已经是对未来国家的具体规划，涉及政治、经济、军事、教育、生活面貌等各方面的具体畅想，与以往知识分子对“新中国”的展望相比，这无疑体现了知识分子对“新中国”构想的发展，也体现了这个“新中国”在知识分子的设计下已经逐渐成形，具有了内部器官和构造，不再是萌芽阶段的模糊胚胎。

2.4 小　结

在先知先觉者的宣传和启发下，“新中国”一词成为清末知识分子在国家构想方面的流行话语，建立“新中国”也逐渐成为清末知识分子们共同追求的国家理想。从康有为甲午以后提出立“新中国”，到谭嗣同和唐才常讨论推广算学于湖南浏阳，以创造“新中国”之萌芽，再到梁启超写作《少年中国说》和《新中国未来记》，设想建立一个立宪民主的“新中国”，革命党人章太炎、邹容等人指出以无量头颅造成民主共和之“新中国”，柳亚子号召“推倒旧政府，建设新中国”，徐锡麟宣传非破坏无以立“新中国”，孙中山等人宣扬建立民国，晚清名医陆士谔写作小说《新中国》，对“新中国”的各个方面进行了详细的规划和构想。由此，“新中国”已经由提出发展为讨论为什么建立，进

① 《新中国之返魂丹保种券》，1906 年 7 月 17 日，光绪三十二年五月二十六日，《申报》第一万一千九百四十二号，第 5 版。

而深入到如何建立和建立什么样的层面。“新中国”自提出以来，也从一个没有具体国家含义的阶段，发展到了具有现代国家内涵的“少年中国”，进而发展为实行宪政的“大中华民主国”，然后是民主共和的“中华共和国”，最后是现实中的中华民国。清末十几年的时间里，知识分子们对“新中国”的构想逐步深入和具体，使它从一个模糊的概念逐步发展为一种具有深层内涵的理念和追求。新旧交替是事物进化的自然规律，清末知识分子的“新中国”构想只是近代以来国人构建“新中国”的起点和初始阶段，民国以后，新型的知识群体引领国人在此基础上，继续他们的“新中国”探索。

共和背景下“新中国”话语的发展与变化

近代以来，清王朝在内忧外患的双重打击下，已经奄奄一息，处于生命垂危的边缘。面临亡国灭种的危机，建立“新中国”成了近代以来知识分子们共同的国家理想，围绕着中国的出路、中国的前途，一代又一代的中国人不断进行着“新中国”的构想。中华民国建立以后，相对于清王朝的旧中国，虽成立了一个民主共和的“新中国”，但中国的政治社会状况却仍然是旧面貌，特别是北洋军阀执政时期，民主共和一度遭到破坏，一批热心国家建设的爱国志士为了维护共和提出了“改造民国”“重建民国”的口号，对“新中国”的建设问题进行了深入的探讨和思考。其中以孙中山为首的国民党人对“新中国”提出了更加完善和长远的设想；康梁等人的“新中国”构想在共和的新背景下呈现一些新变化；湖北志士向岩写了《新中华民国》一书，提出建立一个新的真正的民主共和国。虽然他们提出的“新中国”构想各有不同，但却都是在维护民主共和这样一个大背景下展开的，致力于实现真正共和的“新中国”设想。

3.1　孙中山领导下的“新中国”话语

1912 年，以孙中山为首的革命党推翻了清王朝，建立了中华民国，立志推行“三民主义”，制定了《中华民国临时约法》，将梁启超等立宪派宣称的形式皇权也一并废除。民国虽立，但怎样建设、由谁来领导直接影响着这个“新中国”的命运。1911 年 11 月 16 日，孙中山在国外致电《民立报》转民国军政府，指出：“总统自当推定黎君。闻黎有请推袁之说，合宜亦善。总之，随宜推定，但求早巩国基。满清时代权势利禄之争，我人必久厌薄，此后社会当以工商实业为竞点，为新中国开一新局面”。[①] 孙中山为中华民国提出了简单的构想。1912 年 10 月，在九江各界群众欢迎会上的演说中，孙中山再次号召“中国人民要团结起来，向帝国主义收回治外法权，保卫我们的领土。同时要扩建学校，培植人才，建设交通网，发掘一切破产财富，为建设一个自由平等的新中国而奋斗”。[②] 这是孙中山在中华民国成立前夕对“新中国”美好前景的展望，他以极大的热情号召中国国民为建设“新中国”而团结奋斗。

袁世凯当政后，北洋军阀把持政权，军人干政甚至破坏共和，于是就有了接下来的二次革命和几次倒袁运动，孙中山在领导倒袁运动的同时也在不断地提出各种各样的国家发展构想，在原来“新中国”构想的基础上继续思考如何使中国真正走向民主、富强。民国初年孙中山关于“新中国”的构想主要立足于如何巩固共和体制，如何发展民国经济、改善民生，提出的比较有代表性的构想包括政党建设思想、五权宪法和建国方略。

3.1.1 “新中国”之政党思想

中华民国成立后，孙中山就把政党作为维护共和立宪政治和保障民权的关键。虽然民国初年政党林立，党员也很混乱。赵秉钧有 8 个党

---

① 中国社会科学院近代史所、广东省社会科学院历史研究室、中山大学历史系孙中山研究室合编：《孙中山全集》第一卷，中华书局 1981 年版，第 547 页。

② 陈旭麓、郝盛潮主编：《孙中山集外集》，上海人民出版社 1990 年版，第 69 ~ 70 页。

籍，黄兴与伍廷芳有11个党籍。赵秉钧曾言："我本不晓得什么叫作党的，不过有许多人劝我进党，统一党也送什么党证，共和党也送什么党证，同盟会也送得来。我也有拆开来看的，也有擱开不理的，我何曾晓得什么党来?"① 这样的状况使政党根本无法真正发挥作用，为了巩固共和政治，1912年孙中山等革命党人改组同盟会，合五大政党为一国民党。二次革命失败后，孙中山重整革命精神，又发起成立中华革命党。1919年再次改组中华革命党，建立中国国民党，1924年宣布改组国民党。由此看来，孙中山从民国初年直至去世，都一直非常重视政党的发展和作用，并希望依托政党建立一个完善的国家政治体制，从而使"新中国"真正走向现代政治体制道路。这体现了孙中山等人在国家构想中的政党思想，它是孙中山"新中国"构想中的重要组成部分。孙中山在1912年8月13日的《国民党宣言》中提出了政党的重要性："天相中国，帝制殄灭，既改国体为共和，变政体为立宪，然而共和立宪之国，其政治之中心势力，则不可不汇之于政党。"② 孙中山还曾说："今日之能维持中华民国，惟政党。……民主之国有政党，则能保持民权自由，治一致而无乱。君主之国有政党，亦能保持国家秩序，监察政府之举动。若无政党，则民权不能发达，不能维持国家；亦不能谋人民之幸福，民受其毒，国受其害。是故无政党之国，国家有腐败、民权有失败之患。"③ 这些都反映了孙中山"以党建国""以党治国"的理念和思想，他对政党的看法也是随着时间和处境的不同而不断变化和发展的。

与孙中山一样极为重视政党作用的章太炎在1912年1月成为中华民国联合会的领导人物，该会以"新共和国家统一主义"为指导思想，

① 见彭坚汶《孙中山先生威权政体民主化发展模式之研究》，载于《近代中国》总82期。转引自刘保刚《孙中山政党思想评析》，载于《河南师范大学学报》2003年第2期。

② 中国社会科学院近代史所、广东省社会科学院历史研究室、中山大学历史系孙中山研究室合编：《孙中山全集》第二卷，中华书局1982年版，第396页。

③ 中国社会科学院近代史所、广东省社会科学院历史研究室、中山大学历史系孙中山研究室合编：《孙中山全集》第三卷，中华书局1984年版，第43页。

反对套用外国的现成模式，主张坚持中国统一的传统，不采用美国的联邦制度，主张采取法国的责任内阁制，限制总统权力，对少数民族地区实行民族自治的方法，在三权分立之外再予教育、纠察二权独立，在维护私有财产基础上抑制贫富差距。1912年3月1日，中华联合会发表通电改称统一党，以“统一全国建设，强固中央政府，促进完善共和政治为宗旨”①。1912年4月8日，在统一党的一次演说中，章太炎表达了对于政党的看法：“民国成立，不可不有政党以为政府之辅助。……政党最好以两党为适宜。一国若仅一政党，恐限于专制。有两党，则或谓缓进，或为急进，皆可得调和之用。同盟会前此本革命为宗旨，并非政党。现为时势所动，已渐成为政党。近日之自由党、社会党，皆同盟会派也。同盟会派以民权为重，统一党则重视国权。现今，国基尚未稳固，不能比较美法。敌国外患，时事日亟，必先扩张国权而后可重民权。满洲以丧失国权而起革命之影响，则国权之当重可知。譬之房屋倾倒，必先设法支撑，不能顾一人之利益。”② 章太炎在演说中表示，民国成立必以政党作为辅助，他支持民国实行两党制，但是却对同盟会派出的几个政党以民权为重的宗旨不太赞同，所以组织成立统一党，宣称以维护国权，促进统一为指导。

民国初建，中国当时有同盟会、统一共和党、国民公党、国民共进会，共和实进会等组织，也都以利国福民为已任，力求达到强健良善之境地，但志愿虽宏，却分道扬镳，难以整肃，于是五大党为集中统一之谋，“相与合并为一，舍其旧而新是谋，以从事于民国建设之事，以蕲［薪］渐达于为共和立宪国之政治中心势力，且以求符于政党原则，成为大群，藉以引起一国只宜二大对峙之观念，俾其见诸实行。共和之制，国民为国主体，吾党欲使人不忘斯义也，故颜其名曰国民党”。③

---

① 上海社会科学院历史研究所编：《辛亥革命在上海史料选辑》（增订版），上海人民出版社2011年版，第661页。

② 章念驰编订：《章太炎演讲集》，上海人民出版社2011年版，第117页。

③ 中国社会科学院近代史所、广东省社会科学院历史研究室、中山大学历史系孙中山研究室合编：《孙中山全集》第二卷，中华书局1982年版，第398~399页。

1912年8月，孙中山等人在《国民党宣言》中强调，中华民国的国家主权为国民全体所有，国民为国家主人翁，国家成立赖于国民之合心力，然而即使在共和立宪国，也无法使国民都能直接发挥其管理国家的作用，实际起作用者，则为少数优秀国民，“在法律上，则由此少数优秀者，组织为议会与政府，以代表全部之国民。在实事上，则由此少数优秀特出者集合为政党，以领导全部之国民。……政党在共和立宪国，实可谓为直接发动其合成心力作用之主体，亦可谓为实际左右其统治权力之机关”。[①] 联系中国的情况，“共和立宪之制肇兴久矣，举国喁喁望治，皆欲求所以建设新国家之术。……［有］识之士，皇然忧时，援引徒众，杂糅庞合，树帜立垒，号曰政党者亦众矣。……中国虽号为共和立宪，而实无有强健而良善之政党焉”。[②] 孙中山等人认为，一国政党之兴，只宜二大党对峙，不宜小群分立，“至党之多寡，各国不一，普通以两党为适宜。我国现在已有两大党，若能化除私见，互相提携，国家前途将来大有希望”。[③] 1913年3月，孙中山在日本东京的演说中表达了希望实现美国式的两党对峙组织内阁的政党思想。他指出：“党之用意，彼此助政治之发达，两党互相进退。得国民赞成多数者为在位党，起而掌握政治之权；国民赞成少数者为在野党，居于监督之地位，研究政治之适当与否。凡一党秉政，不能事事皆臻完善，必有在野党从旁观察，以监督举动，可以随时指明。”[④] 他认为，中华民国虽名为立宪共和国，却不以政党为中心势力，不具备共和立宪国的实质，所以，为了完善共和立宪的实质，需要发展政党政治，实现政党组阁，统一国内诸小群党，形成两大政党互相监督组阁的局面。《国民党宣言》还明

① 中国社会科学院近代史所、广东省社会科学院历史研究室、中山大学历史系孙中山研究室合编:《孙中山全集》第二卷，中华书局1982年版，第396～397页。

② 中国社会科学院近代史所、广东省社会科学院历史研究室、中山大学历史系孙中山研究室合编:《孙中山全集》第二卷，中华书局1982年版，第397页。

③ 孙中山著，郝盛潮主编:《孙中山集外集补编》，上海人民出版社1994年版，第95～96页。

④ 中国社会科学院近代史所、广东省社会科学院历史研究室、中山大学历史系孙中山研究室合编:《孙中山全集》第三卷，中华书局1984年版，第35页。

确了国民党的宗旨和党纲："党有宗旨，所以定众志，吾党以求完全共和立宪政治为志者也，故标其义曰巩固共和，实行平民政治。"[①] 从国民党宣布的宗旨来看，一切以维护立宪、巩固共和为中心，五条党纲中的核心思想还是三民主义，如"政治统一，建单一之国""种族同化""地方自治""实行国家社会主义，保育国民生计"等都不脱民族、民权、民生三大主义。

《国民党宣言》体现了民国初建时孙中山等人对中华民国政党组织方面的构想。孙中山认为，中华民国实行民权主义，政党是代表国民权益组织内阁的，有监督和弹劾政府的权力，即所谓"人民苟有见地，则由政党发表其意见于政府，政府不行，可以推倒之"。[②] 然而设想和规划虽如此，无奈却没能成为现实，军人干政最终打断了这个构想。袁世凯为首的北洋军阀政府解散议院和国会，推翻临时约法，使政党无法发挥作用，从而导致共和立宪政体遭到破坏。

虽然希望利用政党组阁巩固共和的道路没能真正实行，但以孙中山为首的国民党人仍然没有放弃对国家新面貌的构想和设计。二次革命失败后，孙中山对政党建设进行了深刻的反思。他认识到，"曩同盟会、国民党之组织，徒以主义号召同志，但求主义之相同，不计品流之纯粹。故当时党员虽众，声势虽大，而内部分子意见分歧，步骤凌乱，既无团结自治之精神，复无奉令呈教之美德，致党魁则等于傀儡，党员则有类散沙"。[③] 他认为二次革命失败就是因为没有完全服从他的号令，于是，1914 年 7 月组建中华革命党，立誓为救国救民，愿统率同志，再举革命，并以服从命令为唯一条件，极为强调党员对党魁的绝对服从，并在给黄兴的信函中直言："弟所望党人者，今后若仍承认弟为党

① 中国社会科学院近代史所、广东省社会科学院历史研究室、中山大学历史系孙中山研究室合编：《孙中山全集》第二卷，中华书局 1982 年版，第 399 页。

② 中国社会科学院近代史所、广东省社会科学院历史研究室、中山大学历史系孙中山研究室合编：《孙中山全集》第三卷，中华书局 1984 年版，第 44 页。

③ 中国社会科学院近代史所、广东省社会科学院历史研究室、中山大学历史系孙中山研究室合编：《孙中山全集》第三卷，中华书局 1984 年版，第 92 页。

魁者，必当完全服从党魁之命令”。[①]《中华革命党总章》中指出“本党以实行民权、民生两主义为宗旨”“本党以扫除专制政治、建设完全民国为目的”。[②] 二次革命失败后，孙中山再次对国家构想和政党建设作出设想和规划，宗旨仍然是三民主义，只不过以民权、民生为主的同时，还提出了军政、训政、宪政的发展道路以及创制五权宪法的目标。

1916 年袁世凯复辟帝制失败，黎元洪继任总统，宣布恢复约法，重集国会，孙中山感到帝制已除、民国恢复，革命目的已达，遂令止战。正当孙中山决定将重心转移到发展工商事业、以实业救国之时，又出现张勋复辟和北洋军阀旧部夺权之争，中华民国约法难以维持，孙中山又不得不发起了护法运动。第一次护法运动失败后，1919 年 10 月 8 日，孙中山在《上海青年会演说》中指出，民国成立这八年，政治腐败，官僚和武人把持政权，所以要继续“改造中国”，改造中国必须用新的方法，必须打倒阻碍民主和共和的三个大障碍，即旧官僚、武人和政客，他呼吁：“大家要怀抱这精神去改造新中华民国。”[③] 孙中山这里提出了“新中华民国”的概念，可以说是继承他之前所言的要建设一个“新中国”的理想。为了这个“新中华民国”，孙中山又把中华革命党改组为中国国民党，重申了三民主义的宗旨和创设五权宪法的目的，将原来的军政、训政、宪政三步走的方针修改为两步：“（一）军政时期，此期以积极武力，扫除一切障碍，奠定民国基础；同时由政府训政，以文明治理督率国民建设地方自治。（二）宪政时期，地方自治完成，乃由国民选举代表，组织宪法委员会，创制五权宪法”。[④] 五四运动爆发后，孙中山认识到唤醒国民的重要性，认为：“吾党想立于不败

---

① 中国社会科学院近代史所、广东省社会科学院历史研究室、中山大学历史系孙中山研究室合编：《孙中山全集》第三卷，中华书局 1984 年版，第 89 页。

② 中国社会科学院近代史所、广东省社会科学院历史研究室、中山大学历史系孙中山研究室合编：《孙中山全集》第三卷，中华书局 1984 年版，第 97 页。

③ 中国社会科学院近代史所、广东省社会科学院历史研究室、中山大学历史系孙中山研究室合编：《孙中山全集》第五卷，中华书局 1985 年版，第 126 页。

④ 中国社会科学院近代史所、广东省社会科学院历史研究室、中山大学历史系孙中山研究室合编：《孙中山全集》第五卷，中华书局 1985 年版，第 401 ~ 402 页。

之地，今后奋斗之途径，必先要得民心，要国内人民与吾党同一个志愿，要使国内人民皆与吾党合作，同为革命而奋斗。必如此方可成功；且必有此力量，革命方可以决其成功”。[①] 于是宣布与中国共产党合作，开始了国共的第一次合作，希望利用共产党的群众基础，建成一个全国民的大党。苏俄的政党建设和社会主义的发展也吸引着孙中山，他指出：“俄国革命六年，其成绩既如此伟大；吾国革命十二年，成绩无甚可述。故此后欲以党治国，应效法俄人”。[②] 还曾言，“现尚有一事可为我们模范，即俄国完全以党治国，比英、美、法之政党，握权更进一步；我们现在并无国可治，只可说以党建国”。[③] 孙中山的政党思想跟之前相比发生很大变化，最初他要效法英美的两党制，现在为追求国家统一，他希望效法苏俄，实行一党专政。在此背景下，孙中山决定再次改组国民党，指出：“改造国家，非有很大力量的政党，是做不成功的；非有很正确共同的目标，不能够改造得好的。我从前见得中国太纷乱，民智太幼稚，国民没有正确的政治思想，所以便主张‘以党治国’。但到今天想想，我觉得这句话还是太早。此刻的国家还是太乱，社会还是退步，所以现在革命党的责任还是要先建国，尚未到治国。……今日民国的国基还没有巩固，我们必要另做一番工夫，把国家再造一次”。[④] 再造国家即新建中国，建设“新中国”“新中华民国”。1924 年 1 月，中国国民党第一次全国代表大会宣布了国民党改组和新三民主义的纲领，确立了“联俄联共”的方针，并提出建立国民政府的目标，重新建立一个新的中华民国。孙中山对于他向来主张的以党治国进行了阐释：“所谓以党治国，并不是要党员都做官，然后中国才可以治；是要

① 中国社会科学院近代史所、广东省社会科学院历史研究室、中山大学历史系孙中山研究室合编：《孙中山全集》第八卷，中华书局 1986 年版，第 431 页。

② 中国社会科学院近代史所、广东省社会科学院历史研究室、中山大学历史系孙中山研究室合编：《孙中山全集》第八卷，中华书局 1986 年版，第 268 页。

③ 中国社会科学院近代史所、广东省社会科学院历史研究室、中山大学历史系孙中山研究室合编：《孙中山全集》第九卷，中华书局 1986 年版，第 103 页。

④ 中国社会科学院近代史所、广东省社会科学院历史研究室、中山大学历史系孙中山研究室合编：《孙中山全集》第九卷，中华书局 1986 年版，第 96 ~ 97 页。

本党的主义实行，全国人都遵守本党的主义，中国然后才可以治。简而言之，以党治国并不是用本党党员治国，是用本党的主义治国。"[①] 孙中山反复强调的本党的主义就是三民主义，他教育党员要有为革命为国家牺牲的精神，还说："民国一天没有建设成功，三民主义一天没有完全实行，我们的牺牲便没有一天的止境。要三民主义完全实行，我们革命彻底成功，那才是我们牺牲的止境"。[②] 孙中山认为三民主义是"适合中国国情，顺应世界潮流，建设新国家一个最完全的主义"，他强调宣传主义的重要性，要国民党员将这个主义宣传到全国，使全国人民都赞成，用它统一全国人民的心理，于是统一全国，"实行三民主义，建设一个驾乎欧美之上的真民国"。[③] 由此可见，孙中山的政党政治思想中最核心的还是对三民主义的推行，他从民国初年提倡欧美两党或多党制到后来主张效法苏俄的一党制，政党思想发生了很大的变化，但对三民主义的坚持却始终不变，从始至终将三民主义作为政党建设和"新中国"建设的宗旨和指导思想。

孙中山在总结辛亥革命成功的原因和护法运动失败的教训时，认识到宣传和感化民众的重要性，他指出："我们国民党就是革命党。革命的方法，有军事的奋斗，有宣传的奋斗。军事的奋斗，是推翻不良的政府，赶走一般军阀官僚；宣传的奋斗，是改变不良的社会，感化人群。……改造国家，还要根本上自人民的心理改造起，所以感化人群的奋斗更是重要。因为这个原因，诸君从今以后，便要尽力去宣传，介绍国人加入本党……到了全国的人心都归化于本党，就是本党的革命大告成功"。[④] "我们能够宣传，使中国四万万人的心都倾向我党，那便是大成功了。

① 中国社会科学院近代史所、广东省社会科学院历史研究室、中山大学历史系孙中山研究室合编：《孙中山全集》第八卷，中华书局1986年版，第282页。

② 中国社会科学院近代史所、广东省社会科学院历史研究室、中山大学历史系孙中山研究室合编：《孙中山全集》第八卷，中华书局1986年版，第283~284页。

③ 中国社会科学院近代史所、广东省社会科学院历史研究室、中山大学历史系孙中山研究室合编：《孙中山全集》第八卷，中华书局1986年版，第284页。

④ 中国社会科学院近代史所、广东省社会科学院历史研究室、中山大学历史系孙中山研究室合编：《孙中山全集》第八卷，中华书局1986年版，第286页。

我们从前本手无寸铁，何以会革命成功呢？就由于宣传得力。”[①] 而俄国革命的成功也促使孙中山提高对宣传的重视，他认为：“俄国五六年来，革命成功，也就是宣传得力。”[②] 为了更好发挥政党的宣传作用，1924 年 1 月召开中国国民党第一次全国代表大会，改组国民党，宣布与共产党合作，共产党员可以个人身份加入国民党，并创办了黄埔军校和各种宣传讲习所。中国国民党第一次全国代表大会将改组国民党和改造国家作为主要目的，提出应该先将国民党组织成一个有力量、有国民基础的政党，然后由党来改造国家，以党建国，推翻军阀政府，建设一个国民政府。

在中国国民党第一次全国代表大会上，孙中山等国民党人制定出了《国民党之政纲》和《国民政府建国大纲》，对外提出应该取消“一切不平等条约”，北京政府行使贿买、侵吞盗用所借之外债，“中国人民不负偿还之责任”，对内各省可自定宪法，“但省宪不得与国宪相抵触”“确定县为自治单位，自治之县，其人民有直接选举及罢免官吏之权”[③]。大会指出，“国民政府本革命之三民主义、五权宪法，以建设中华民国”“建设之首要在民生”[④]。纵观自民国建立至 1924 年提出建立国民政府，孙中山的政党建设思想始终围绕着如何巩固民国、如何改造民国和建设一个什么样的民国的问题，孙中山通过考察和反思提出了由政党组织国家、由国民党组织国民政府的构想和目标。这是孙中山民国初年“新中国”构想的重要内容。

除了孙中山一派，民国初期对于中国是否要实行政党政治、应该实行什么样的政党政治，还有不少人持不同观点，大致有无党论、不党

---

① 中国社会科学院近代史所、广东省社会科学院历史研究室、中山大学历史系孙中山研究室合编：《孙中山全集》第七卷，中华书局 1986 年版，第 6 ~ 7 页。

② 中国社会科学院近代史所、广东省社会科学院历史研究室、中山大学历史系孙中山研究室合编：《孙中山全集》第七卷，中华书局 1986 年版，第 7 页。

③ 中国社会科学院近代史所、广东省社会科学院历史研究室、中山大学历史系孙中山研究室合编：《孙中山全集》第九卷，中华书局 1986 年版，第 122 ~ 123 页。

④ 中国社会科学院近代史所、广东省社会科学院历史研究室、中山大学历史系孙中山研究室合编：《孙中山全集》第九卷，中华书局 1986 年版，第 126 页。

论、反党论、毁党论等几种说法[①]。这几种说法的基本观点都是反对中国实行政党制度，认为政党政治会引发党争、导致政治混乱。“不党论”者主张不要加入任何政党，“不党之利，以其不自厕身于一党之中，是以能保持公正之地位，任何党之政纲与其党略，皆得而批评之”[②]。“反党论”者认为“国基初定，不宜有树党之事”，以欧美国家为例，指出“欧美宪政胚胎之始恒不急急于树党”“政党既已发生之国一旦遇有危难则相率息其政争”[③]。还有人从国民教育程度和政治素养方面来论证民国初年不宜实行政党政治，指出，“若夫国民之政治道德其程度不高则有党反不如无党”[④]。“毁党论”者认为政党是祸国之根，指出：“政党何物也？质言之，直可谓为一种垄断国家权力之公司或总会云尔。其商标则所谓国利民福也，其基本金则直接或间接搜刮而得之民脂民膏也，其奔走依附之人，则各欲脔割国家权力之一分而栖息其中从自养也。故自党之一怪物呱呱坠地于吾国，而吾国政界遂（逐）以多事。一年以来，国事纷扰，政争剧烈。吾民昔昔震恐，恒无守处之曰，盖无所而非政党之为祟也。……苟为救国计，非毁尽一切之政党，而本吾真正纯法之民意以为治，未有能济者。”[⑤] 另外，还有一部分人主张先毁党再造新党，代表人物为章士钊，他提倡“今日政党悉自毁其党，相与共同讨论以求其适于己之政纲，因新政纲而造为新党”[⑥]。虽然存在诸多观点，但占主导地位的还是提倡中国实行政党制度，希望通过政党来拯救民国，“政党救国论”者对政党导致亡国和提倡不党论的观点提出了批评，指出：“若必人人避党，人人讳党则即无所谓党，

① 周俊旗、汪丹：《民国初年的动荡——转型期的中国社会》，天津人民出版社 1996 年版，第 16 页。

② 洗心：《论不党》，载于《独立周报》第 3 期，1912 年 10 月 6 日。转引自周俊旗、汪丹著：《民国初年的动荡——转型期的中国社会》，天津人民出版社 1996 年版，第 16 页。

③ 《国基初定，不宜树党》，载于《独立周报》第 1 期，1912 年 9 月 22 日。

④ 吴惯因：《政党政治与不党政治》，载于《庸言报》1913 年第 1 卷第 1 号。

⑤ 少公：《痛苦中华民国之前途》，载于《独立周报》1913 年第 18、19 号。转引自周俊旗、汪丹：《民国初年的动荡——转型期的中国社会》，天津人民出版社 1996 年版，第 17 页。

⑥ 行严：《毁党造党说》，载于《民主报》1911 年 7 月 29 日。

亦无所谓不党与超然矣。盖有意见而不能调和，有是非而不能判别，其害固不浅。若竟无意见可以调和，无是非可以判别，又岂国家之好现象乎。穷谓居今日而言救国终不能求之政党以外，而仍当期诸政党之中。盖政党足以亡国亦足以救国也。”① 他也不否认政党有种种问题，但是希望通过改良政党的方式进行解决，而不是将其尽毁。这种观点得到了广泛的认可，包括孙中山在内的很多人赞成这一观点，并不遗余力改良政党，希望早日实现政党救国的目的。

3.1.2 中华民国之五权宪法

五权宪法是孙中山在借鉴西方“三权分立”制度的基础上，继承中国传统的考试权和弹劾权，合而为五权分立的宪法体系。它是中华民国独创的一种体制形式，融合中西方优良的政治传统，体现了孙中山等人在法律体系和权力分配方面对“新中国”的构想。自 1906 年孙中山在《在东京〈民报〉创刊周年纪念大会的演说》中首次直接提出五权宪法的设想起，至其逝世前夕仍念念不忘。他号召国民党要以三民主义为宗旨、以五权宪法的实现为目标，建设一个真正的中华民国。可以说，五权宪法是孙中山一生追求的理想与目标，是其“新中国”构想的重要组成部分。

革命派人士一直以来就很重视宪法对民主国家的重要性，中华民国成立之时，更明确民国为共和立宪国，宪法是一个国家的根本大法，是政府行使职权的准则，是国民维护自身权益的依据。孙中山早在 1906 年演说时就提出：“历观各国的宪法，有文宪法是美国最好，无文宪法是英国最好。英是不能学的，美是不必学的。英的宪法所谓三权分立，行政权、立法权、裁判权各不相统，这是从六七百年前由渐而生，成了习惯，但界限还没有清楚。后来法国孟德斯鸠将英国制度作为根本，参

---

① 洪北平：《政党救国之希望》，载于《独立周报》1913 年 21 号。

合自己的理想，成为一家之学。美国宪法又将孟氏学说作为根本，把那三权界限更分得清楚，在一百年前算是最完美的了。……当时的宪法现在已经是不适用的了。兄弟的意思，将来中华民国的宪法是要创一种新主义、叫做‘五权分立’。”[①] 他解释了五权中新创的两权：一是考选权。孙中山分析了美国官吏的选举和委任的弊端，发现选举制度容易漏掉一些思想高尚但口才欠缺的人，愚蠢无知但口才好的人却容易被选上，而委任制度容易造成委任官与大统领同进退的后果，孙中山认为这些流弊都是因为美国官员任用没有经过考试的缘故。“所以将来中华民国宪法，必要设独立机关，专掌选举权。大小官吏必须考试，定了他的资格，无论那官吏是由选举的抑或由委任的，必须合格之人，方得有效。这法可以除却盲从滥举及任用私人的流弊。”[②] 二是纠察权，“专管监督弹劾的事。这机关是无论何国皆必有的，其理为人所易晓。但是中华民国宪法，这机关定要独立。中国自古以来，本有御史台主持风宪，然亦不过是君主的奴仆……现在立宪各国，没有不是立法机关兼有监督的权限，那权限虽然有强有弱，总是不能独立，因此生出无数弊病”。[③] 孙中山还指出，中国自古以来，一直有考选制和监督弹劾制，但是由于封建君主制国家本身体制的弊端，使这两种制度成为虚文，而中华民国是共和立宪的政体，规定考选权和纠察权独立，以保证这两种制度的真正实行。五权分立是各国政治制度所未有的，可以说是中华民国独创的一种政体。这种政体通过宪法的形式得以实现，由此可见孙中山关于“新中国”宪法体系和政治体制的规划。

关于“五权宪法”设想产生的时间，孙中山先生在 1921 年的演说中曾经两次谈到“五权宪法”创设的来历和过程。一是 4 月在广东省

① 中国社会科学院近代史所、广东省社会科学院历史研究室、中山大学历史系孙中山研究室合编：《孙中山全集》第一卷，中华书局 1981 年版，第 329 ~ 330 页。

② 中国社会科学院近代史所、广东省社会科学院历史研究室、中山大学历史系孙中山研究室合编：《孙中山全集》第一卷，中华书局 1981 年版，第 330 页。

③ 中国社会科学院近代史所、广东省社会科学院历史研究室、中山大学历史系孙中山研究室合编：《孙中山全集》第一卷，中华书局 1981 年版，第 331 页。

教育会所作的“五权宪法”演讲中称：“兄弟提倡革命三十多年，从广东举事失败以后，便出亡海外……在全球奔走之余，便把各国政治的得失源流，拿来详细考究，预备日后革命成功，好做我们建设的张本。故兄弟当亡命各国的时候，便很注意研究各国宪法。研究所得的结果，见得各国宪法只有三权，还是很不完备；所以创出这个五权宪法，补救从前的不完备。”① 二是6月下旬，在广东省第五次教育大会上发表的演说中称：“兄弟做学生时代，早已觉中国政府腐败，想出一种治国之法，思有以替代之。其法维何？即五权宪法是也。”② 对于这两种说法，有学者指出，从目前的文献资料来看，孙中山的后一种说法，即他在做学生时代已创出五权宪法的说法，仍然缺乏明显的事实依据。故学界一般以孙中山的前一种说法为据，即1895年广州起义失败后，孙中山在流亡欧美各国时，研究世界各国的宪法、并在与中国进行比较的过程中，创立了“五权宪法”的学说。③ 故孙中山的“五权宪法”应该是于1895～1906年创设完成的。

孙中山生前多次在演说中强调法律对一个国家的重要性，他曾言：“国家之治安，惟系于法律。”④ “共和政治，以法律为纲。”⑤ “民主政治赖以维系不敝者，其根本存于法律。”⑥ 孙中山对法律的重视一方面是维护中华民国临时约法，另一方面是他更加重视对中华民国宪法的宣传和维护，指出：“宪法为国家根本大法，与国之存亡相始终。盖宪法成立，国之根本，庶难摇动。故望议会诸公，速开正式议会，早颁宪

---

① 中国社会科学院近代史所、广东省社会科学院历史研究室、中山大学历史系孙中山研究室合编：《孙中山全集》第五卷，中华书局1985年版，第499页。

② 中国社会科学院近代史所、广东省社会科学院历史研究室、中山大学历史系孙中山研究室合编：《孙中山全集》第五卷，中华书局1985年版，第559页。

③ 臧运祜：《孙中山五权宪法思想的演进》，载于《史学月刊》2007年第8期。

④ 陈旭麓、郝盛潮主编：《孙中山集外集》，上海人民出版社1990年版，第234页。

⑤ 中国社会科学院近代史所、广东省社会科学院历史研究室、中山大学历史系孙中山研究室合编：《孙中山全集》第四卷，中华书局1985年版，第240页。

⑥ 中国社会科学院近代史所、广东省社会科学院历史研究室、中山大学历史系孙中山研究室合编：《孙中山全集》第四卷，中华书局1985年版，第480页。

法。宪法成，国本斯固。”[①] 他希望把中华民国建设成一个新共和国，孙中山在新旧潮流碰撞之时，融合中西，吸取西方国家的三权分立思想，又加入中国古代的弹劾权和考试权，独创一种五权分立的法律体系，即所谓五权宪法。他阐述了创设这种宪法体系的原因：“三权分立之法，通行百数十年，几如案。至今日文明进步，如美利坚等国，乃觉其宪法不能相容，惟欲中途变动，则殊非容易耳。我国制定宪法之初，则尚可乘机采用，且此之所谓三权者，如立法、司法、行政三权固可弗论，其他二权，各国之所无者，我国昔已有之。其一为御史弹劾，即皇帝亦莫能干涉之者；其二为考试，即尽人之所崇拜者也。此弹劾权及考试权实我国之优点，吾人采取外国良法，对于本国优点亦殊不可抛弃。”[②] 这是孙中山对五权宪法进行的简要解释和说明，即在吸收西方三权分立体制的基础上，继承中国优良的政治传统，从而形成一种独特的政治体制，建立一个全新的民主立宪的共和国。

章太炎也提出在三权分立之外另立两权，但是与孙中山的五权分立说不尽相同。1912 年 1 月 3 日，章太炎在中华民国民国联合会成立大会上的演讲中指出：“三权分立之说，现今颇成各国定制，然吾国于三权而外，并应将教育、纠察二权独立。盖教育于他之行政，关系甚少，且教育宗旨定后，不宜常变，而任教授者，又须专门学识，故不应随内阁而进退。纠察院自大总统、议院以至齐民，皆能弹劾，故不宜任大总统随意更换。至考选考绩，前此临时大总统曾主张独立，然就法理上言之，究属一部分之事，无可独立之理由，故仍于内阁之内，设立专局以管辖之。”[③] 章太炎的五权分立与孙中山五权分立的不同之处在于，他提出教育权应独立、考试权归内阁管理，而孙中山提出考试权或称考选权应该独立。

---

① 中国社会科学院近代史所、广东省社会科学院历史研究室、中山大学历史系孙中山研究室合编：《孙中山全集》第四卷，中华书局 1985 年版，第 400 页。

② 中国社会科学院近代史所、广东省社会科学院历史研究室、中山大学历史系孙中山研究室合编：《孙中山全集》第三卷，中华书局 1984 年版，第 332 页。

③ 章念驰编订：《章太炎演讲集》，上海人民出版社 2011 年版，第 113 页。

中华民国成立后，五权宪法未能得到实施，孙中山曾阐述过其原因：“兄弟在南京政府的时候，原想要参议院订出一种五权宪法，不料他们那些议员，都不晓得甚么叫做五权宪法。后来立了一个‘约法’，兄弟也不去理他，因为我以为这个执行约法，只是一年半载的事情，不甚要紧；等到后来再鼓吹我的五权宪法，也未为晚。后来那些议员搬到北京，订出来的‘天坛宪法’草案。不料他们还是不顾五权宪法。”① 南京临时政府颁布了《中华民国临时约法》。《中华民国临时约法》属于临时宪法性质，这就要求中华民国日后要制定出正式的、全面有效的宪法。以孙中山为首的革命派为建设真正的民国、巩固共和立宪体制，他们主张遵照约法，由国会制定宪法。但是孙中山的五权宪法没有得到真正实行就让位于袁世凯，而袁世凯仅在民国二年（1913 年）就组织宪法起草委员会，制定出了关于国体、国土、国民、国会、法院等的说明和权限，被称为《天坛宪法草案》。对于这个宪法草案，不少人士提出批评，一直以来都没有得到时人的认可，北洋军阀政府接下来制定的几次宪法也都不能令人满意。孙中山等人对宪法极为重视，从民国建立以来，一直为宣传和实现五权分立的宪法体系而努力，对于袁世凯政府制定的《天坛宪法草案》，1918 年 2 月 7 日，孙中山在对国会和省议会议员的演说中指出：“国家宪法良，则国强；宪法不良，则国弱。强弱之点，尽在宪法。……我国之‘天坛宪法草案’，多仿于十八世纪之陈法，移之十九世纪已属不合，何况二十世纪时代乎？”② 他呼吁议员重新创造一个健全的中华民国，早日议定适合中国的宪法，即 20 世纪之完全宪法。重申了自己对宪法的主张，曰五权：“所谓五权者，除立法、司法、行政外，一为考试权，一为弹劾权。查我国对此两权流传极久，虽皇帝亦不能干涉者。往年罢废科举，未免因噎废食。其实考试之

① 中国社会科学院近代史所、广东省社会科学院历史研究室、中山大学历史系孙中山研究室合编：《孙中山全集》第五卷，中华书局 1985 年版，第 511 页。

② 中国社会科学院近代史所、广东省社会科学院历史研究室、中山大学历史系孙中山研究室合编：《孙中山全集》第四卷，中华书局 1985 年版，第 331 页。

法极良，不过当日考试之材料不良也。至弹劾权，在历史上能弹劾皇帝，其权限虽仅限于皇帝，然此制度实世界所未有，故中国实为世界进化最早之第一国。……故甚望保存此良法，而勿忘记中国自己之良法也。”[①] 他曾强调五权宪法的立法人员是国会议员，行政首领是大总统，司法人员是裁判官，其余行使弹劾权的有监察官，行使考试权的有考试官，这是五权的分配情况。而北洋政府却完全与此相反，解散国会，立法、司法、行政都未能独立，弹劾权和考试权更是无从谈起，由此可见孙中山对天坛宪法的不满以及对五权宪法的宣传和坚持。

北洋军阀政府统治下的民国激起了知识分子们强烈的不满，纷纷要求重新改造民国。1920 年 10 月 25 日，章太炎曾在长沙公立法政专校的演讲中表示：“中国原先本系平民政治，自中古以后，始沦为贵族政治。自民国成立，虽能将帝制推翻，但一切政制及中心之人物等，均已坏到极处。以后想欲建设强固的国家，非悉铲除现在腐败分子，从新改造民国，是决不能的”。[②] 他对中华民国的宪法体系也非常不满，于 1922 年 9 月 10 日在国是会议的演说中指出天坛宪法的缺点和不足，并提出民间制宪和各省实行联省自治的想法，他认为，约法规定中华民国主权属于国民全体，那么制定宪法就不能专为国会独有，而且人民对天坛宪法颇多不满，所以国是会也要拟定宪草。章太炎指出：“天坛宪草主集权，本会所拟之宪草则主联省自治。……民国十年以来，借集权之名，滥借外债，贩鬻主权，练兵杀人袁氏开其端，而冯、徐承其业。中央政府一变而为卖国机关，有之不如其无，然因代表全国之关系，又不能废此政府名称，不得已乃有联省自治之主张，以冀限制其卖国之权。天坛宪草，未有地方制……不知联省制权限分明，各行其是，两无妨碍，较之目前名为统一，各省霸占擅扣国税者，得益多矣。”他接着分析了因众人觊觎总统之位而引起的争乱，故认为总统之位为致乱之端。

① 中国社会科学院近代史所、广东省社会科学院历史研究室、中山大学历史系孙中山研究室合编：《孙中山全集》第四卷，中华书局 1985 年版，第 332 页。

② 章念驰编订：《章太炎演讲集》，上海人民出版社 2011 年版，第 206 页。

于是，“本会欲杜其弊……规定用国政委员会制，不用总统，为铲除根本之计”。[①] 章太炎对天坛制宪的方式和内容都持批判态度，遂组织国是会制定所谓甲种宪章，他不满《临时约法》中的宪法由国会产生的规定，认为《临时约法》第二条规定的中华民国主权归全体国民所有与第五十四条规定的中华民国之宪法由国会制定是相矛盾的，他指出：“夫所谓主权者，孰有过于制宪之权，既云主权属于国民全体，何以制宪之权独赋予国会？……国是会议本此意旨，而拟国宪，并非破坏约法。”[②] 由此可知，章太炎对中华民国宪法的设计已经与孙中山的构想分道扬镳，二者走上了完全不同的道路。

孙中山创设的五权宪法的宗旨与他一贯宣扬的三民主义，尤其是民权主义密切相连，他曾指出革命党的三民主义与美国总统林肯所说的“of the people，by the people，and for the people”是相通的，孙中山将它译作民有、民治、民享，首先民得能治，才能享，所以要将治理国家的权力交给人民，保证人民权力的基础就是宪法，为防止少数人独裁和专制，要将立法、司法、行政、弹劾、考试五权分立。为了更好地保障民权，孙中山指出：“除宪法上规定五权分立外，最重要的就是县治，行使直接民权。直接民权才是真正的民权。直接民权凡四种：一选举权，一罢官权，一创制权，一复决权。五权宪法如一部大机器，直接民权又是机器的制扣。人民有了直接民权的选举权，尤必有罢官权，选之在民，罢之亦在民。”[③] 这是五权宪法与三民主义的契合点之所在，即五权宪法是为了保证民权主义的真正实行。

第一次护法运动失败后，孙中山一度陷于低落状态。他将重心集中在了管理党务和闭户著书上。他在这期间完成了《孙文学说》和《实业计划》两部著作，与以前的《民权初步》合并为《建国方略》。其中

---

① 章念驰编订：《章太炎演讲集》，上海人民出版社 2011 年版，第 273 ~ 274 页。

② 章念驰编订：《章太炎演讲集》，上海人民出版社 2011 年版，第 273 页。

③ 中国社会科学院近代史所、广东省社会科学院历史研究室、中山大学历史系孙中山研究室合编：《孙中山全集》第五卷，中华书局 1985 年版，第 497 页。

提出了五院制的构思和宪政如何实现的方法，对国民大会的组织和宪法制定的程序都进行了设计。他指出，革命政府完成了军政和训政时期之后，由人民选举县长，以县为自治单位，实行地方自治，然后各县“选举代表一人，组织国民大会，以制定五权宪法。以五院制为中央政府：一曰行政院，二曰立法院，三曰司法院，四曰考试院，五曰监察院。宪行制定之后，由各县人民投票选举总统以组织行政院，选举代议士以组织立法院，其余三院之院长由总统得立法院之同意而委任之，但不对总统、立法院负责，而五院皆对于国民大会负责。各院人员失职，由监察院向国民大会弹劾之；而监察院人员失职，则国民大会自行弹劾而罢黜之。……国民大会及五院职员，与夫全国大小官吏，其资格皆由考试院定之。此五权宪法也”。[①] 五院制的提出是孙中山对五权宪法学说的发展，以前只是停留在思想阶段，五院制的提出标志着对五权宪法的实施进行了具体的规划。

孙中山自民国成立即矢志不渝地多次演说宣传他的五权分立学说，并在多次改组国民党期间强调以五权宪法为目的，1919 年改组成立中国国民党，在 1920 年修正公布的《中国国民党总章》中规定，“本党以创立五权宪法为目的”。[②] 并规定在军政和训政完成之后，乃由国民选举代表，组织宪法委员会，创制五权宪法。1921 年，孙中山在中国国民党本部特设驻粤办事处的演说中，也重申国民党的任务，一是积极推行和宣传三民主义，“其次就要积极实行五权宪法”[③]。并解释：“五权宪法，分立法、司法、行政、弹劾、考试五权，各个独立。从前君主的时代有句俗话叫‘造反’，造反就是将上头的反到下头，或是将下头的反到上头。在从前的时候，造反是一件很了不得的事情。这五权宪

① 中国社会科学院近代史所、广东省社会科学院历史研究室、中山大学历史系孙中山研究室合编：《孙中山全集》第六卷，中华书局 1985 年版，第 205 页。

② 中国社会科学院近代史所、广东省社会科学院历史研究室、中山大学历史系孙中山研究室合编：《孙中山全集》第五卷，中华书局 1985 年版，第 401 页。

③ 中国社会科学院近代史所、广东省社会科学院历史研究室、中山大学历史系孙中山研究室合编：《孙中山全集》第五卷，中华书局 1985 年版，第 481 页。

法，就是上下反一反，将君权去了，并将君权中的行政、立法、司法三权提出，作三个独立的权。行政设一执行政务的大总统，立法就是国会，司法就是裁判官，与弹劾、考试同是一样独立的。”[①] 1924 年中国国民党第一次代表大会上制定的国民政府建国大纲再次明确：“国民政府本革命之三民主义、五权宪法，以建设中华民国。”[②] 对于五权宪法的实行最佳时机是军政、训政完成之时，宪政开始时期，“中央政府当完成设立五院，以试行五权之治。其序列如下：曰行政院；曰立法院；曰司法院；曰考试院；曰监察院。……宪法草案当本于建国大纲及训政、宪政两时期之成绩，由立法院议订，随时宣传于民众，以备到时采择施行。全国有过半数省份达至宪政开始时期，即全省之地方自治完全成立时期，则开国民大会，决定宪法而颁布之。……国民大会对于中央政府官员有选举权、有罢免权，对于中央法律有创制权、有复决权。……国民政府则于选举完毕之后三个月解职，而授政于民选之政府，是为建国之大功告成”。[③] 孙中山在此说明了五权宪法的真正实行是中华民国建国成功的标志，也即是说，五权宪法的实施是孙中山“新中国”构想实现的重要标志。

孙中山在去世前一天还不忘其五权宪法的理想，他说：“余此次来京，以放弃地盘谋和平统一，以国民会议建设新国家，务使三民主义、五权宪法实现。乃为痼疾所累，行将不起。死生常事，本无足虑，但数十年为国奔走，所抱主义终未完全实现，希望诸同志努力奋斗，使国民会议早日成立，达到三民、五权之主张，则本人死亦瞑目”。[④] 可见，三民主义和五权宪法堪称孙中山毕生追求的理想和目标。

---

① 中国社会科学院近代史所、广东省社会科学院历史研究室、中山大学历史系孙中山研究室合编：《孙中山全集》第五卷，中华书局 1985 年版，第 495 页。

② 中国社会科学院近代史所、广东省社会科学院历史研究室、中山大学历史系孙中山研究室合编：《孙中山全集》第九卷，中华书局 1986 年版，第 126 页。

③ 中国社会科学院近代史所、广东省社会科学院历史研究室、中山大学历史系孙中山研究室合编：《孙中山全集》第九卷，中华书局 1986 年版，第 129 页。

④ 中国社会科学院近代史所、广东省社会科学院历史研究室、中山大学历史系孙中山研究室合编：《孙中山全集》第十一卷，中华书局 1986 年版，第 638 页。

3.1.3 孙中山之实业计划

《实业计划》是孙中山为建设一个“新中国”而勾画的实业发展蓝图，最初是用英文写成的，原名“*The International Development of China*”，1918 年曾将部分内容单独发表，中译名为《国际共同发展中国实业计划书——补助世界战后整顿实业之方法》，这一译名突出体现了作者的写作意图。全书于 1919 年 2 月完稿，发表于 1919 年 6 月号《远东时报》，1920 年出版全书英文本。1921 年出版中文本，后编为《建国方略之二：物质建设》。《实业计划》是孙中山对中国的工业现代化进程进行的系统化的详细设计，是一份标志性的重要史料文献，对当今的国家经济建设仍有一定的借鉴意义。其中包括建设铁路十万英里；建设中国中部、北部、南部三大世界级港口，如纽约港一样；发展水利、矿业和农业；于中国北部及中部建造森林；移民于东三省、蒙古、新疆、青海和西藏等设想。它是孙中山对“新中国”实业发展和工业布局以及如何改善人民生活等方面的构想。

孙中山认为，中国幅员辽阔、人口众多，而且资源丰富、地价低廉、劳动力便宜，具有发展工业的充分有利条件。在当时的历史背景下，对促进中国工商业发展具有重大意义。他在《实业计划》自序中说明了此书的写作背景和目的：“欧战甫完之夕，作者始从事于研究国际共同发展中国实业，而成此六种计划。盖欲利用战时宏大规模之机器，及完全组织之人工，以助长中国实业之发达，而成我国民一突飞之进步；且以助各国战后工人问题之解决。”① 第一次世界大战刚刚结束，孙中山为了有效利用战争时期的机器，并解决战后实业军人和工人问题，从而研究实业发展计划，写成此书。他认识到战后各国均要恢复发展经济，而中国的丰富资源将会吸引各国争相开发利用，于是“中国

① 中国社会科学院近代史所、广东省社会科学院历史研究室、中山大学历史系孙中山研究室合编：《孙中山全集》第六卷，中华书局 1985 年版，第 248 页。

富源之开发，已成为今日世界人类之至大问题，不独为中国之利害而已也。惟发展之权，操之在我则存，操之在人则亡，此后中国存亡之关键，则在此实业发展之一事也”。[①] 第一次世界大战之后，各国经济受其影响，遭到破坏，孙中山一方面认识到中国发展经济、开发资源的必要性，另一方面强调中国的物产和矿藏对其他国家恢复经济的重要性，于是提出由中国人掌握主权，吸引外资，在外国人协助下共同振兴发展实业，即“国际共助中国之发展”。孙中山宣扬：“自美国工商业发达以来，世界已大受其益。此四万万人之中国一旦发达工商，以经济的眼光视之，何啻新辟一世界？而参与此开发之役者，亦必获超越寻常之利益，可无疑也。且此种国际协助，可使人类博爱之情益加巩固，而国际联盟亦得借此以巩固其基础。”[②] 他还提出了具体的三步走计划：“第一，投资之各政府，务须共同行动，统一政策。组成国际团，用其战争时任组织、管理等人才及种种熟练之技师……第二，必须设法得中国人民之信仰，使其热心匡助此举。……第三步，即为与中政府开正式会议，以议此计划之最后契约。”[③] 由此可知，孙中山提出的实施路径主要是依靠外资和国际共助，最初的文稿用英文写成，意欲在欧美国家起到宣传动员作用，但是这些规划显然很难真正实行，因为它含有许多不切实际之处。历史事实证明，这一计划并未得到西方国家的援助，在国内动员方面也未能收到实效。

《实业计划》由六大部分组成，即“六大计划”。第一计划主要从发展交通事业方面着手，突出铁路、运河、港口的重要性。包括五部：第一部，建设北方大港。第二部，建设西北铁路系统。第三部，关于蒙古、新疆之殖民。第四部，开浚运河以联络中国北部、中部通渠及北方

---

① 中国社会科学院近代史所、广东省社会科学院历史研究室、中山大学历史系孙中山研究室合编：《孙中山全集》第六卷，中华书局 1985 年版，第 248 ~ 249 页。

② 中国社会科学院近代史所、广东省社会科学院历史研究室、中山大学历史系孙中山研究室合编：《孙中山全集》第六卷，中华书局 1985 年版，第 252 页。

③ 中国社会科学院近代史所、广东省社会科学院历史研究室、中山大学历史系孙中山研究室合编：《孙中山全集》第六卷，中华书局 1985 年版，第 253 页。

大港。第五部，开发直隶、山西煤铁矿源，建立制铁炼钢工厂。孙中山设想在直隶湾中修建一个不封冻的深水大港，“兹所计划之港，为大沽口、秦皇岛两地之中途，青河、滦河两口之间，沿大沽口、秦皇岛间海岸岬角上。该地为直隶湾中最近深水之一点，若将青河、滦河两淡水远引他去，免就近结冰，使为深水不冻大港，绝非至难之事”。[①] 孙中山还画出了详细的规划图，西北铁路建设与北部港口相连，由北方大港起，经滦河谷地，以达多伦诺尔，共八条铁路线。孙中山第一计划中的五部互相联系，相互促进，西北铁路的修建为蒙古、新疆移民提供便利，建设北方不冻港将大大有利于山西、直隶煤矿的运输和销售，殖民事业同时促进西部资源的有效开发。

第二计划以建设东方大港为中心，亦定为五部：第一部，东方大港。第二部，整治扬子江。第三部，建设内河商埠。第四部，改良扬子江之现存水路及运河。第五部，创建大士敏土厂。孙中山指出，上海作为东方大港面临许多问题，“扬子江之砂泥，每年填塞上海通路，迅速异常，此实阻上海为将来商务之世界港噩神也”。[②] 所以说，只有解决扬子江泥沙问题，才能保障上海作为世界商港和中国东方大港的地位。这就引出了第二部——整治扬子江水道及河岸，另外还需要整治长江入海口问题，新建水道、泊船坞等，孙中山提出诸条改良上海港的计划。他还提出在乍浦岬与澉浦岬之间，建设一个新的海港，名曰计划港，而且此位置作为东方商港远胜于上海，一切以最新方法建设，使之成为与上海争胜的深海港。开展内河商埠中提出对镇江、南京、武汉、安庆等地的经济建设尤其是工业建设。他认识到钢铁与士敏土为现代建筑之基，而“长江谷地特富于士敏土原料，自镇江而上可航之水道，夹岸

① 中国社会科学院近代史所、广东省社会科学院历史研究室、中山大学历史系孙中山研究室合编：《孙中山全集》第六卷，中华书局1985年版，第255页。

② 中国社会科学院近代史所、广东省社会科学院历史研究室、中山大学历史系孙中山研究室合编：《孙中山全集》第六卷，中华书局1985年版，第271页。

皆有灰石及煤，是以即为其本地所需要，还于其地得有供给也”[①]。故计划沿扬子江岸建众多士敏土厂，以供其他种种设计之所需。

第三计划以建设南方大港——广州为中心。包括：第一部，改良广州为一世界港。第二部，改良广州水路系统。第三部，建设中国西南铁路系统。第四部，建设沿海商埠及渔业港。第五部，创立造船厂。孙中山认为广州具有独特的地理位置，属于西江、北江、东江三河会流处，既为中国南方内河水运之中轴，又为海洋交通之枢纽，从运输便利角度来讲，广州足以称为中国南方大港。他提出改良广州海港建设和水路系统的计划，并且提议以广州为终点，修建西南地区至广州的七条铁路线，沟通广州与成都、重庆、云南等地。至此孙中山已经提出了建设北部、东部、南部三个世界大港的规划，在第三计划中又进一步提出建设“四个二等海港、九个三等海港及十五个渔业港”[②] 的设想。孙中山认为发展上述这些实业，必须要有航行海外及沿岸商船一千万吨，所以建议中国自设造船厂。

第四计划是内部交通建设，即十万英里铁路的详细规划。第一部，中央铁路系统。第二部，东南铁路系统。第三部，东北铁路系统。第四部，扩张西北铁路系统。第五部，高原铁路系统。第六部，设机关车、客货车制造厂。中央铁路系统囊括长江以北之中国本部，及蒙古、新疆之一部。以北方、东方两大港为此系统诸路之终点，共修建 24 条干线，全长约一万六千六百英里。东南铁路系统以东方大港、南方大港及其间之二三等港为此铁路之终点，全长约九千英里。东北铁路系统全长约九千英里，以新建市镇东镇为中区。对于西北铁路系统，孙中山曾在第一计划中提议“设七千英里铁路于此境域，以为建设北方大港之目的，

---

① 中国社会科学院近代史所、广东省社会科学院历史研究室、中山大学历史系孙中山研究室合编：《孙中山全集》第六卷，中华书局 1985 年版，第 300 页。

② 中国社会科学院近代史所、广东省社会科学院历史研究室、中山大学历史系孙中山研究室合编：《孙中山全集》第六卷，中华书局 1985 年版，第 325 页。

而复可以将中国东南部过密之人民逐渐迁移”[①]。但这只是一个小的开端，而整个西北铁路系统修建完成全长约一万六千英里。高原铁路系统工程烦琐，计划全长一万一千英里。以上五大铁路系统，总长约六万二千英里，第一、第三计划所预定修筑的铁路约一万四千英里，除此之外，有多数干线当设双轨，故合数计划路线共计约有十万英里，共同构成了遍布全国的铁路网。为顺利完成铁路系统建设，创办机关车、客货车制造厂成为必要之举。孙中山认为，“中国有无限之原料与低廉之人工，是为建设此等制造厂之基础”[②]，加上外国的资本和专家，将共同促成其建设。

第五计划主要是改善人民日常生活。孙中山指出：“前四种计划既专论关键及根本工业之发达方法，今则讲述工业本部之须外力扶助发达〈者〉。所谓工业本部者，乃以个人及家族生活所必需，且生活安适所由得。”[③] 前述港口、城市、交通等建设事业可以解决大量的就业问题，工人的工资和生活水平将会提高，随之而来的是生活必需品及安适品价格的上涨。所以此计划发展工业的目的是“当中国国际发展进行之时，使多数人民既得较高工资，又得许多生活必要品、安适品而减少其生活费也”。[④] 所以，孙中山意识到，除了发展中国的港口和城市建设、交通运输业外，还必须发展中国的农业和轻工业，为人民提供物美价廉的生活必需品，改善人民的衣、食、住、行等生活条件。因此，他提出五个方面的工业建设计划，即：粮食工业、衣服工业、居室工业、行动工业和印刷工业。粮食工业中需要测量农地、设立农业用具制造厂、改良食物贮藏与运输方法、完善食物制作与保存、引用锡铁罐或冰冷法、均衡发展食物之分配与输出等；衣服工业分为蚕丝工业、麻工业、棉工业、毛工业、皮工业和制衣机器工业。居室工业是为了改善人民居住条

---

① 中国社会科学院近代史所、广东省社会科学院历史研究室、中山大学历史系孙中山研究室合编：《孙中山全集》第六卷，中华书局 1985 年版，第 361 页。

②③④ 中国社会科学院近代史所、广东省社会科学院历史研究室、中山大学历史系孙中山研究室合编：《孙中山全集》第六卷，中华书局 1985 年版，第 377 页。

件，一切以舒适健康为标准，并且耗费要廉价，这部分涉及居室建筑材料的生产及运输、居室的建筑、家具的制造、家用物的生产与供给等，包括供电、供暖设备的制造厂等皆在此类计划之中。行动工业包括自行车、农用车、工用车、商用车、旅行用车、运输用车等交通工具的制造和公路建设等。印刷工业中提到须于一切大城乡中设立大印刷所、印刷内容自报纸至百科全书，还要发展辅助工业，如造纸厂、印刷机工厂等。

第六计划主要是对中国矿业发展的设想，即工业原料的开采与供给。孙中山提出，“机器者实为近代工业之树，而矿业者又为工业之根。如无矿业，则机器无从成立；如无机器，则近代工业之足以转移人类经济之状况者，亦无从发达。总而言之，矿业者为物质文明与经济进步之极大主因也”。[①] 前面的五个计划中，无论是建设港口还是铺设铁路和建立工厂，都需要机器，而制造机器必定需要大量钢铁，钢铁的冶炼必须依靠强大的矿业来支撑。而中国矿业还处在幼稚阶段，必须大力发展。孙中山主要提到铁矿业、煤矿业、油矿业、铜矿业、特种矿的开采业、矿业机器制造业以及设立冶矿机厂七个方面。在工业发展中，钢铁是最重要的原料。中国的铁矿资源丰富，直隶、山西、沿扬子江一带的各省、新疆、蒙古、青海、西藏等皆以铁矿著名，此外，四川、云南的铁矿也要逐步开采，在各省都要建立铁厂，使各处铁矿得到开采利用。中国煤矿资源丰富，已开采者仅皮毛而已，应吸收借鉴外国先进的开采方法和经营管理方法，由沿海至内地渐次开发。至于油矿，孙中山指出，四川、甘肃、新疆、陕西等省已发现油源，虽贮藏量还需进一步调查和测量，但应着力开采以自用，尽量减少煤油、汽油的进口。中国以往开采的铜矿资源仅用于铸造钱币，而当中国工业发达起来后，用铜量会增加百倍，故投资专家和资本应对其进行考察。中国的特种矿，如金矿、锡矿、玉矿等贮藏量也十分丰富。现已开采的仅是矿中的浅层，

① 中国社会科学院近代史所、广东省社会科学院历史研究室、中山大学历史系孙中山研究室合编：《孙中山全集》第六卷，中华书局 1985 年版，第 389 页。

大有潜力可挖。以上各种矿物资源的开采除了政府经营外，应准租与私人立约办理，期限满时，政府有收回办理之权。孙中山这里提出了政府经营与私人经营开采相结合的方式。为了开采各种矿物质，需要建立矿业机械厂制造各种矿业器具和机械，孙中山提议在广州设立第一个矿业机械厂，因广州为西南矿区的口岸，获取原料、延请技师都比较便利。为保证各种矿业得到冶炼，需要建立矿物冶炼厂，孙中山认为，各冶炼厂应设立于相应矿区，仿照合作制度组织之，“此种冶铸工夫，可以分享其一分之利益，用以抵偿各种费用、利息与冗费。其他之剩余利益，应按各种工人之工资并各资本家所供给于铸炉之生矿之多寡比例分配之。如此办法，对于私人之经营矿业者，既可以资鼓励，而工业之基础亦可因之以成立”。[①] 由此可见，对于中国实业的开发，孙中山主张个人经营与国家经营相结合，可采取个人企业和国家经营两种方式进行，鼓励发展个体经济，他提出：“凡夫事物之可以委诸个人，或其较国家经营为适宜者，应任个人为之，由国家奖励，而以法律保护之。”[②] 而那些不能交由个体企业经营的，如具有垄断性质的实业，应由国家经营。为鼓励个人企业的发展，孙中山提出了各种便利条件，比如改革税制、统一货币、排除各级官吏的压制、方便其交通等。

在最后的结论中，孙中山明确说：“前之六大计划，为吾欲建设新中国之总计划之一部分耳。简括言之，此乃吾之意见，盖欲使外国之资本主义以造成中国之社会主义，而调和此人类进化之两种经济能力，使之互相为用，以促进将来世界之文明也。”[③] 一方面，孙中山强调《实业计划》为其“新中国”计划的一部分；另一方面，强调中国实业发展必须借助于外国资本主义，《实业计划》附录里提到孙中山寄给美国

① 中国社会科学院近代史所、广东省社会科学院历史研究室、中山大学历史系孙中山研究室合编：《孙中山全集》第六卷，中华书局 1985 年版，第 394 页。

② 中国社会科学院近代史所、广东省社会科学院历史研究室、中山大学历史系孙中山研究室合编：《孙中山全集》第六卷，中华书局 1985 年版，第 253 页。

③ 中国社会科学院近代史所、广东省社会科学院历史研究室、中山大学历史系孙中山研究室合编：《孙中山全集》第六卷，中华书局 1985 年版，第 398 页。

公使和商务总长的信中将此命名为《国际共同发展中国计划》，从中可看出孙中山希望借助外力的目的。有一点我们应该注意，孙中山所谓的“欲使外国资本主义造成中国之社会主义”中的“社会主义”与马克思主义所提出的科学社会主义是不同的概念，因为孙中山并不完全赞成马克思主义和共产主义，他虽然曾效法俄国的政党制度，但是对俄国的民权和民生主义不甚满意。所以，孙中山提出的“中国之社会主义”实际上就是他所创立的三民主义，[①] 即民族、民权和民生三大主义。而《实业计划》中提及的社会主义尤以民生主义为主要内容，孙中山提出的民生主义是平均地权、节制资本的民生主义，是改善人民生活和避免两极分化的民生主义，这其实也就是孙中山所说的“中国之社会主义”。

然而，计划虽好，实现却极为艰难。正如美国商务总长在给孙中山的回信中所说：“以阁下所提计划如此复杂，如此普遍，即令将其备细之点规划完竣，亦须数年。阁下亦明知书案中一小部分尚须数十万万金元，而其中多数在初期若干年间，不能偿其所投之利息与经费。是故，其必要之债所需利息如何清付，实为第一须决之问题。以中华民国收入负担现在国债，利息太重，难保新增之息必能清付。”[②] 孙中山的计划洋洋洒洒囊括了海港、铁路、通信、矿业、轻工业等诸多方面，启动资金是个大问题，从外国的态度来看，完全依靠引进外资的做法并不可行，所以，孙中山规划的发展中国实业的这一宏伟蓝图基本上在当时都没有付诸实践，但这一伟大设想为后来的中国人提供了许多有益的参考和借鉴。比如据学者分析，孙中山在《实业计划》中已经提出兴建三峡大坝的理想，在第二计划中对改良长江上游水路的设计是：“当以水闸堰其水，使舟得以泝流以行，而又可资其水力。其滩石应行爆开除

---

① 李成勋：《从〈实业计划〉看孙中山振兴中华的战略构想》，载于《学术月刊》1999 年第 10 期。

② 中国社会科学院近代史所、广东省社会科学院历史研究室、中山大学历史系孙中山研究室合编：《孙中山全集》第六卷，中华书局 1985 年版，第 407 页。

去。于是水深十尺之航路，下起汉口，上达重庆，可得而致。而内地直通水路运输，可自重庆北走直达北京，南走直至广东，乃至全国通航之港无不可达。”① 这是孙中山提出的改善长江上游航道的建议和规划，同时，这也是中国人首次提出开发三峡水力的设想，所谓“高峡出平湖”② 的伟大设想。

统观孙中山的《实业计划》，铁路系统建设是重要内容，而对于中国铁路建设的规划和构想，在孙中山之前，就已经有人注意到铁路建设的重要性，并进行了具体的规划，1910 年 6 月，汤寿潜所著的《东南铁道大计划》发表于《中华新报》上。汤寿潜（1856 ~ 1917）是清末民初实业家和政治活动家，事实上，他对铁道建设的重视早在其 1890 年所写的《危言》卷四《铁路第四十》中就形成了。而比起《危言》，《东南铁道大计划》所述更加周详和具体。他一向主张的分段进行、由小到大的办事方法在计划中也有所体现。孙中山最早提及铁路建设是在 1894 年的《上李鸿章书》中，他在《上李鸿章书》中提出：“人能尽其才，地能尽其利，物能尽其用，货能畅其流——此四事者，富强之大经、治国之大本也。”③ 其中为保证货能畅其流，孙中山强调舟车便利的重要性。他看到泰西国家商业发达的原因在于轮船航业和铁道运输业能保证商品和货物的流通，认为：“凡有铁路之邦，则全国四通八达，流行无滞；无铁路之国，动辄掣肘，比之瘫痪不仁。地球各邦今已视铁路为命脉矣，岂特便商贾之载运而已哉。今我国家亦恍然于轮船铁路之益矣，故沿海则设招商之轮船，于陆则兴官商之铁路。但轮船只可行于沿海大江，虽足与西人颉颃而收我利权，然不多设于支河内港，亦不能

① 中国社会科学院近代史所、广东省社会科学院历史研究室、中山大学历史系孙中山研究室合编：《孙中山全集》第六卷，中华书局 1985 年版，第 300 页。

② 马泽文著：《中国的光荣与梦想——21 世纪前十年中国镜像》，上海人民出版社 2010 年版，第 140 页。

③ 中国社会科学院近代史所、广东省社会科学院历史研究室、中山大学历史系孙中山研究室合编：《孙中山全集》第一卷，中华书局 1981 年版，第 8 页。

畅我货流，便我商运也。”① 孙中山已经在此注意到中国内港交通的不便利以及中国对铁路重要性的忽视，这是他后来对中国各港口和全国各地铁路网作出详细规划的基础。而汤寿潜的《危言》和《东南铁道大计划》同样也强调了铁道的重要性，但是他提出的方法和规划却与孙中山不同，他对铁路建设提出了三项节省的办法、三项变通的办法、三项预备的办法，考虑比较细密，从经营思想上来说，他针对购地、购料、用工等方面提出社会筹资、地价折股等方式，这些方式是完全摆脱外国政府，甚至摆脱本国官方的插手与操纵，坚持民办民营，依靠组织起来的人民群众自己的力量来完成铁路的建设。② 虽然孙中山也强调中国的主权，但他提出的是依靠国际援助，对外实行开放主义，而由国际共同发展中国实业的方法在当时是不现实的，他对本国人民力量和外国帮助的估计存在偏差。汤寿潜的计划能够逐渐实现，而孙中山的规划很难实行，这警示我们，在发展本国经济和实业方面，还是要自力更生，必须主要依靠本国人民群众的力量才能奏效。当然，外援也是要争取的，对外开放的态度也是要有的，但还是要以自力更生为主。

透过对孙中山等人对中华民国的各种设想的分析，我们看到，不管是国民党政党制度建设还是五权宪法的理想，或者是实业计划的设想，都有一个核心的指导思想，那就是孙中山一贯宣扬的三民主义。正像孙中山在 1916 年 5 月发表的讨伐袁世凯的宣言中所言：“文自束发受书，知忧国家，抱持民族、民权、民生三大主义，终始不替。”③ 三民主义中的民族主义，主要是反对满族专制统治，即驱除鞑虏，民国建立时已经实现；而民权主义是与专制政体相对抗；民生主义是要改善人民生

---

① 中国社会科学院近代史所、广东省社会科学院历史研究室、中山大学历史系孙中山研究室合编：《孙中山全集》第一卷，中华书局 1981 年版，第 15 页。

② 朱馥生：《孙中山〈实业计划〉的铁道建设部分与汤寿潜〈东南铁道大计划〉的比较》，载于《民国档案》1995 年第 1 期。

③ 中国社会科学院近代史所、广东省社会科学院历史研究室、中山大学历史系孙中山研究室合编：《孙中山全集》第三卷，中华书局 1984 年版，第 285 页。

活，改善贫富不均，发展经济。所以，孙中山在民国建立以后主要以维护民权和发展民生为主。对“新中国”的政党建设和宪法体系的构想，是孙中山为维护民权、巩固共和作出的努力，而发展实业和改善人民生活则是属于民生主义的范畴。孙中山曾多次强调要建立一个三民主义、五权宪法的国家，而且经过几次失败的教训，他也越来越认识到群力的重要性，即发动群众的力量共同建设。他在 1923 年 12 月的演说中曾指出：“我们要求中国进步，造成一个三民主义、五权宪法的国家，非用群力不可。要用群力，便要合群策群力，大家去奋斗。不可依赖一人一部分，用孤力去做。用孤力做去，所收效果是很小、很慢的。”① 孙中山在逝世前夕所立的政治遗嘱中再次要求：“现在革命尚未成功，凡我同志，务须依照余所著《建国方略》《建国大纲》《三民主义》及《第一次全国代表大会宣言》，继续努力，以求贯彻。”② 可见，三民主义、五权宪法和建国方略的推行是孙中山先生毕生奋斗的目标和理想，这几个方面共同构成了孙中山心目中的“新中国”。

3.2 康有为、梁启超“新中国”构想的发展与变化

中华民国虽然已经建立，但国体和政体却还没有在国人间达成共识。尤其是以康有为、梁启超为代表的立宪派对革命派的共和政体不能完全认同，他们在民国仍然活跃在政治舞台上，不时提出自己对国家的规划和看法，继续着对“新中国”的构想。可是时过境迁，与清末时期相比，他们的构想也发生了很大的变化。

① 中国社会科学院近代史所、广东省社会科学院历史研究室、中山大学历史系孙中山研究室合编：《孙中山全集》第八卷，中华书局 1986 年版，第 571 页。

② 中国社会科学院近代史所、广东省社会科学院历史研究室、中山大学历史系孙中山研究室合编：《孙中山全集》第十一卷，中华书局 1986 年版，第 639～640 页。

3.2.1 康有为的共和“新中国”

革命党推翻清王朝，建立了民主共和国——中华民国，此时共和观念在国内已经形成一定势力，康有为不得不放弃他的君主立宪主张，转而言共和，但他不赞同革命党的总统共和制，而对虚君共和制情有独钟。他在《救亡论》中提出“革命已成有五难中国忧亡说”，即“一、外认难。二、拒外难。三、割据难。四、立主难。五、内讧难”。[①] 他描述了革命后中国民生的惨状和亡国的危险，首次提出了“虚君之共和国说”：“若夫国会提议案，国会改正法，君主皆不能参预，不能否决，惟有受命画诺而已，不类于一留声机乎？凡此政权，一切皆夺，不独万国立宪君主之所无，即共和总统之权，过之远甚，虽有君主，不过虚位虚名而已。实则共和矣，可名曰虚君共和国。”[②]

民国还在筹备阶段时，康有为就开始针对新国家的政体提出自己的意见，他在1911年11月写信给黎元洪、黄兴等人：“闻公等欲师美之共和国，公举总统。……惟兹事体大，中国未尝试行，若少有误，亡国从之。……考美洲各国，自墨西哥也，掘地马来也，位亚基也，秘鲁也，巴拿马也，乌拉乖也，巴拉乖也，三二年间，每易总统，举国争乱，死国民过半。”[③] 康有为认为公举总统一事容易造成混乱，甚而亡国，“国民公举总统之制，只有美国能行之”。[④] 他在信中表达了虚君共和的意愿：“总统与总理大臣之更易，亦与君主之移朝易姓无异。然争总理大臣者，不过两党人以笔墨口舌争之，岁月改易之。行所无事，国人几忘，则与专制世之易相无异；而争总统者，两党列军相当，驱国人

---

① 汤志钧编：《康有为政论集》下册，中华书局1981年，第652页。

② 汤志钧编：《康有为政论集》下册，中华书局1981年，第677页。

③ 康有为著，姜义华、张荣华编校：《康有为全集》（第九集），中国人民大学出版社2007年版，第210页。

④ 康有为著，姜义华、张荣华编校：《康有为全集》（第九集），中国人民大学出版社2007年版，第211页。

之属于党者相杀。每争总统一次，则死国民无算。夫立总统，不过为国民之代理而已，乃为一代理而死国民无算，其害大矣。则反不如有虚君而不乱之为良法也。”① 接着他指出，可以担当新中国共和国虚君的人选非孔子之后人衍圣公莫属，并建议：“今即改国号为中华或中国，而修清史以九月十三以前为清朝，后此为新中国……纪元以黄帝或以孔子，其宣统年号从此不用。”② 最后申明：“窃为今中国大势计，莫善于行虚君共和策，因旧朝而共和之，以安全中国，上策也；尊奉衍圣公以收中国，中策也；不得已而行议长共和，下策。若行总统共和以召乱，是谓无策。”③ 由此可知，康有为赞同革命党在清亡之后实行共和制度，而且认为此前为清朝，此后为“新中国”。但他不认同新中国实行总统共和制，遂极力推崇虚君共和制。

康有为在1911年12月的《共和政体伦》中对几种政体进行了比较和介绍，指出：“夫但以君主论之，则专制与立宪皆有之，岂不相近哉。以民权论之，则立宪与共和实至近，虽有君主，然与专制之政体，实冰炭之相反也。若共和之君主，其虚名为君主虽同，而实体则全为共和。夫凡物各有主体，专制君主以君主为主体，而专制为从体；立宪君主以立宪为主体，而君主为从体；虚君共和，以共和为主体，而虚君为从体。故立宪犹可无君主，而共和不妨有君主。既有此新制，则欧人立宪、共和二政体，不能名定之，只得为定新名曰虚君共和也，此真共和之一新体也。”④ 他曾言：“虚君者，如存一神以保虚尊，如存一庙以保香火，名为皇帝，实不过一冷庙之土偶而已。该仿英日之制以息争

① 康有为著，姜义华、张荣华编校：《康有为全集》（第九集），中国人民大学出版社2007年版，第211页。

② 康有为著，姜义华、张荣华编校：《康有为全集》（第九集），中国人民大学出版社2007年版，第215页。

③ 康有为著，姜义华、张荣华编校：《康有为全集》（第九集），中国人民大学出版社2007年版，第216页。

④ 汤志钧编：《康有为政论集》下册，中华书局1981年版，第690页。

焉。"[1] 这些都说明，康有为提倡虚君共和制的目的是为了平息因争夺总统而爆发的争乱。

民国初年，康有为频频以"新中国"来表达自己对民国的期望。并对这个"新中国"的制度、法律极为关心，1912 年发表了《拟新中国政府议章》，1913 年 3 月还以个人名义发表了《拟中华民国宪法草案》。康有为在《拟新中国政府议章》中再次表明他的虚君共和立场，只是不再提推举衍圣公为新中国虚君之事，转而对清朝皇帝在新中国的地位进行维护，指出将皇帝立为中国大总统，入中华籍，改汉姓，国号改为中华或中国，凡满、蒙、回、藏皆编入民籍，自今往后皆为新中国民。他所拟新中国政府的议章十条如下："第一条，国号改定为中华，或称中国。第二条，年号改用孔子纪年。第三条，皇帝为至高之爵，世袭罔替。第四条，皇帝不可侵犯。第五条，中国政府立行政大首领，名曰大总统。第六条，以世袭之皇帝，世领之体制，视日本古昔天皇，不任政事，不接公使，不临国会，不领海陆军大元帅，惟诏敕领名公布，其皇帝私事不涉国政者，称曰皇帝。其行政结衔曰皇帝领大总统，其有大典礼见公使、百官，由总统带见。第七条，中国政府立行政首领之次曰总统，由国会多数举充之。政府行政兼领海陆军大元帅，诏敕同大总统领名公布，结衔曰总统领大元帅。其有公侯爵任总统者，结衔曰公侯爵领总统，兼领大元帅。其一切体制视美总统。第八条，皇帝誓于国会前，入中华籍，改汉姓，乃得充中华国大总统。第九条，皇帝典礼经费由国会议定，其未议及者，得仍用旧典礼。第十条，有清为朝号，截至今年摄政王退位止。即编清史亦截至今年止。此后国为新中国，皇帝为新入中国籍之新大总统，与清朝无预。"[2] 由此可推断，康有为在民国初创时期，思想渐趋保守，竟然仍认为"皇帝为至高之爵，不可侵

---

① 康文佩：《南海康先生年谱续编》，收自蒋贵麟主编《康南海先生遗著汇刊》（22），台湾宏业书局 1987 年版，第 89 页。

② 康有为著，姜义华、张荣华编校：《康有为全集》（第九集），中国人民大学出版社 2007 年版，第 416 页。

犯”，这与中华民国国民一律平等的思想相违背。

康有为在《拟中华民国宪法草案》中，坦承了中华民国是一个民主共和国的事实，他对西方各立宪国的宪法进行了回顾，指出：“民主共和，无一良宪法也。法国九变，尚未能尽善诚无如何也。今不得已采法之宪法，以犹少得英宪法之意故也，而加损益焉，稍增总统之权或有圣哲，别创新中国共和良宪法，以为万国师，固所望也！……今所起草，遍采各国，本于英，衷于法，亦姑以为宪法云尔。”[①] 康有为在草案中提及了版图、主权、行政、立法、司法、人民等方面，提出主权在国，“其行用主权，由宪法分委之于行政、立法、司法者”，[②] 这明显是借鉴了西方的三权分立。他对大总统的选举作了具体规定：“大总统，由参议院、众议院、地方各议会会合而成之国民议会，以投票过半之最多数选举之，其多数之次者为副总统。”[③] 康有为所拟的宪法草案有一个明显的特点，那就是加大了总统的职权，比如规定“大总统于国会有召集开会、闭会、延会、停会、散会之权”[④]。还规定“大总统有法律起草提案之权，及商修宪法之权，但由国务院以大总统之名，提出于参议院或代议院。凡议会决议之法律，大总统得发还令再议，议会不得拒之。……此用法国制以调和行政、立法之间，然授总统之权过于德、比、意之王矣，与上条停散下院不求上院同意、不定停散次数，虽用法国制，而大增总统之权多矣”。[⑤] 这些暗示了康有为对《临时约法》的不满意，所以要开创“新中国”的共和良法。他拟定的民国宪法草案主要效仿法国，并参考英国，这跟孙中山等人制定的主要效法美国的《临时约法》是不同的。《拟中华民国宪法草案》针对中国古代的典章、

① 康有为著，姜义华、张荣华编校：《康有为全集》（第十集），中国人民大学出版社 2007 年版，第 50 页。

②③ 康有为著，姜义华、张荣华编校：《康有为全集》（第十集），中国人民大学出版社 2007 年版，第 51 页。

④ 康有为著，姜义华、张荣华编校：《康有为全集》（第十集），中国人民大学出版社 2007 年版，第 52 页。

⑤ 康有为著，姜义华、张荣华编校：《康有为全集》（第十集），中国人民大学出版社 2007 年版，第 54 页。

法度规定："凡中华国旧传经义、典章、律例、法规者，未经民国议院特议删改，及核与民主政体不相违背者，一概照行。"康有为对于停废中国数千年经义、典章的做法非常不满，特别对天坛孔庙停祀之事进行了批评，认为："共和以来，新法未定，旧典先废，新道德未立，旧道德先亡；致令举国人民无所适从，手足无措，则惟有猖狂恣睢、纵欲败度、毁伦灭理而已。"① 康有为提出要保留孔庙和天坛祭祀，与他后来支持袁世凯天坛祭祀相承相接。

1917 年 7 月，康有为为溥仪复辟拟写了复辟登极诏，在这份所谓的诏书中，对中华民国几年来的状况大加指责，认为民主共和政体不适合中国，所以要君主复位，指出："袁世凯借托总师，窥窃神器，毒痡四海，危害宗邦，涂炭生民，大削国土，五年三乱，不绝如线。继其后者，府院争权，政不及民，议员扰攘，乱延于国。督军及百官等，以民主政体只能攘乱，不能为治，不适于中国，请朕复正大统，今复即位。"② 他以溥仪的名义宣布复辟后仍行立宪政体，要仿照英国实行君民同治，"然英有君主，实亦共和，英以盛安，比之中南美民主国岁月争乱，过之远矣。朕与吾国民愿用英国君民同治之政。……永削满、汉之名，以除畛域之界，统名中华帝国，以行立宪政体"。③ 这就明确了要改中华民国为中华帝国，改民主共和为君主共和，实行英国的虚君共和制。

上述分析表明，康有为在民国时期对"新中国"的构想主要表现为虚君共和制，他在 1925 年《告国人书》中仍然坚持此主张，指出："吾国袁世凯与南方各省累起兵争总统，若黎元洪、段祺瑞相争，至以战德为名，则以联外交卖国家为实。其后段祺瑞大争大战于湖南，曹仲珊又举兵驱之矣。欧洲列国深鉴于此，然甘立虚君而敬奉之。虚君共和

---

① 康有为著，姜义华、张荣华编校：《康有为全集》（第十集），中国人民大学出版社 2007 年版，第 86 页。

②③ 康有为著，姜义华、张荣华编校：《康有为全集》（第十集），中国人民大学出版社 2007 年版，第 388 页。

之制，见吾所草《不忍》杂志中。虚君不作福，不作威，谓之复制则可，谓之复辟则非也。试问袁、孙、徐之争，黎、冯、段之争，及今者倒曾之争，与欧洲诸虚君国相比，孰为国为民福？孰为国为民祸？虚君与总统之得失，不待辨而自明矣。"[①] 最后仍然表明："吾数十年前著书献策，皆以英之虚君共和为主。……诚以救中国四万万生民，非用英制虚君莫由也。"[②] 可见，虚君共和制贯穿了康有为后期国家理想的整个过程。那么康有为为什么对"土木偶"的"虚君"如此执著呢？一方面应该是因为民国时期民主共和制统治下的混乱使康有为极为失望，于是认为总统制不适合中国，转而提倡虚君共和；另一方面康有为对西方国家政治制度的考察使其坚信虚君共和制可以防止争夺总统、总理引发的暴乱。还有一种观点认为，这源自康有为内心深处强烈的"尊皇"冲动。[③] 此观点有一定道理，但笔者认为不应将其理解为康有为热衷于虚君共和的主要原因。

3.2.2 梁启超"新中国"构想的变化

梁启超在民国成立前也曾表示希望中国实行虚君共和制，他在《新中国建设问题》一文中，对美国和法国的民主共和制进行了分析，联系中国的实际情况，他认为中国不能效仿美国、法国，而对于英国的虚君共和政体，他指出："此虽未敢称为最良之政体，而就现行诸种政体比较之，则圆妙无出其右者矣。"[④] 通过分析，他认为中国要实行共和制，只有虚君共和可以行得通，由此可见，此时梁启超的政治思想和

---

① 康有为著，姜义华、张荣华编校：《康有为全集》（第十一集），中国人民大学出版社2007年版，第404页。

② 康有为著，姜义华、张荣华编校：《康有为全集》（第十一集），中国人民大学出版社2007年版，第405页。

③ 朱忆天：《康有为"虚君共和"论浅析》，载于《湖南师范大学社会科学学报》2011年第2期。

④ 梁启超：《饮冰室合集》文集之二十七，中华书局1989年版，第43页。

对新中国的期望与康有为有着相同的倾向。民国成立后，梁启超的虚君共和制未能实现。1912 年 2 月，他写信给袁世凯，表达了支持袁世凯实行开明专制的想法。梁启超对袁世凯说："今后之中国，非参用开明专制之意，不足以奏整齐严肃之治。夫开明专制与服从舆论，为道若大相反，然在共和国非居服从舆论之名，不能举开明专制之实。以公之明，于此中消息，当已参之极熟，无俟启超词费也。然则欲表面为仆而暗中为主，其道何由？亦曰访集国中有政治常识之人，而好为政治之上获得者礼罗之，以为己党而已。"[①] 梁启超不仅提出了开明专制，还提出了组党的做法，面对民国初建时的政党纷争，梁启超认为要取得主导地位，"惟有利用健全之大党，使为之公正之党争，彼自归于劣败，不足为梗也"。[②] 梁启超此时已经注意到政党的重要性和政党政治的统治要领，即掌握一健全大党，力争在与其他政党竞争中取得优胜地位。

对于政党的看法，梁启超在《中国立国大方针》中表明："欲行完全政党政治，必以国中两大政党对峙为前提。英美之政所以独秀于世界者，凡以此耳。若法若奥则以小党分裂太甚之故，致使内阁一岁数更迭。……故论政党之本性，则两党对峙乃其正轨，而小党分立不过其病症耳。"[③] 梁启超认为，两党制是比较合理的制度，众多小党分立则不利于国家稳定，由此可见政党对于国家的重要性，他还指出："中国建设事业能成与否，惟系于政党，政党能健全发达与否，惟系于少数主持政党之人。"[④]《中国立国大方针》中，梁启超表达了建设一个健全发达的政党的愿望，并与国人共勉。早在 1912 年 2 月给袁世凯的信中，梁氏已经明确了掌握舆论和建设政党的重要性，并建议袁世凯联合旧立宪派和革命党分化出来的分子，组成一个"健全发达之大党"，使同盟会等政党"自归于劣败"。袁世凯自然乐于接受梁启超为其统治所作的设计和帮助，故当梁启超回国后，袁世凯就提出拨款由梁启超筹划组建一

---

①② 李华兴、吴嘉勋编：《梁启超选集》，上海人民出版社 1984 年版，第 612 页。
③ 梁启超：《饮冰室合集》文集之二十八，中华书局 1989 年版，第 73 页。
④ 梁启超：《饮冰室合集》文集之二十八，中华书局 1989 年版，第 75 页。

个同国民党相抗衡的大政党事宜。

梁启超最关注的是当时国内的统一、共和、民主三党。统一党系由以章太炎为首的"中华民国联合会"和以张謇为首的立宪派团体"预备立宪公会"联合组织而成；共和党是以黎元洪为首的民社和统一党为基础，联合几个立宪派团体结合而成；民主党是以汤化龙为首的立宪派团体"共和建设讨论会"为核心，联合孙洪伊为首的共和统一党、国民协会、国民新政社等结合而成。此三党是除国民党以外比较温和的政党，因其主流为立宪派，与梁启超的政治主张比较接近，故梁启超于1912年底至1913年初曾多次在民主党和共和党中演说政党联合的必要性，力促三党联合。1913年5月29日，三党在京举行党员大会，正式宣布合并，改组为进步党，选举黎元洪为理事长，梁启超、汤化龙、张謇等人为理事，党务大权主要掌握在梁启超和汤化龙手中。进步党在前期表现为拥护袁世凯的统治，力图通过袁世凯改良政治，将袁引上宪政轨道。由梁启超起草的《政府大政方针宣言书》（以下简称《宣言书》）规划了改良政治、发展资本主义经济的蓝图。《宣言书》对内政和外交都进行了方针上的设想，认为内治之根本在于解决财政问题，对于整顿财政，梁启超提出："治本之策一曰改正税制。二曰整顿金融。三曰改良国库。"① 在经济方面，他还提出了发展实业和交通等促进资本主义经济的措施。对于资本问题，梁启超认为："我国产业幼稚，故宜采保护主义，我国资本缺乏，故又宜采开放主义。斟酌两者之间，则须就各种产业之性质以为衡。"② 在政治上，主张普及法律意识，"养成法治国家……以司法独立为第一要件"③。这些都体现了梁启超及其代表的进步党对政治和经济所持的进步态度，致力于促进法律的颁布实施和资本经济的繁荣发展。但二次革命后，袁世凯解散国会和国民党，使梁启超等人认识到进步党也面临随时被解散的危险，1915年，袁世凯

① 梁启超：《饮冰室合集》文集之二十九，中华书局1989年版，第114页。
② 梁启超：《饮冰室合集》文集之二十九，中华书局1989年版，第119页。
③ 梁启超：《饮冰室合集》文集之二十九，中华书局1989年版，第121页。

与日本秘密议定“二十一条”也使进步党逐渐对袁世凯政府丧失希望。袁世凯宣布复辟帝制后，进步党人与袁世凯决裂，梁启超发表的《异哉所谓国体问题者》一文，旗帜鲜明地反对袁世凯复辟帝制，宣布讨袁护国。1915年12月，蔡锷在云南宣布独立，护国战争爆发，进步党又联络其他各方面反袁爱国人士，结成护国讨袁的联合战线，最后粉碎了袁世凯复辟帝制的想法，此即成为进步党的历史功绩。1916年8月以后，进步党一分为三，组成以汤化龙为首的宪法研究会、以梁启超为首的宪法研究同志会，以及倾向国民党的孙洪伊为首组成的韬园系。不久，汤、梁两派又合并为宪法研究会，即研究系。

对于民国的政党政治，康有为也曾发文表达了与梁启超相似的观点，1912年6月，康有为在《中华救国论》中指出：“今人人望强力之政府，而非有政党内阁主持之，殆不可得也。”[①] 他同样是希望中国实行两党制，认为“国宜有两政党，而不可多政党，宜有大政党，而不可多小党也”。[②] 康有为认为中国的众多小党应该化合为两大党，主张学习英美的两党制，以奥法的多党制为戒。通过以上分析，我们看到，康梁在政党问题上与孙中山等革命党人持相同的看法，他们在中华民国应该实行两党制上达成了共识。

另外，与孙中山和国民党一样，康梁也多次对“新中国”宪法的颁布和条款进行了构想，前文我们已经对孙中山的五权宪法和康有为拟定的中华民国宪法草案进行了探究。民国元年（1912年），梁启超发表《宪法之三大精神》，对于民国新立宪法提出三条原则，指出立宪者应注意协调三方面冲突：“第一，国权与民权调和。第二，立法权与行政权调和。第三，中央权与地方权调和。”[③] 1913年，梁启超代表进步党也拟定了一份中华民国宪法草案，对国家主权、人民权利和义务、国会、总统进行了规定：“中华民国永远定为统一共和国，其主权以本宪

① 汤志钧编：《康有为政论集》（下册），中华书局1981年版，第721页。
② 汤志钧编：《康有为政论集》（下册），中华书局1981年版，第723页。
③ 梁启超：《饮冰室合集》文集之二十九，中华书局1989年，第95页。

法所定之各机关行之。”[1] 他认为孙中山等人早先议定的《临时约法》规定的主权在民与国家性质不相容，所以认为主权应该在国家。他提议在立法、行政、司法三机关之上设一最高机关总揽主权机构，即国民特会，并规定国民特会由国会两院议员组织而成，平时不设，在特殊时期如“修正宪法时，选举总统时，变更领土时、弹劾执政时”[2] 才开国民特会。国会分两院各自表决，而国民特会合两院共同表决。梁启超拟《宪法草案》规定国会由众议院和参议院组成，“两院各得建议于大总统或国务院，但不被采纳者同一会期中不得再建议。……两院事务官之任免及其分限与普通官吏同”。[3] 对于大总统的职权，梁启超《宪法草案》规定：“大总统经国家顾问院之同意得解散国会两院或一院，但自解散之日起，须于一个月内行总选举于五个月内牒新国会。”[4] “大总统定官制官规及任免官吏，但宪法即其他法律有特别规定者各依其规定。”[5] “大总统不负政治及刑事上之责任，但大逆罪不在此限。”[6] “大总统及国会两院皆得提议改正宪法，但大总统提议须经国家顾问院之同意。提议经国会两院议定即开国民特会议决之。”[7] 从这几条对大总统职权的规定中不难看出梁启超所拟《宪法草案》对总统职权的保护，大总统的权力跟《临时约法》相比增加了许多，比如解散国会、任免官吏、修正宪法等，而对总统权力的限制却微乎其微。

梁启超在是否支持复辟的问题上与其师康有为走上了相反的道路，他在民国初年一直立志于实现立宪，将中华民国建设成一个真正的立宪国，为改良民国政治提出了不少建议，但终因在政治上看不到希望，转而埋头于教育和学术，虽然期间也不时与政府互动，但梁启超已经不把

① 梁启超：《饮冰室合集》文集之三十，中华书局1989年版，第60页。
② 梁启超：《饮冰室合集》文集之三十，中华书局1989年版，第63页。
③ 梁启超：《饮冰室合集》文集之三十，中华书局1989年版，第68~69页。
④ 梁启超：《饮冰室合集》文集之三十，中华书局1989年版，第70页。
⑤ 梁启超：《饮冰室合集》文集之三十，中华书局1989年版，第73页。
⑥ 梁启超：《饮冰室合集》文集之三十，中华书局1989年版，第75页。
⑦ 梁启超：《饮冰室合集》文集之三十，中华书局1989年版，第82页。

政治作为生活的重心。

3.3　向岩的《新中华民国》

1911年12月19日，身在美国的容闳得知中华民国即将成立，写信给这个“新中国”的领导者们：“上天呼唤你们来领导这次了不起的大革命，它已经在短短的期间内，使满清政府不得不跪地求饶。一方面，你们一直为遭受压迫和抑制将近三百年的四亿五千万中国人着想，呼求一个共和国，给他们自由和独立，以作慰藉。现在，你们已经把这些满洲人推翻，不管那些政治骑墙派的言辞可能多么漂亮，好像多么有理，也不能让他们把你们诱离自己本来追求一个共和国的坚定目标。……中国人民正处于自己主权的高峰，他们一直呼吁成立一个共和国，而你们，他们的领导者，也一向支持这个呼声，民声即天声；听从这种声音，你们就对了。”① 他更是托人转告孙中山，一定要回国看看这个新共和国。容闳时刻关注祖国的命运，太平天国时期就希望太平军能改变中国命运，建立一个资产阶级新中国，自立军起义时又一次呼吁建立“新中国”，但均告失败。而武昌起义爆发之后，中华民国的成立终于使容闳“新中国”的梦想变为现实，所以，他写信表示自己的满心鼓舞，也表达了希望中华民国的领导者能坚守共和国的道路，建立一个主权独立和民主共和的“新中国”。

1912年元旦，中华民国临时政府虽在南京成立，宣布了民主共和体制的确立，但革命党推行的三民主义却未能真正实行，特别是民生主义仅停留在纲领上。孙中山曾在演说中指出：“本会之民族主义，为对于外人维持吾国民之独立；民权主义，为排斥少数人垄断政治之弊害；民生主义，则排斥少数资本家，使人民共享生产上之自由。故民生主义

---

① 容闳著，徐凤石、恽铁樵译：《西学东渐记》，新世纪出版社2011年版，第201页。

者，即国家社会主义也。前二者吾同志既已洒几许热血，而获今日之成功，则今后更宜极其心思，尽其能力，以达最后之目的。”① 就在孙中山等人筹划如何实现民生主义之时，民权主义也遭到了破坏，特别是在袁世凯接替孙中山就任大总统之后，刚建立的民主共和国很快就面目全非，假共和之名行专制之实，正如孙中山后来所言：“现在的中华民国，只有一块假招牌，以后应再有一番大革命，才能够做成一个真中华民国”。②

面对中华民国名存实亡的局面，湖北志士向岩曾发文表示，孙中山让位袁世凯是个不明智的决定，并自荐担任民国大总统，还写了一本著作，名曰《新中华民国》，声称将“中华民国”改造成一个真正的民主国家，力行孙中山的三民主义，建立“新中华民国”。向岩 1905 年留学日本学习军事，次年加入同盟会，1911 年在四川积极响应武昌起义，1912 年 2 月孙中山让位于袁世凯，向岩因不满袁世凯的极权统治，曾于 1912 年 12 月以“神州大布衣”的身份发表《自请为公仆之通告书》，自荐担任民国大总统，认为当时的中华民国如“周岁之翁”，袁世凯、黎元洪非中华民国之生母，非爱惜之，亦非真能养之成人，宣称：“若以岩为大总统，亦期之以十年，民国可必富，民国可必强，民国之风俗可必其淳美。岩之发为此言非欣慕大总统之威荣，不过欲聊假斯位以行其素志耳。民国苟已治，岩视弃大总统犹弃敝履也，非敢夸也，自信力然也。岩果身为大总统十年，而不克实践其言，岩之肉甘缕切为全国人食也”。③ 向岩因此遭到袁世凯的通缉和迫害。1913 年，向岩参加讨伐袁世凯的二次革命，任江南陆军第一师参谋长，打败敌军于南京雨花台，是年写出自己的国家构想——《新中华民国》，于德、民、土、财、君以及建都、水利、种树、移民实边、教育等方面多有创

① 中国社会科学院近代史所、广东省社会科学院历史研究室、中山大学历史系孙中山研究室合编：《孙中山全集》第二卷，北京：中华书局，1982 年，第 339 页。

② 中国社会科学院近代史所、广东省社会科学院历史研究室、中山大学历史系孙中山研究室合编：《孙中山全集》第五卷，北京：中华书局，1985 年，第 262 页。

③ 向虎雏编：《向岩纪念集》，湖北人民出版社，2011 年版，第 87 ~ 88 页。

见，被冯天瑜先生称为“民国初年一部奇书”，他的《新中华民国》堪称辛亥义士之“新中国”。向岩在自序中指出：“以欧美日本之法审量中国现时之情势，急切施行绝不足以救危亡，盖我国政治无状，社会不良，至今日已达极点，余寄托兹土惧沦胥以亡也，因日夜忧思于中，寝馈难安，忽思得振兴之策数十条。……书康诰曰作新民，孟子告滕文公曰诗曰周虽旧邦其命维新文王之谓也，子力行之亦以新子之国，今我中华民国诚能潜移默化辟晦昧走风雷则俄变为新天国亦意中事尔，余之书名曰新中华民国者盖有取也。”[①] 向岩的“新中国”是一个综合古今中外治理国家良策的国家图景，强调“民为邦本”和“以德服人”；“行钱币革命”和统一税收；提倡剪发、改革服饰和禁缠足；提倡婚姻自由和一夫一妻制；禁淫乱、禁鸦片、禁赌博；“移民实边”和普及教育；兴修水利、“治水种树”、倡导火葬；培养法政人才和工商业人才、力主迁都南京等，向岩在《新中华民国》书多次提到中国古代的“贤君之德”“孔孟之行”，还用佛教的轮回转世来警戒世人多行善举，他还提到法国、英国、西班牙治理水旱的方法，在教育一篇中提到：“教育为立国根本、振兴之道，不可稍缓。其今日所亟宜振兴者，一曰法政教育，一曰工商教育，一曰中学教育，一曰中小学师范教育，一曰女子教育”，以便“国民多得政法常识” “输进工商新知识，发达工商”“养成师范人才”，他还提倡将四书五经作为课程之一，认为“我中国今日人心坏达极点，非以五经四子书等医之无他良药也”[②]。向岩在《自请为公仆之通告书》中对孙中山及三民主义进行了评价，指出：“孙中山者天祸中国之妖孽乎？抑亦匍匐救丧之神圣乎？倡立民族、民权、民生三大主义为世界潮流所必趋之势，万世不刊之理。然此三大主义，吾国可以同时并行而不及兹力谋并行，倘稍事递演，深恐为民族流血者为民权又须流血，为民生又不知将牺牲几许头颅也，国中数有杀伐之事必迟滞其进步。”并指出“大总统袁项城亦当今人杰也，惜其病根

① 向虎雏编：《向岩纪念集》，湖北人民出版社 2011 年版，第 3 页。
② 向虎雏编：《向岩纪念集》，湖北人民出版社 2011 年版，第 84 ~ 85 页。

在未能大公无我，其目光胆识不能注射全球，开辟万古。孙中山推举其续任十年，吾不敢深信其必能整兴民国”。[①] 总之，他认为民国初年政治和社会都坏到了极点，因此不仅苦心求索救国之策，而且还请求身体力行自荐为大总统，此智慧、勇气皆令人佩服。

继《新中华民国》一文之后，向岩于 1914 年所写的文章《拟首合黄种为一家以为他日合棕白红黑诸种族使全球为一家之准备之模型说》中，表达了“以天下为一家，以中国为一人”的远大理想。他抨击“专制”为世界之魔影，指出：“我国古先帝王如尧舜禹汤文武，其爱民可谓挚矣。降至末世，吾民蒙兹魔影之害者不浅，及袁世凯之身，以名实不符之民国，呼为大总统……所出之令，所行之政，则是不可说。强说之，曰：乱令如粪，杀人如麻而已”。[②] 他认为“中国土性雄厚，族类繁昌”，应“以我立全球之模式，以我为棕白红黑诸种之导师”，与“亚东诸同种国同心同德并为一家，国体混合，重组织一伟大共和国家”，“由共和而跻于大同”[③]。他还提出了清查户口，统一语言文字、风俗服饰、金银钱币等措施，修理桥梁道路，精考农工商业，禁戒无益之奢侈等，并“加练陆海军”，“使……势均力敌，各守疆圉，互相维持，使地球上近十年近数十年或百余年或数百年无战争之事”。[④] 从向岩提出的治理这个大共和国的措施来看，他基本上依据的是《新中华民国》一书，只是这里的理想比先前更加宏大，考虑的范围已经从中国延伸至亚洲东部，但第一步还是建立共和国家，实行民主共和制度。

向岩的“新中国”方案未能明确指出国体、政体的内涵，但他自请为民国大总统、提倡孙中山的三民主义要三者并行等，都表明向岩还没有超越孙中山 1912 年建立南京中华民国的框架，只是对当时的政治、

① 向虎雏编：《向岩纪念集》，湖北人民出版社 2011 年版，第 87 ~ 88 页。
② 向虎雏编：《向岩纪念集》，湖北人民出版社 2011 年版，第 92 页。
③ 向虎雏编：《向岩纪念集》，湖北人民出版社 2011 年版，第 92 ~ 93 页。
④ 向虎雏编：《向岩纪念集》，湖北人民出版社 2011 年版，第 94 页。

社会现状极为失望，提出一系列改救措施，立志建立一个新中华民国。向岩先生的“新中国”构想虽以流产而告终，但是却体现了民国初年知识分子的“新中国”构想，即重建中华民国，摧毁专制残余，建设一个真中华民国，并且有针对性地提出了政治、经济、文化、教育等一系列建设“新中国”的措施。

3.4 小　　结

从晚清到民国，国人对“新中国”的构想不断地发展和深化，从一个模糊的国家概念，到对“新中国”政体和国体的讨论，再到思考如何实践“新中国”，最后是具体的政治经济文化方针以及“新中国”政党建设和国家领导人的问题，“新中国”已经从少数人的简单构想发展为国人普遍使用的流行话语，到了民国以后几乎成了举国上下耳熟能详的共同追求和理想。民国建立前后的一篇短篇小说《客窗闲谈》反映了“新中国”在当时的流行程度：“耄者首肯曰：喂！二十世纪之新中国。狂者首肯曰：嗄！黄帝纪年四千六百零九年之新中国。……一转瞬间，耄者与狂者，形影俱沓，斗室仍空空如也。由是通国之同胞，大声疾呼曰：新中国！新中国！口言新中国，耳闻新中国，时时言新中国，日日言新中国。新中国之名词，三尺孩童皆知之。”① 文章中指出，无论是老年人，还是青年人，都在高呼“新中国”，口言“新中国”，耳闻“新中国”，一时间，全国上下连三尺孩童都知道了“新中国”这一名词，“新中国”的受欢迎程度由此可见一斑。1912 年以后，以孙中山为代表的革命党人对“新中国”这一名词的使用主要是以建立“新中华民国”为目标，以三民主义、五权宪法为宗旨，比如向岩所著的《新中华民国》。康有为、梁启超也发表了以“新中国”为名的文章，

① 嘉定二我：《短篇小说客窗闲谈》，载于《申报》1911 年 11 月 24 日，第一万三千九百三十六号（上海版），第 26 版。

在民国时期继续着对现代国家的构想，如康有为的《拟新中国政府议章》，梁启超的《新中国建设问题》等。“新中国”话语的使用越来越普遍和流行，国人对“新中国”构想的内涵也在发生变化和调整，“共和”体制成为基本的前提。“新中国”这个词本身就含有新旧交替、进化更迭的内涵，建设“新中国”绝不可能是一蹴而就的，而只能是一个漫长的社会发展过程。相对于清王朝来说，辛亥革命中创建的中华民国就是新中国，而清王朝是旧中国。民国时期的社会状况仍然令人担忧，中国在很大的程度上还是旧中国，所以国人在知识分子们的引领之下继续为创建“新中国”而奔走呼号。通过本书的研究，我们得知，每个历史时期的转折点都只是创建“新中国”的新起点，“新中国”是一个没有终点的前进目标和方向，它必将引领一代又一代中国人为之不断奋斗。

新文化思潮与“新中国”话语的丰富

新文化运动时期，中国社会状况发生了极大变化，在以“新”为贵的指导之下，新思想、新理论、新道德得到广泛传播，这也是新文化运动之“新”的根本所在。新文化运动虽发生在1915～1919年前后，但它的影响却波及整个20世纪20～30年代，形成了一场新文化思潮，在此时期，整个民国社会都以“新”为贵，知识界的表现尤为突出。在新文化思潮影响下，各行各业都在追求新的发展，这些新的发展面貌体现了当时的知识分子们在所属领域对“新中国”的构想和期望。“新中国”话语的内涵也越来越丰富和具体，对“新中国”话语的使用也扩展到报刊界和政党界等领域，比如《新中国》杂志的创刊和“新中国党”的成立。

4.1 教育界和思想界的“新中国”

民国初建，《申报》上有一篇《对于各界之新希望》的文章，表达了对新国家和社会各界之新希望：“光阴荏苒，忽忽已从旧历辛亥之残腊而为壬子之新年……而壬子岁首为中华民国之发轫，亦为五大族共和政体之发轫，从此炎黄宇宙整顿一新，我东亚大陆国将与欧美列强驰驱世界竞争之舞台矣，虽然破坏不易，建设尤难，欲发扬蹈厉我新中国，端赖我当道之新人物与四百兆之新国民，群策群力，共扶大局。”[①] 这篇文章体现了民国初年的主基调，体现了新旧更替在进入民国以后成为大势所趋。民国初年，各行各业竞相求“新”，一时间，“新”风盛行。特别是在新文化运动的影响之下，新教育、新思想、新生活甚至一些新的国家构想层出不穷。知识分子们通过办报纸、兴教育、写文章等手段继续将“新中国”构想推向更高处。

4.1.1 新教育与“新中国”

1919 年蒋梦麟等人创设《新教育》杂志，在第一卷第一期上明确指出发刊旨意：“同人等察国内之情形、世界之大势，深信民国八年实为新时代之新纪元。而欲求此新时代之发达，教育其基本也。爰集国中五大教育机关，组织新教育共进社，编辑丛书、月刊，盖欲在此新时代中，发健全进化之言论，播正当确凿之学说。当此世界鼎沸思想革命之际，欲使国民知世界之大势，共同进行，一洗向日泄泄沓沓之习惯。以教育为方法，养成健全之个人，使国人能思、能言、能行、能担重大之责任。创造进化的社会，使国人能发达自由之精神，享受平等之机会。俾平民主义在亚东放奇光异彩，永久照耀世界而无疆。”[②]《新教育》杂志提倡的“养成健全之个人，创造进化的社会”的宗旨，正是要教育新青年、培养新国民、创造新社会。这个“新教育”与陈独秀等人的真教育具有一样的出发点和目的，他们是要通过新教育培养具有新思想的新国民，引领人们形成独立健全的人格，从而建立具有进化精神的社会和国家。这不能不说是知识分子“新中国”构想在教育界的反映和体现。

---

① 《对于各界之新希望》，载于《申报》1912 年 2 月 23 日，第一万四千零九号（上海版），第一版。

② 《本月刊倡设之用意》，载于《新教育》1919 年第 1 卷第 1 期，第 1 页。

《新教育》在改良教育方面提出了很多建议，并介绍了西方各国的教育政策，从中梳理出可资借鉴的内容。著名的教育家、思想家陶行知是《新教育》的发起者之一，他曾在《新教育》发文提倡在教育界推广试验主义，并热衷于推行平民教育和生活教育。在《试验主义与新教育》一文中，陶行知批评了几种不可取的教育方法，如依赖天工、沿袭陈法、率任己意、仪型他国、偶尔尝试等态度。陶行知指出："说文新，取木也。木有取去复萌之力，故新有层出不已之义。新教育与旧教育之分其在兹乎。夫教育之真理无穷，能发明之则常新，不能发明之则常旧。"① 这里，陶行知解释了"新教育"与旧教育的本质区别，他所言的"新"有层出不已之义，也就意味着"新教育"是需要不断发明创造的，而验证其发明是否可行的重要方法就是试验方法。所以他声称："试验者，发明之利器也。试验虽未必皆有发明，然发明必资乎试验。……然近二百年来教育界之进步，皆由试验而来。"② 陶行知先生呼吁大家在了解西方教育方法的同时，要根据中国国情加以改进，然后将其试验于中国本土，从而发明创造出一种适合中国的新教育。陶行知提倡教育对于普通民众都是平等的，希望教育能在中国的广大乡村得到普及，为此，他进行了各种实践。陶行知曾提出了"生活即教育""社会即学校""教学做合一"等教育理论，并于1923年与晏阳初等人发起成立中华平民教育促进会总会，在各地创办平民识字读书会和平民学校，推动平民教育运动。1926年陶行知发表了《中华教育改进社改造全国乡村教育宣言》，1927年创办了南京晓庄试验乡村师范学校，设想以教育为主要手段来改善人民的生活。陶行知在"新教育"方面的所作所为是希望通过革新中国的旧教育来建设一个"新中国"。

近代教育家姜琦在《新教育》杂志上发文，他通过《何谓新教育?》一文，指出了新教育之真义："今之所谓新教育者，亦多端矣。曰练习主义之教育，曰试验主义之教育，曰实用主义之教育，曰勤劳主

① 陶行知:《试验主义与新教育》，载于《新教育》1919年第1卷第1期，第11页。

② 陶行知:《试验主义与新教育》，载于《新教育》1919年第1卷第1期，第11~12页。

义之教育，曰人格主义之教育，曰新理想主义之教育，曰自学辅导主义之教育，曰杜威主义之教育……诚令人昏迷颠倒，莫如所适从也。”①他认为中国最应该实行的新教育应符合两条原则：“其一曰，新教育者，适应新时代要求之教育也。进一步言，即创造新时代之教育也。……故今之［德谟克拉西］的教育当使被教育者于自由平等之外，更养成以一种自立自主博爱互助之能力也。……其二曰。新教育者，包含一切新主义之教育也。若偏执一种主义以为标准，只可称曰某某主义之教育，仅占新教育之一部分，不能概括新教育之全体也。本社所提倡之新教育，苟认为有利益于人类社会之进化与幸福者，不问其属何种主义，无不采取。非然者，无不排斥。非若吾国近时之学派政党，妄立门户，拘墟自封，入主出奴，互相掊击。”② 他指出了当时新教育的主旨与新文化运动提倡的民主、科学等内容一脉相承，反映了当时的时代特征。此外，他还提出了研究新教育应具备的条件，即介绍、批评和发明。对于西方的教育方法和理论，在介绍的基础上应进行合理的评判，发明创造出适合中国自己的教育方式；在对待旧教育的态度上，也不是要全盘摒弃，而是发展和改造。

蒋梦麟在《教育究竟做什么》一文中，提出了平民主义盛行的国际背景，西方各个国家都在努力普及教育，“法国近来亦议推广教育，拟以二十岁为强迫教育终期。美国全国教育会议决案，亦急急以改良师资发达平民之才智与道德为要图。……平民之发达，国家之基础”。③所以他认为20世纪的世界是平民主义的世界，二十世纪教育的目的就是“教人人做一个好平民，使个个平民做堂堂的一个人”。④ 蒋梦麟提出的方法是根据每个人的不同特性施行不同的教育方法，切忌将一个个人都变成了机器。至于新教育的目的究竟是为了个人还是为了社会，蔡

① 姜琦：《何谓新教育?》，载于《新教育》1919年第1卷第4期，第358页。

② 姜琦：《何谓新教育?》，载于《新教育》1919年第1卷第4期，第358～359页。

③ 蒋梦麟：《教育究竟做什么》，载于《新教育》1919年第1卷第1期，第7页。

④ 蒋梦麟：《教育究竟做什么》，载于《新教育》1919年第1卷第1期，第8页。

元培先生指出："教育家之任务，在发见一种方法能使国民内包的个性发达，同时外延的社会与国家之共同性发达而已。……惟此二性质具备者方得谓此后国家所需要之完全国民也。"[①] 也就是说，一方面保存个人的个性，另一方面培养其具备共同的社会性。"新教育"不仅在教育方法和教育目的上进行了革新，他们还致力于改革学制。此外，在教育内容上也发生了很多新的变化，比如有专门的农业教育、职业教育、童子军教育等。黄炎培曾经为职业教育在中国的推广作出了很大的贡献，他于 1917 年联合蔡元培、梁启超、张謇、宋汉章等人士在上海创办了中华职业教育社。中华职业教育社创立了符合中国社会实际的职业教育理论体系，并开展一系列职业教育实践，开创了我国近现代职业教育的先河。中华职业教育社以倡导、研究和推行职业教育，改革脱离生产劳动、脱离社会生活的传统教育为职志，以"谋个性之发展，为个人谋生之准备，为个人服务社会之准备，为国家及世界增进生产力之准备"[②] 为目的。在黄炎培等人的影响之下，全国各地都陆续建立起了职业学校，培养了众多专门性的职业人才。正如黄炎培在 1922 年所言："职业教育，已成为全（社会）共同注重之一点。集全国之心思材力以赴之，后此发展，国家经济问题，将因此得一透彻之解决。"[③] 黄炎培道出了兴办职业教育的初衷，即一方面解决个人的就业问题，另一方面希望能帮助改善社会生产力，从而改善中国的经济落后问题。这不能不说是知识分子的"新中国"构想在经济和教育方面的反映。通过上面的分析，我们看到，无论是陶行知和蒋梦麟的平民主义教育，还是蔡元培的社会和个人相结合的教育，又或者是黄炎培的职业教育，他们都是通过创办"新教育"的方式来实现他们对"新中国"的构想。

我们还应该注意到，他们虽然主要活跃在教育界，但也时刻关注国

---

① 蔡元培：《教育之对待的发展》，载于《新教育》1919 年第 1 卷第 1 期，第 10 页。

② 周洪宇总主编，赵厚勰、刘训华主编：《中国教育活动通史》第 7 卷，山东教育出版社 2017 年版，第 617 页。

③ 黄炎培：《民国十年之职业教育》，载于《新教育》1922 年第 4 卷第 2 期，第 233 页。

家政治的命运。《新教育》也刊登一些国人关切的时事政治和国际大事，比如，1919年第5期的《巴黎和会中日两国之交涉》对中国政治命运的走向极为关心，希望中国能够顺利收回德国在山东的特权和殖民地，反对日本提出的占据胶州湾等特权，《新教育》表达了要求中国政府维护国家独立的愿望，希望“新中国”是一个领土完整和主权独立的国家。1928年，国立清华大学条例中第一条就明确了“国立清华大学根据中华民国教育宗旨，以求中华民族在学术上之独立发展，而成建设新中国之使命为宗旨。”这体现了清华大学的学校教育以建设“新中国”为宗旨，表明“新中国”话语已经在著名高校中使用。这则史料也说明，陈独秀、蔡元培、蒋梦麟等人呼吁以新教育建设“新中国”的思想得到了响应和落实。

4.1.2 新思想与“新中国”

北洋军阀统治时期，中华民国已经形同虚设，民主政体遭到破坏，军阀专政，政治混乱，人民生活困苦。在军阀争相夺权的境况下，国家面临专制和倒退，旧思想和旧制度重新抬头。知识分子们对此极为担忧，他们渴望新的思想、新的国家，于是，改造民国、建立一个新中国成为爱国知识分子的共同追求。新文化运动背景之下，知识分子们为传播科学和民主、为传播新思想和新道德，创办了众多报刊，而且多以“新”字打头，如《新青年》《新潮》《新中国》《新湖南》《新路》《新月》《新国家》等，体现了知识分子将其“新中国”构想诉诸报端的新特点。

新文化运动时期，一些新成立的报刊致力于对新思想、新道德、新文化的宣传和介绍，这些报刊以传播新思想为宗旨。《新青年》杂志提倡“将国民脑子里所有反对共和的旧思想一一洗刷干净”[1]，使青年们

---

① 陈独秀：《旧思想与国体问题》，载于任建树主编：《陈独秀著作选编》，上海人民出版社2009年版，第334页。

去除“数千年污浊思想，而发生一种高尚纯洁适于世界二十世纪进化潮流之思想，然后吾国前途之新国民乃能崭然露头角于新世界，而有以竞存而图强”。[①] 这就表明了知识分子对旧思想的厌恶和排斥，对新思想和新世界的向往和追求。他们提出的实现途径是以新学说介绍新思想，以新思想营造新国民，以新国民建设“新中国”。《新潮》杂志在发刊旨趣书中指出：“今日之大学固来日中国一切新学术之策源地，而大学之思潮未必不可普遍国中、影响无量。……一则以吾校真精神喻于国人，二则为将来之真学者鼓动兴趣。同人等深惭不能自致于真学者之列，特发愿为人作前驱而已，名曰［新潮］，其义可知也。”[②] 顾名思义，“新潮”指新的思想潮流，此杂志就是要督促中国社会跟上时代的最新动向，真正造成一个“新中国”。

许多知识分子发文表达对于“新思想”和“新生活”的向往，呼吁青年们创造一种新的生活，希望国家形成一种新的气象。

孙几伊在《新中国》报上针对新旧思想进行了专门论述，他从社会进化的角度论证“进化”和“与时俱进”的必要性，言辞中透露出对“新思想”的向往和期望。他指出：“人类在万物中是有思想的，所以他能组织社会；人类的思想是进化的，所以人类的社会也是进化的。人类思想的进化本来一时代有一时代的学说，学说便是思想的表现，也很可以说出他进化的程序。……社会的进化与思想进化是正比例。”[③] 他接着分析了人类从远古时代在野地里生存进化到组织现今政治社会，从在山洞里吃住进化到现今住高楼房屋、食美味佳肴的历史发展，然后说明了“社会是随着时代的变迁一步一步的进化。那能适应时代的便是进化，那不能适应时代的便是不进化或退化，社会如是，思想亦如是，现在的中国无论是社会还是思想，只怕都是在不进化之列，要知道人类中能进化的便一天一天的发展，不能进化或退化的便一天一天的衰

① 《来信》，载于《新青年》1917 年第 3 卷第 1 号，人民出版社 1954 年影印版，第 20 页。
② 《新潮发刊旨趣书》，载于《新潮》1919 年第 1 卷第 1 号，第 1 页。
③ 孙几伊：《论新旧思想》，载于《新中国》杂志 1919 年第 1 卷第 1 期，第 39 页。

退甚而至于灭亡”。[①] 他的观点很明确，进化是社会发展的必然，趋“新”也是社会发展的必然。只有发展适应时代要求的“新思想”，才能推动社会的进化，中国要先有进化的新思想，才能有发展进步的“新中国”，否则也难逃灭亡的悲剧。

报刊界对新思想的传播几乎形成一种新思潮。《新月》杂志取名“新月”，就是因为它代表着新的希望，《〈新月〉的态度》一文中将当时的思想界比喻成一个大市场，“开满了店铺，挂满了旗帜，贴满了广告”，是一个新思想层出的年代。文中指出，由于思想言论的自由，这些思想都占有一席之地，但是“我们不能不说这里面有很多是与我们所标举的两大原则——健康与尊严——不相容的”。[②] 也就是说，当时的所谓新思想中，有益的和有害的共同存在，所以，《新月》杂志认为需要到“这嘈杂的市场上做一番审查和整理的工作”[③]，希望创造出一种保障人们健康和尊严的新思想，不仅符合身体的健康，更要能保障心理的和人格的健康和尊严。报刊界对新思想的倡导可以说丰富了“新中国”话语，体现了国人对“新中国”在思想文化领域的种种期望。

4.1.3 新生活与“新中国”

新文化运动影响下，除了一些宣传新教育和新思想的报刊如雨后春笋般竞相面世之外，还有一些报刊是从日常生活着手，致力于改造人们的生活方式和处事准则，培养新的卫生习惯和新的道德风尚。这主要体现在地方性的刊物中，比如《新湖南》杂志。《新湖南》杂志是中国长沙湘雅医学专门学校学生会创办的周刊，于 1919 年 6 月 15 日创刊，其前身是《救国周刊》。1919 年改名后的发刊旨趣分析了中国衰败的原因，其中很重要的是国人思想之陈旧和国人之恶根劣性太深。《新湖南

---

① 孙几伊：《论新旧思想》，载于《新中国》1919 年第 1 卷第 1 期，第 39 ~ 40 页。
② 《〈新月〉的态度》，载于《新月》1928 年第 1 卷第 1 期，第 5 ~ 6 页。
③ 《〈新月〉的态度》，载于《新月》1928 年第 1 卷第 1 期，第 8 页。

发刊旨趣书》中还明确指出："三纲之义与夫历代所传忠孝节烈诸端乃专制时代之旧道德非共和时代之新道德，此种心理一日不去，则复辟之恶根永不能铲除，提倡新道德使国人知所取从，本志之宗旨一。……改造家族制度，本志之宗旨二。……提倡男女平权、生活独立，本志之宗旨三。……提倡分工，使人知坐食分利之人为可耻而亟谋所以自尊自立，本志之宗旨四。……提倡平民教育，本志所抱之宗旨五。……灌输卫生常识以谋增进人类之幸福减少人类之痛苦，本志之宗旨六。"① 由此看来，《新湖南》杂志是以提倡新道德新风气为己任，希望通过杂志社同仁的呼吁和倡导逐渐摒弃迂腐陈旧的道德和思想，希望国人能够形成一种新的生活气象。

除了《新湖南》杂志以外，在其前后或同时创办的《新国民》杂志、《群言》杂志、《新生活》杂志、《新生活周刊》《妇女新生活月刊》等都以改善和革新国民社会和生活为出发点。1917 年的《新国民》杂志也是基于此宗旨，其刊发的《新国民与新生活》一文从革新国民日常生活和精神心理的角度，督促国民形成一种新的生活状态。该文阐述了个人与国家的关系，阐述了新国民与新生活的状态，认为："所谓国，即自己共同精神之表现，其爱国之活动，即保全发展其共同精神。"② 这就是新生活下的爱国，而"新生活既以国家为共同精神之表现，则凡所谓国家者，其性质宜无不同也，而何以国体有君主民主之别，政体有专制立宪之分。曰国家姓朱虽无不同，而形式则不能尽同也。……心意之生活因能力之发现与劳作之成功呈种种之形式，是国体政体之不同者，即能力之发现与劳作之成功之结果也"③。文章认为因国家是人们共同精神的体现，人们的职业独立和平等是国家独立平等的基础，所以只有养成劳作能力和心意精神先进的新国民，才能创造一种新生活，从而建成先进发达的"新中国"。

---

① 苏闰坡：《发刊旨趣书》，载于《新湖南》1919 年第 1 卷第 1 期，第 3 ~ 4 页。
② 渊渊：《新国民与新生活》（续），载于《新国民》1917 年第 2 期，第 7 页。
③ 渊渊：《新国民与新生活》（续），载于《新国民》1917 年第 2 期，第 8 页。

1920年创刊于广州的《群言》杂志也以改造社会问题为新宗旨，《本志的新生活》明确：“（一）传播新思潮。（二）研究社会的改造问题。这两件事，便是本志言论的新宗旨”[①]。文章进一步指出了传播新思潮和改造社会的原因：“第一件事是因近日世界的潮，进步非常迅速，我们想在文化上和欧美并驾齐驱，理应把现代思潮说给大众知道。第二件是因我们现在的生活，缺憾的地方太多，想要享一点人生真正的幸福，必要另造一个新世界。另造新世界，当然要以新思潮为根据。”[②]要改造人们的生活和社会，就要改造人们的陈旧观念，《群言》杂志刊登了许多改造腐朽观念的文章，比如关于女子解放和打破家庭专制问题，指出：“女子解放，就是把女子不合理的束缚，不平等的压力除去，把女子固有的人格、天赋的自由恢复，还他一个［人］的生活，好与男子们立在同一的水平进化线。”[③] 对于家庭专制，该杂志提出，“家庭专制，是从旧伦理、不合理的婚姻制度带来的，我们想做解放的事业，打破家庭的专制，就不可不有彻底的觉悟和彻底的改革。彻底的觉悟、彻底的改革，就是婚姻的革命”。[④] 对于新型的婚姻，建议要满足几种条件：“（一）用高尚清洁的爱情做基础。（二）要尊重个性。（三）两性绝对自由。（四）绝对一夫一妻。（五）贞操应双方共同遵守”。[⑤] 这些内容表达了作者对新生活的构想，特别是对婚姻生活的期望。由此可见，改造旧的受家庭束缚的婚姻制度，建立新的、自由的、幸福的婚姻制度是知识分子对“新中国”构想的一个重要方面。

还有一种致力于改造卫生习惯、传播医学常识的刊物，比如创刊于1919年的《通俗医事月刊》，专门以普及医学常识为宗旨。该刊物刊登了诸多关于个人卫生和公共卫生的知识，甚至包括饮食要怎么更健康合理、日常作息应该怎样安排等。比如对公共电话的卫生问题，提议

---

①② 《本志的新生活》，载于《群言》1920年第1卷第1期，第1页。

③ 陈克文：《女子解放与婚姻问题》，载于《群言》1920年第1卷第1期，第20页。

④ 陈克文：《女子解放与婚姻问题》，载于《群言》1920年第1卷第1期，第23页。

⑤ 陈克文：《女子解放与婚姻问题》，载于《群言》1920年第1卷第1期，第22页。

“各处安置电话的，用些消毒药水将那个受话器常常拭拭，以尊重公众的卫生”①；在个人卫生方面，需要注意“住所卫生，住的地方要宽敞明亮”“病毒卫生，保守清洁是却病的良法”“衣服卫生，衣服不求美观，只要保住体温便于操作就好了”② 等。

《新生活》杂志是要把新文化运动的影响扩大到民间去，做文化普及工作，提倡反封建的改革和宣传反帝爱国的思想。该刊所指的“新生活”首先是帮助国民树立新的人生观，反对专制和封建，提倡“民主”与“科学”，其次是帮助国民争取改良自己的生活。刊中文章文字通俗、简短，普通民众容易理解和接受。比如所刊发的《言论自由的理论基础》《全国风行的纳妾运动》《恋爱的沙漠》等文章对旧社会的封建、迂腐进行了批判，对民主、自由、新型婚姻制度和恋爱自主理念进行了介绍和宣传，这些都是传播新观念、培养新习惯、打造新生活的具体表现，这也是知识分子们对“新中国”的社会生活状态的期望和构想。

《新青年》《新潮》《新月》《新湖南》等报刊都以传播新思想为宗旨，这体现了知识分子们以新报刊为阵地，将自己的“新中国”构想见诸笔端，通过传达新思想，创造新社会，从而建设一个“新中国”。

4.2 《新中国》杂志与“新中国党”人

“新中国”的提法和构想最初是由知识分子提出的，后经过政党的宣传以及教育界和报刊界的传播，青年学生和普通民众也投身到“新中国”的建设中，用自己的亲身实践表达对“新中国”的期望。“新中国”话语在知识分子中已经耳熟能详，一批有识之士直接以此作为报刊的名称，创办了《新中国》杂志；还有一些青年以此为名，成立新中国党。

---

① 震：《电话和公众卫生》，载于《通俗医事月刊》1919 年第 1 期，第 40 页。

② 震：《电话和公众卫生》，载于《通俗医事月刊》1919 年第 1 期，第 40 ~ 41 页。

4.2.1 《新中国》杂志与“新中国”

1916年6月,《申报》刊登了一则美国游学士徐可升在寰球中国学生会夜校的演说词,其演说题为今日中国之新希望,演词略谓:“六月七日黎大总统正式受任,各处升旗庆祝,中外欢腾,气象为之一变,回忆七日以前之时局,能无今日之感乎,此新气象谓之新希望之起点亦无不可。惟愿此新气象永久成立而不堕,落实为万幸,从前蠹国病民之政策革除唯恐不尽,建设此后之新中国进行不容稍缓。”① 此篇演说词是在袁世凯复辟帝制失败以后,黎元洪上任总统之时,表达了国人对改造民国寄予的新希望,希望国家政治的变动能带动整个社会形成一种新气象,尤其是封建残余的帝制思想和迂腐懦弱的病民意识能够彻底革除,将整个民国建设成一个真正的新中国。黎元洪上台后宣布恢复《临时约法》和国会,知识分子们获得了与以前相比较宽松的新环境,但是北洋军阀仍然把持政权,知识分子在此背景之下,继续思索改造民国的方法和途径,创刊、发文表达自己理想中的“新中国”。引人关注的是,一批知识分子直接以“新中国”为名创办的《新中国》杂志,尤为明显地表达他们对“新中国”的构想。

《新中国》杂志之前还有一个《新中华》杂志。《新中华》杂志是由上海新中华杂志社于1915年创刊,在第一期中公布了杂志特色:“特色一,本杂志专研究立国大计及一切制度政策何者为最适宜,不涉一党偏私之见不为一时苟且之谋。特色二,本杂志绍述世界最新之学说最有力之政论以为吾国政治前途之借镜。”② 由此,新中华之“新”是要求一国政治之新,从该杂志的文章如《联邦立国论》《吾国省之价值与国家的组织》《吾人对于国体变更必要之注意》《国法上总统继任之解释》

① 《寰球学生会夜校演说纪》,载于《申报》1916年6月18日,第一万五千五百七十号(上海版),第十一版。

② 《本杂志之特色》,载于《新中华》1915年第1卷第1期,卷首页。

《具体的联邦论》等可以看出，该杂志要求国家进行根本的改变，彻底舍弃当时的假民主、假共和，对于当时的新政府旧制度进行揭露和批判，呼吁实行法治和国体的新变革。《新中华》杂志与梁任公主撰的《大中华》杂志并存，它对梁任公的很多主张提出质疑，比如《国体问题与任公》一文对君主立宪和虚君共和进行了批判。《大中华》杂志是中华书局出版，取名“大中华”意曰中华书局之中华，是为了提高中华书局的知名度[①]，《大中华》主要以发表梁启超的文章作为宣传手段，另外还发表各国的译著。《新中华》主张民国彻底改变国体，实行美国的联邦制，许多知识分子在《新中华》发文表达中国适合走联邦制的观点，所以以《新中华》为载体的知识分子们希望建立一个联邦制的“新中国”。遗憾的是，《大中华》和《新中华》都仅仅存在两年便告停刊。继《新中华》之后，1919 年《新中国》杂志创刊，《发刊辞》中即指出：“旧之过去者也……新之方来者也……死生新旧之循环往复固一出于自然之作用也。”呼吁人人“唯其新不唯其旧”，“以新思想为造新政治、为造新道德、为造新学术之前提，试循因以求其果，则灿烂光明之新中国且不期而涌现乎大地之上。……人人以造新中国自任，是则攸赖乎并世之先知先觉，而卧同人所愿执鞭召弩为之前驰者也。”[②]《发刊辞》点明了《新中国》杂志的宗旨，即呼吁国人为造新政治、新道德、新学术而努力，号召国人以造“新中国”为己任。

《新中国》杂志 1919 年第 1 卷第 1 期上刊登了一篇署名赤野的文章——《新中国之立足地》，作者提出欲使国家独立，必先人民独立自存的观点，文章讨论了中国国内各种职业的人将如何谋求立足之地的问题。文章开篇先分析了民国成立八年来备受灾难的历史状况，即“内有屡次革命风潮，外受极大战争之影响”，作者认为，若“人人失其立足之地，则生计日蹙，绝无余力以谋建设，而国家亦遂无所恃以自

① 陈江：《从〈大中华〉到〈新中华〉——漫谈中华书局的两本杂志》，载于《编辑月刊》1994 年第 2 期。

② 李髯：《发刊辞》，载于《新中国》1919 年第 1 卷第 1 期，第 1 ~3 页。

存”，故新中国之立足地在于国人皆有其立足地也。文章对政治家、法律家、教育家、实业家等怎样尽职尽责谋求其立足之地提出了自己的建议，认为政治家应该摒弃“依附权势、朝秦暮楚”的可耻行为，应“共趋于法治之途，以法权统治为依归”，指出“使政治家以国家巩固为生活，而国家方得赖政治家以立足也”。针对法律家，作者分析了当前国家法律方面的现状，即“法官以把持为能，法官律师相仇视，东洋派与西洋派相抵触，既无学会为研求，复无杂志相发明”，以致于宪法未成、刑律残缺。作者指出，“我国宜及时注意各项人才，遴派优秀益事研求，国内多设法学会社究心宪法，乘此世界更改宪法之际，我国益审慎于脱稿之先”，否则“国内有数之法律家且将无所恃以助法治之进行，而泱泱世界将以何地为新中国立足之所耶”。[①] 作者认为，以上所述皆为“我国民中之优秀分子而亦赖以建设新中国者也”，只有他们都各怀生存竞争观念，就其分内素习之事而求立足之地，新中国才得以自存。这显然是要求国家给予个人充分的发展自由，要求国人能够摒弃依附强权的奴性，独立公正地为新中国建设献计献策，特别是法律家、政治家、教育家、实业家，他们能否独立自主，客观公正地提出新方案，关系着“新中国”能否真正得以立足。这是知识分子对如何能够实现“新中国”提出的自己的观点。

《新中国》杂志刊文提出了救国问题的根本解决之道，即推行文化运动。该杂志作者发文指出中国几十年来的救国运动都没有找到对症的方法，中国之所以如此不健全，根本原因是中国人民的民族国家观念淡薄，要想从根本上救国，必须实行社会改造，而社会改造的工具就是文化运动。[②] 作者认为，通过实行文化运动可以改进民众的心理状态，使民众知国家、知民族、知自身与国家的关系，从而能够使社会道德、监督和舆论真正发挥作用，使人民真正担当起救国的责任。作者以当时民众“叫老爷”“跪老爷”的举动为例，指出民众若认为这是应尽的义

① 赤野：《新中国之立足地》，载于《新中国》1919 年第 1 卷第 1 期，第 5 ~9 页。
② 吴载盛：《救国问题的根本解决》，载于《新中国》1920 年第 2 卷第 1 期，第 106 页。

务，这如何有良好的社会？如何有良好的政府和官僚？“中国政界的空气不更换，永没有好官僚。中国社会的逻辑不改造，永没有好政府。更换空气的机械就是文化运动，改造社会的工具就是文化运动。政府或官僚的［发动力］往往逸出轨道，是没有人民［对抗力］的缘故。良好官僚和政府之产出，为发动力和对抗力相持之结果。文化运动就所以养成人民这种抵抗力。……没有这种合法的反对，在政治上就失掉自由的担保。文化运动盖所以养成人民这种反对，而为政治上自由的担保。换句话来说，使人民自动自决，自身觉悟，服从自己所信仰的真理，是仗着文化运动。”① 作者指出，“文化运动去改造社会，为救国问题的根本解决”。除此之外，“爱国储金没有用，抵制外货没有用，更换官僚是换汤不换药，推翻政府，重新组织也是二五等一十”。② 这是通过提高民众的国民素养，改造社会政治环境，实行文化运动的方式来建设一个“新中国”。

《新中国》杂志中还有人认为中华民国实为中华官国，官僚和军阀把持国家和地方一切权力，以至于国家与人民之间存在严重的冲突。而地方自治可以解决这一问题，“地方自治之为物以一地方之人，于一地方之区域以内，以一地方之公共意思而处理一地方之公共事务者也。……故地方自治之实乃人民于一国家之下，依国家法律之所规定，凡有不属于政府之政务，而人民得以自为者，乃以其独立自由之意思处理其本地方之各事。又其利害之关系非仅属于个人，故必以人民之集合体处理之。此集合体即名曰地方自治体，而所有自治之权能，即曰自治权”。③ 地方自治与官治完全对立，官治是一切事务政府做主，人民没有参与意见的权利，政府所设之官吏是政府意志的实行者，西方国家称之为官僚政治，“官治之政治，官吏占优越之地位，动辄作福作威，因之生人民之疾恶，感情遂不能调和，而冲突以起，故彼时欧美政治学者皆以官治为

---

① 吴载盛:《救国问题的根本解决》，载于《新中国》1920 年第 2 卷第 1 期，第 106 ~ 107 页。
② 吴载盛:《救国问题的根本解决》，载于《新中国》1920 年第 2 卷第 1 期，第 107 页。
③ 陈羽:《地方自治论》，载于《新中国》1919 年第 1 卷第 1 期，第 12 页。

革命之导火线”。[①] 而地方自治下，“（一）人民自谋，不受政府之牵制。利害必不至相反。（二）即今加重担负，亦人民所自愿，决不怨及政府。（三）实行自治，则官吏无权可弄，无威可作，而人民于官厅间不生冲突。然则矫官治之弊之在自治不益以确信耶”。[②] 作者引用伯伦知理的名言，“共和国可谓之自治国也，国民举其代表人以处理公事，发表其意见者也”。[③] 作者认为，民主立宪以自治为基础，中华民国为民主立宪国，却保护官治，不言自治，实在不应称为中华民国，乃中华官国。此文是希望国家赋予人民管理地方事务的权力，建立一个地方自治的“新中国”。在此之后不久，1920 年初，《解放与改造》杂志改名为《改造》，梁启超担任主编，他在其改刊宣言中提出所谓“同人”的主张：“（一）同人确信旧式的代议政治不宜于中国，故主张国民总须在法律上取得最后之自决权。（二）同人确信国家之组织，全以地方为基础，故主张中央权限当减到以对外维持统一之必要点为止。（三）同人确信地方自治当由自动，故主张各省乃至各县各市，皆宜自动地制定根本法而自守之，国家须加以承认。（四）同人确信国民的结合，当由地方的与职业的双方并进，故主张各种职业团体之改造及创设刻不容缓。（五）同人确信社会生计上之不平等实为争乱衰弱之原，故主张对于土地及工商业机会宜力求分配平均之法。（六）同人确信生产事业不发达，国无以自存，故主张玉面注重分配，一面仍力求不萎缩生产力且加增之。（七）同人确信军事上消极自卫主义为我国民特性，且适应世界新潮，故主张无设立国军之必要，但才兵民合一制度以自图强立。（八）同人确信中国财政稍加整理，优足自给，故主张对于续借外债，无论在何种条件之下皆绝对排斥。（九）同人确信教育普及为一切民治之根本，而其实行则赖自治机关，故主张以地方根本法规定强迫教育。……（十一）同人确信思想统一为文明停顿之征兆，故对于世界

①② 陈羽：《地方自治论》，载于《新中国》1919 年第 1 卷第 1 期，第 13 页。
③ 陈羽：《地方自治论》，载于《新中国》1919 年第 1 卷第 1 期，第 15 页。

有力之学说，无论是否为同人所信服，皆采无限制输入主义待国人别择。”[①] 这些主张是以梁启超为代表的同仁对当时的政治、经济、军事、教育、文化等方面的期望，其中在政治方面，主张削弱中央权限，实行地方自治，各地建立自治机关，制定地方法律等。

在五四运动和南北双方上海和议的时期，自由主义者、左翼的知识分子多半支持联省自治的主张。他们办的期刊——《新安徽》《新浙江》《新江西》《新山东》——是宣传联省自治的刊物；销路很广的《东方杂志》《太平洋》《改造》等宣传联省自治，希望用联省自治来打击军国主义，保障人民的权利。联省自治是1920~1924年一个重要的政治运动，是武力统一与和平统一之外，另一个谋求统一的办法。倡导联省自治的主要省份是湖南和四川。湖南省推行的联省自治最有代表性，1921年湖南省首先推出《湖南省宪法草案》，之后浙江、云南、四川、广东都制定了省宪，湖北、广西、福建、陕西、山西、贵州、江西、江苏等省也都积极酝酿制宪自治。章太炎把这场联邦主义运动称为“联省自治”。[②] 许多仁人志士参与到宣传联省自治中，康有为对这种提议表示反对，他在《覆曹锟等书》（1922年夏）中指出联省自治不能在中国实行，提到门人“欧榘甲撰《新广东》一书，亦同此说。今‘新广东’已实行矣，而得失如何？似此瞽说，奇谬至此，乃举国才人亦多信之，诚大惑不可解也”。[③] 康有为认为：“吾国土太大，万不能以一政府合大小而兼统之，是故田野不治，实业不兴。盖全欧各国，皆行自治，但只令县邑行之。法国者，共和最先进国也，其八十六州，岂有联省自治、各定宪法之政体乎？以吾国今情，只可师法国，不能师美国

---

① 梁启超：《饮冰室合集》文集之三十五，中华书局1989年版，第20~21页。

② J. Gray (ed.), China's Search for a Political Form, Oxford University Press, 1969, J. Chesneaux关于联省自治的文章，第106页。转引自《军绅政权》，广西师大出版社2008年版，第75页。

③ 康有为著，姜义华、张荣华编校：《康有为全集》（第十一集），中国人民大学出版社2007年版，第200页。

也。自治之划地，最大者只可行府自治，亦不可行省自治也。”[①] 虽说联省自治没能真正得到实现，但这不能说这不是知识分子对“新中国”的一种构想。

从《新中国》到《新安徽》《新浙江》《新江西》等杂志的建立以及这些刊物所传达的信息，我们可以看到，“新中国”已经根深蒂固地渗透到了知识分子的思想中，对“新中国”的构想也从整体的规划发展到了对地方区域的关注。他们中的一部分直接以“新中国”作为刊物的名称，表达他们对“新中国”的期望，为建设一个崭新的“新中国”献言献策。还有一部分知识分子提出从建设地方着手来建设一个联省自治的“新中国”，他们为了各个省的新建设纷纷提出了自己的主张，通过先建设一个个新的省市，然后联合起来形成一个“新中国”。

4.2.2 “新中国党”人与“新中国”

除了国内知识分子呼吁建立“新中国”以外，在外留学的青年学生们也对未来国家的发展道路提出了他们的设想和计划。1924 年，留学美国的“新中国主义者”在旧金山成立了“新中国党”，发起旨趣中指出：“国家新造，百废待举，乃谋猷未藏，天灾人祸，相逼而来。言乎政治，则官僚以文乱法，军阀以武犯禁，祸乱相寻，纲纪板荡，内治不修，而外侮日亟矣；言乎经济，则生计艰难，财用匮竭，坐拥富源，无遑利用，生之者寡，食之者众……言乎社会，则秩序废弛，文化衰落，君子犯义，小人犯刑，名实错乱，是非颠倒……中国之为立宪国十一年于兹矣，政党政治犹未前闻……五四以还，贤士大夫倡言新中国之创造，朝野从风，与情所趋，内外响应。然而言多行少，大功未见，识者病之，溯自护法军兴，疆土分裂，政令不能统一，会议不能统一，武力不能统一，和议不能统一，驯至法律亦不能统一，此天启吾衷，谓必

① 康有为著，姜义华、张荣华编校：《康有为全集》（第十一集），中国人民大学出版社 2007 年版，第 201 页。

待吾同志奋其神勇，以纯仁大义相感召，纠合全国国民，显其潜力，而从足以有为也。平治之责，匪异人任，惟我同志毅然组党而已。今国难待纾，不俟终日，而团体绸缪，尚费岁月，此组织新中国党之所为刻不容缓也”。[①] 这是“新中国党”成立的背景条件，发起旨趣中提到，五四运动以来，创建“新中国”成为知识分子高呼的口号，在此影响下，朝野上下内外响应，这应该也是留学生们组建政党取名“新中国党”的重要原因。

“新中国党”制定了比较完整的党纲及政纲，其中党纲包括：“（一）本新中国主义以新中国主义方法创造新中国；（二）推行德谟克拉西于政治经济社会各方面，至政府用人行政则严取尚实精神；（三）信仰自由，但于相当范围以内采取调和政策，永泯教争；（四）主民族平等，以解放弱小民族，主人种平等，以消灭人种差别，主世界门户开放，以弭国际人满之患，奠世界之永久和平。”[②] 党纲明确提出以创造“新中国”为目标，它所言的“新中国主义”是以宣传和实现建立“新中国”为指导思想，强调民主和平等的实行。

“新中国党”制定的政纲有：（一）政治方面，主张采用四权并立之宪法，即与寻常行政权、立法权、司法权独立之外，更加以考工权独立，以调剂统治权之平衡是也，并主张根本上废督裁兵；（二）经济方面，主张差别生产，中庸分配，一面集中资本努力发达实业，一面渐收各重要工业为国有，征收累进所得税及遗产税，防制自由竞争之猖獗，并于相当范围以内奖励小农制度，对外实行惠侨保商政策；（三）社会方面，主张工人保护，男女平权，建设社会保护、安老怀幼等社会制度，实施奖励学术、保存古籍、普及教育、康健国民体格等文化政策，从国民经济上增加义务教育年限，并以尅期求效办法，励行成人强迫教育及全国军事训练。[③] “新中国党”人从政治、经济、社会三个方面提

① 《新中国党》未注明作者，载于《东方杂志》1924 年第 21 卷第 5 期，第 142 页。
② 《新中国党》未注明作者，载于《东方杂志》1924 年第 21 卷第 5 期，第 142 ~ 143 页。
③ 《新中国党》未注明作者，载于《东方杂志》1924 年第 21 卷第 5 期，第 143 页。

出了他们的主张，反映了他们构想的“新中国”的面貌。他们在政治上与孙中山先生的五权分立不同，他们主张四权独立，加入了考工权。经济上提倡发展实业，将一些重工业收回国有。在社会保障方面，提出了男女平等以及工人和老幼保障制度。教育上提出实施义务教育、成人教育等，明显是受到了西方国家的影响。

从“新中国党”的党纲和政纲来看，这些青年在国家百废待兴之时能够勇于担负责任，发动全国国民激发其潜力进而拯救国难，他们的爱国救国之心值得称赞，他们虽然身在国外，却自觉地接续起国内知识分子“创造新中国”的国家理想，足以说明创造“新中国”已经成为国内外共同响应的大势所趋。针对如何实施的问题，“新中国党”人还提出了一些进行之计划：“（一）集中人才：（甲）积极扩充纯洁有为之优秀党员；（乙）训练特殊人才；（丙）就社会事业结交同志；（丁）以互助关系各相与之社会团体。（二）集中资本，其规模临时定之。（三）努力宣传：（甲）就海内外适宜各地方，开设机关报；（乙）中外通信社之经营；（丙）发刊丛书及不定期出版物；（丁）游行演说；（戊）本新中国主义，参与社会上各项运动；（己）联络各相与之言论机关；（庚）国际运动。（四）扩张党务：（甲）积极筹备第一届全国会议；（乙）努力扩充各处地方机关。（五）建设基础事业：（甲）创办学校；（乙）筹资在上海开办印刷局，设立分店于海内外重要各埠；（丙）筹资营办实业，以裕党用；（丁）就国内适中地点，设立图书馆，备置经世书籍，供党员参考之用”。[①]“新中国党”人认为，按照此计划，三年内在上海召集第一届全国会议，全体党员共商大计，那么“新中国”之创造将指日可待。

虽然“新中国党”制定的纲领和提出的计划稍显粗糙，但他们的出现显示了呼吁创造“新中国”的行动已经在很广泛的范围内传播开来，海内外的中国人都提出了自己对“新中国”的构想。但是遗憾的

① 《新中国党》未注明作者，载于《东方杂志》1924年第21卷第5期，第143页。

是，“新中国党”的行为受到了国民党当局的通缉和批判，国民政府行政院和交通部以及中央执行委员会下令各本部通电：“查孟寿椿确与朱伯然、康纪鸿、康洪章、李伯贤、唐崇慈等在美组织新中国党，与国家主义派合作，其反动证据随附三藩市总支部徵印。……该孟寿椿、朱伯然、康纪鸿诸逆组织新中国党，以妨害本党之证据既已确鉴，而朱逆伯然、康逆纪鸿等当时主持《大同晨报》辱骂总理、诋毁本党尤为我海外同志所切齿痛心，故职部于去年十月第二次代表大会曾经决议［呈请中央饬令广东政府将朱逆伯然撤革严办］一案，查朱逆伯然恶迹昭彰，罪无可逭，乃现犹充任广东省交涉署翻译科长并兼别项要差（查孟寿椿现任国民政府教育部参事）……令广东省政府迅将朱逆伯然撤革严办，以伸法纪，而慰同志。”① 自此，“新中国党”销声匿迹了。

与“新中国党”人提出的纲领相近，《新路半月刊》也主张从改良政治入手，改造民国，反对军人干政。该刊提出了政治主张十二条，主要内容有：“一、主张民主政治，反对帝制及一阶级专政、一党专政。二、主张国家在国际间之独立与平等，反对外力侵略及一切卖国与误国之举动。三、主张言论结社等自由，反对以党治或军治之名义剥夺人权。四、主张以自治精神谋统一，反对一切征服式之武力统一。五、主张开发生产，改进农工生活，反对阶级斗争及其他妨碍经济发达之运动。六、主张昌明本国文化，发挥科学精神，反对漫无泽别之守旧与生吞活剥之骛新。七、主张实施预算与财政统一，反对无预算之浪费及横征苛敛。八、主张教育在养成健全国民，反对教会教育及党化教育。九、主张确立文官保障制度，反对事务人员之任意进退及党化。十、主张司法完全独立，反对司法之党化及军法裁判之滥用。十一、主张军队应用于国防，反对军队供私人或党派内讧之用。十二、主张国家进步应注重和平建设，反对只图破坏之革命”。② 该报呼吁民主政治和和平建

---

① 《交通部训令（第二六〇二号）》，载于《交通公报》1929 年 8 月第 68 号，第 12 ~ 13 页。
② 《发刊辞》，载于《新路半月刊》1928 年第 1 卷第 1 期，第 3 ~ 4 页。

设，反对武力割据，主张实施一切保障民主之措施，破除专政障碍，并主张司法真正独立等。

通过对《新中国》杂志和“新中国党”人的分析，可以看出知识分子对“新中国”的渴望。在《新中国》杂志上，一大批知识分子纷纷提出各种建设“新中国”的方案，一度掀起了“新中国”建设构想热潮。① 而“新中国党”人的出现更是推动了“新中国”构想的发展，使这一热潮影响波及国外，留学在外的中国人也参与到“新中国”建设的热潮中。

4.3 “新国民”与“新中国”

中华民国的建立真正增强了中国人的国民意识，《中华民国临时约法》明确规定“中华民国主权为全体国民所有”。从此老百姓知道了自己的另外一个身份，即中华民国国民。孙中山曾不止一次强调，所谓共和政治，是要以国民为主体。即所谓“民国者，民之国也。为民而设，由民而治者也”。② 这些观念是几千年中国封建社会闻所未闻的，中华民国建立了一个“新中国”，老百姓也逐渐变成了国民，而国民意识的养成终究不是一朝一夕的事情。当清帝宣布退位、共和政体正式建立之时，一位在中国多年的英国人庄士敦曾记载：“当北京和南京发生这些重大事件的时候……我们发现，很难使当地十八万中国居民相信皇帝已经退位的事实。一连几个星期他们都默默地对此抱着怀疑态度。……大部分中国人根本不知道共和意味着什么，也不知道他们的生活和前途将随着共和制的建立而发生什么样的变化，因此他们对共和制的优劣毫不

① 崔树杨：《从〈新中国〉杂志看1919年前后中国社会的“新中国”建设构想热潮》，安徽大学2013年硕士学位论文。

② 中国社会科学院近代史所、广东省社会科学院历史研究室、中山大学历史系孙中山研究室合编：《孙中山全集》第五卷，中华书局1985年版，第200页。

关心”。[①] 庄士敦的这些记载反映了民国刚建立时期，大部分中国民众的心态和对民国的认识，他们根本不理解何为共和，何为国民，仍然活在“草民”的状态。这说明对“新国民”观念的宣传还需要加强。随着先进知识分子对新报刊、新教育的传播，树立“新国民”的观念不断得到国人的认同。《新国民》杂志的创办和发行有力地促进了“新国民”观念的传播。

1912 年 6 月 24 日，孙中山曾给《新国民》杂志作序，提到“共和之实能举与否，则当视国民政治能力与公共道德之充足，以为比率。蒙稚之众，以登未习之域，识者有忧之。主言论者既提倡之于前矣，而不督责之于后，可乎？政革以来，民气发舒，上海一隅，日刊报纸，蔚然云起，独杂志缺然未有闻。然求其移风易俗感人之深者，日报之过目易忘，不如杂志之足资玩索也。新国民报社刊行杂志《新国民》将成，来请序于余，余喜国民之有良导也，为识数言于卷首”。[②] 由此看来，中华民国成立不久，《新国民》杂志就已经开始筹办，这必定在提高国民自我意识方面起到积极的作用。这类刊物发表文章呼吁人人做一个“新国民”，提出“新中国”是由“新国民”组成的。

4.3.1 “新国民”之基本要求

首先，“新国民”需要具有权利和义务的观念。为了使共和观念深入到普通民众中，唤起国民的权利义务观念，知识分子们在思想启蒙方面作出了重大的贡献。民主革命宣传家陈天华曾撰写了《国民必读》的小册子，奉劝国民要争权利和义务。他首先对国民和权利、义务进行了解释，他指出：“国以民为重，故称国民。国民的讲法，是言民为国

① ［英］庄士敦著，陈时伟等译：《紫禁城的黄昏》，山东画报出版社 2007 年版，第 55 ~ 56 页。

② 中国社会科学院近代史所、广东省社会科学院历史研究室、中山大学历史系孙中山研究室合编：《孙中山全集》第二卷，中华书局 1982 年版，第 381 ~ 382 页。

的主人，非是言民为国的奴隶。所以国民对于国家，必完全享有国家的权利，也必要担任国家的义务。国民的解释如此。何谓权利？人民在此一国之内，那一国的权柄，必能参与，一国的利益，必能享受，人家不能侵夺，也不可任人家侵夺，但各有界限。比如做皇帝的，做官长的，有特别的权利，那正当的，人民不可侵他；不正当的，人民不可许他。各依权限做事，求于彼此有权，彼此有利，两不侵犯。权利的解释如此。何谓义务？义务的话，犹言各人本分内所当做的事，所当负的责，通皇帝、官长、国民都是有的。盖国家既是国民公共的，那皇帝、官长也不过国民中一个人。国民举他出来，替公上办事，不过他们的义务略重一些，非是国民遂全没有义务了。皇帝、官长没有办得好，做国民的理当监督他们。国民本分内的各种义务，没有一件不当尽的。当以义务向皇帝、官长要求权利，不可抛弃权利，因就不尽义务。义务的解释如此”。[①] 陈天华把国民的几项比较大的权利归纳为政治参与权、租税承诺权、预算决算权、外交参议权、生命财产权、地方自治权、言论自由权、结会自由权等，他还分别对这些权利加以阐释，启迪国民以主人翁的身份争取国民应有的权利。权利和义务是相对应的，新时代的国民享有民主共和国赋予的诸多权利，同样也应该担负起应尽的责任和义务。陈天华曾言：“世界上不负义务的，便不能享权利。只知责人，不知责己的事做不出的。这一个国，非是几个人所能担任得起的，要大家共来担任。”[②] 他阐述了几种人人需要承担的义务，比如纳租税之义务、当兵之义务、借钱于国家之义务等。这几项义务都能在一定程度上保障国家的安全、富足和强盛。义务观念和权利观念都是爱国心的源泉，国家的盛衰强弱与国民的义务观念成正比，倘若“举国相率而放弃其义务”，而欲使国家强盛，“何异缘木而求鱼”！因此，国民在享有权利的同时，还需要承担纳租税、服兵役、致力于建设新国家的义务，使

① 刘晴波、彭国兴编，饶怀民补订：《陈天华集》，湖南人民出版社 2008 年版，第 179 ~ 180 页。

② 刘晴波、彭国兴编，饶怀民补订：《陈天华集》，湖南人民出版社 2008 年版，第 192 页。

“一国之事即一人事之，一人之事即一国之事，率一国之人而皆任事”，共同为建设新国家服务。只有确立完整的权利义务观念，才算具备真正的国民意识。[①] 陈天华等人的宣传和呼吁使广大民众特别是青年学生深刻地意识到了“国家兴亡，匹夫有责”。他们开始越来越多地将自身命运与国家命运紧密联系在一起，发奋做一个“新国民”，积极投身到“新中国”的建设中去。

其次，“新国民”需要深刻理解自身与“新中国”的关系。中华民国的建立使众多的普通民众也逐渐知道了“新中国”这个名词的深层含义，二百多年封建专制的清王朝是旧中国，取而代之的资产阶级性质的民主共和国——中华民国是新中国。“新中国”处在新的时代，必然要培养新的国民，不仅政府作出努力制定各种法律规范督促新国民的养成，知识分子创办报刊宣传“新国民”的必要性，而且国民意识比较强的普通民众也积极从自身做起，为做一个“新国民”而努力。做一个“新国民”就要改掉不良的旧习惯、旧习气，比如戒烟、戒鸦片等，有部小说体现了民众对禁烟的看法，小说中写道：“禁烟局已到了，不免进去罢（众杂扮绅士上）。那边来了一个人，手拿着烟枪、烟盘，莫非是来戒烟的么？好一个有志气的新国民！如此看来我中华新进的民国才能强盛呢，诸位先生在上，小生今日特来毁除那害人物的，从今以后痛改前非，立志戒烟，要做个新中国的新国民了！若是那黑籍中人，个个像先生样子，一转瞬间怕不灭绝么，先生真不愧为有志的新民”。[②] 这里就充分体现了民众觉得戒烟是做一个“新国民”的标准之一，也就是说，从自身做起，改变不良习惯，每个国民都成为一个合格的、有志气的“新国民”，那么新建立的民国才能成为真正强盛的“新中国”。对于“新国民”与“新中国”关系的理解，下面这则时论也详尽地进行了阐释：“光阴荏苒，忽忽已从旧历辛亥之残腊而为壬子之新年。综

---

① 张元隆：《辛亥革命与国民意识的崛起》，载于《探索与争鸣》1991 年第 6 期。

② 涤骨：《黑海潮传奇》，载于《申报》1912 年 1 月 19 日，第一万三千九百八十三号（上海版），第 8 版。

计此十日中国内大事之解决者，如清帝逊位也，南北统一也，更与总统也，凡此新旧之过渡，皆若与岁序之更迭，双方并进不谋而合。故辛亥之末日，即满洲政府之结局，亦即数千年专制政治之结局。而壬子岁首为中华民国之发轫，亦为五大族共和政体之发轫，从此炎黄宇宙整顿一新，我东亚大陆国将与欧美列强驰驱世界竞争之舞台矣，虽然破坏不易，建设尤难，欲发扬蹈厉我新中国，端赖我当道之新人物，与四百兆之新国民，群策群力共扶大局”。[①] 时论表明，要建设好中华民国这个“新中国”，必须依赖新人物和新国民的共同努力，才能使共和政体得到巩固，使“新中国”得到建设。这些提倡做“新国民”的言论在当时几乎形成了一种运动，暂且可称其为“新国民”运动。

最后，“新国民”不仅要具备民主共和观念，意识到自己的权利和义务，还要在日常生活中逐渐培养起新的生活风气，革除陋习和不良风气。辛亥革命时期，黄炎培曾回忆：“我有一位朋友杨亚嵩，在辛亥纪元以后，很激奋地告我，还告他的许多朋友：中国革命成功了，我要做一个新中国的新人，从今以后我做三件事：（一）决不再抽鸦片；（二）决不再赌博；（三）决不再逛妓院。如违纪，尽你们责罚”。[②] 可以说，黄炎培的这位朋友属于国民意识比较强的中华民国的新国民，他在中华民国建立之时，立志要做这个“新中国”的新人，并在身边的很多朋友中发誓革除不良习惯，自觉抵制鸦片、赌博、妓院等腐朽的社会陋习。正是由于这类人的存在，才使中华民国的领导者们相信：“中国，由于它的人民性格勤劳和驯良，是全世界最适宜建立共和政体的国家。在短期间内，它将跻身于世界上文明和爱好自由国家的行列”。[③] 可以说，国民的自觉是“新国民”养成的必然要求。1917 年《新国

① 《对于各界之新希望》，载于《申报》1912 年 2 月 23 日，第一万四千零九号（上海版），第 1 版。

② 中国人民政治协商会议全国委员会文史资料研究委员会编：《辛亥革命回忆录》第 1 集，中华书局 1961 年版，第 68 页。

③ 中国社会科学院近代史所、广东省社会科学院历史研究室、中山大学历史系孙中山研究室合编：《孙中山全集》第一卷，中华书局 1981 年，第 557 ~ 558 页。

民》杂志刊登《新国民之自觉》一文作者认为："在文明社会，各人必属于一国家，且亦须属于可一不可二之国家。不然，则个人之意志将无实际代表者。"[①] 呼吁民众修身、养心，从自我改变做起，提高做一个新国民的自觉性，唤醒国民的爱国精神和主体意识。《新国民之自觉》一文从身体和心理两个方面着手，提出了"新国民"应具备的素质和修养，并介绍了实践的手段和方法。在修身方面，作者指出："修身之道不一其端，吾所主者厥有四事。一曰静坐；二曰运动；三曰慎饮食；四曰节思虑"。[②] 他提倡国民要合理协调日常的活动，适时地静坐修养，适时地运动，提高身体素质。关于饮食，要注意卫生和节制，以健康和适中作为标准。此外，还要减少不必要的思虑。在养心方面，作者提倡国民要提高学习的积极性，"夫学有三，一为励修专门之学科而学者；二为养成世界之常识而学者；三为陶冶品性之修养而学者。三者俱不可废，而尤以第一类之砥砺专科为吾人之最要"。[③] 作者认为，"新国民"要各有专门之学问，有所专长，还要能跟上世界的潮流，在各个方面提升国家的地位。他不仅强调国民个人要修身养性、加强学习和锻炼，而且还强调国民要以国家之生死荣辱为己任，在继承本国传统文化的基础上吸收优秀文明加以熔炼而成新文明；发展本国实业，在经济贸易和军事科技上努力经营，促进国家的繁荣和富强。

以上我们谈到，一些地方性的报刊提出"新中国"建设的途径是从日常生活着眼，改造人们的生活方式和处事准则，培养新的卫生习惯和新的道德风尚，使国民明白自身的责任和义务，通过培养"新国民"这种方式来实现"新中国"的理想，《新湖南》杂志所宣扬的就是此意。民间还有一些组织致力于改良社会风俗，比如青年会曾在《申报》上表达了其意旨："本埠青年会为提倡改良社会风俗起见，曾于上月起，每逢星期三晚，迭请范子美君演讲社会改良问题，本星期三即今晚

---

① 谢乃壬:《新国民之自觉》，载于《新国民》杂志 1917 年第 2 期，第 14 页。
② 谢乃壬:《新国民之自觉》，载于《新国民》1917 年第 2 期，第 6 页。
③ 谢乃壬:《新国民之自觉》，载于《新国民》1917 年第 2 期，第 9 页。

八时，为末次演讲之期，讲题为［今后新中国之建设］。其演讲大意谓，欲建造新国家，当从建造新家庭与新社会为入手，尤当注意以何者为建造之基础，洵为现时最切要之问题”。[①] 在这些刊物和社会组织的倡导和督促之下，“新国民”运动在建设新家庭和新社会方面、在改造不良生活习惯方面取得了一定的成效。

除了上面我们提到的这些“新国民”的要求以外，新文化运动时期，提倡男女平等、提高女性地位、宣传废除缠足、提倡女性做一个“新女性”也是“新国民”运动的重要内容。这一点是中国的特殊性，因为中国的封建社会一直是男权社会，女性一直处于被动地位和依附地位，男女之间存在严重的不平等。进入民国以后，在自由、民主、平等等观念的影响之下，女性的社会地位问题被当作一个重要问题进入人们的视线。针对男女不平等问题，有人指出：“吾敢断言其流弊必广被于全国。呜呼，爱国女同胞，其废然知返乎？奈之何女子参政之说竟又发现于初哉，首基之新中国及我神圣不可侵犯之女同胞间乎”。[②] 由此我们可以看出作者维护女权的态度，提倡新中国女性具有同男性一样的参政权，以此逐渐消除男女不平等的流弊。这种观点呼吁在“新中国”背景下，女子同样具有参与政治的权利。与此相反的，还有一种观点认为女子的能力没有男子强，特别是在政治意识上，男性更胜一筹，所以他们认为女人本应该是社会的附属品，她们创造的社会价值无法跟男人相比。随着女权运动的开展，“匪惟其说之发现于新中国及女同胞也，其弊亦随之而发现于新中国及女同胞”。为反对女权运动，一些人恶意地用男性的标准来要求女性，这对于几千年来没有受到良好教育的女性来讲是不公正的。因此，就有人指出：“以英伦之先进，犹因之不能免其纷扰。矧我遗大投艰之中国乎，又安能任我无意识之女同胞再为希冀

① 《青年会今晚之演说》，载于《申报》1920 年 3 月 10 日，第一万六千八百九十九号（上海版），第 11 版。

② 曼倩：《女权与今日》，载于《申报》1913 年 3 月 14 日，第一万四千四百零二号（上海版），第 1 版。

牝鸡司晨之举乎。吾尝闻之，欧美之先进国矣，吾尝见之日德之制造厂矣，大半以女子为实业界之巨擘，凡百工艺皆让之女子，以发达其智识，而扩充其生计，如政治、经济诸大端悉握于男子之手，而女子犹不失为社会中之生利分子”。[①] 这里明确了女性在社会中的价值和地位，即使不是政治、经济界的领袖人物，她们也在其他方面为整个社会创造了财富，所以她们理当享有与男性同样的权利。在“新女性”思想的号召之下，女性的教育问题、女性的人身自由问题、女性的婚姻自主问题都受到了关注，许多人士发文警醒中国女性，1915 年《妇女杂志》第 1 卷第 12 期《忠告女同胞》一文高呼：“中国者，中国人之中国也，吾侪女子其不长为吾中国人也。则亦已矣，而不然者，我二万万女同胞亦各为中国之一份子，即当各尽一份子之责任。责任如何始得未尽，曰无他，去其依赖性，树其自立性，自谋职务，自营生活，则我女子对于国家之责任尽矣，然必有一技之能、一艺之成、一术之精、一学之长，而后可以言自谋职务”。[②] 作者号召二万万女同胞破除自身的依赖性，自己主导自己的人生，做一个新时期的新女性。由此可见新女性是“新国民”内涵的重要内容。

妇女缠足可以说是中国女性所受的最残酷的身体摧残，女性深受身体和心理的双重压迫。在新社会，各种禁缠足会和放足运动对新中国女性的生活产生了巨大的影响。早在晚清戊戌维新时期，在维新人士的提倡下就已经成立了不缠足会。但是当时的不缠足会规模有限，其章程规定凡入会者及入会者之亲属女性不得缠足，“凡入会所生男子，不得娶缠足之女”；“凡入会人所生女子，其已经缠足者，如在八岁以下，须一律放解；如在九岁以上，不能放解者，须于会籍报明，方准其与会中上婚娶”。[③] 这种禁缠足运动只是一种民间的行为，而且影响范围也很

---

① 曼倩：《女权与今日》，载于《申报》1913 年 3 月 14 日，第一万四千四百零二号（上海版），第 2 版。

② 沈时华：《忠告女同胞》，载于《妇女杂志》1915 年第 1 卷第 12 期，第 7 ~ 8 页。

③ 《湖南不缠足总会简明章程》，载于《湘报》第一百四十四号，第 329 页。

小，受益者主要是一些提倡者的女性家属。进入民国以后，政府参与到禁止缠足运动中，用行政指令的方式明令禁止女性缠足。如 1912 年浙江军政府公报第 48 期刊登的《蒋都督令各县知事禁止缠足文》指出："今民国成立，此等恶俗断难容其再存。"于是政府规定各县命令禁止缠足，"劝禁其有故违禁令者，予其家属以相当之罚"。实施方法上，"或加入演说团剀切开导，或另设天足会实力引收，已缠者令其必放，未缠者毋许再缠。倘乡僻愚民仍执迷不悟，则或编为另户以激其羞恶之心，或削其公权以生其向隅之感"。[①] 我们看到，中华民国这个"新中国"，政府用法律的方式强制要求妇女放足，各省在民国政府的督促下，纷纷下达了禁止缠足的命令，若违背此令，要受到一定的惩罚，这对于女性身体的保护起到了积极作用，也推动了女性自由，促进了女性走出家门，走向社会，对整个新女性运动的开展都是有益的。

民国成立初年到 20 世纪 20～30 年代，禁止妇女缠足或称女子放足运动一直在如火如荼地开展，各省市也纷纷制定禁缠足条例督促女性放足，比如济南市颁布的《禁止妇女缠足条例》规定："各地方妇女之缠足者依本条例之规定解放之。……解放妇女缠足应分期办理，以三个月为劝导期，三个月为解放期。……十五岁以上三十岁未满之缠足妇女于解放期满仍未解放者，由市县政府处罚其家长或本人一元以上五元以下之罚金，仍限期劝令解放。"[②] 汉口市的《禁止妇女缠足罚则》规定："十二岁以下之缠足幼女，于两个月期满后，仍未解放者，处罚其家长二元以上十五元以下之罚金。二十岁以下之缠足少女，于四个月期满后，仍未解放者，处罚其家长或本人一元以上十五元以下之罚金。三十岁以下缠足妇女，于六个月期满后，仍未解放者，处罚其家长或本人一元以上十元以下之罚金。"[③] 这是对缠足者本人的惩罚措施，为了更好

① 《蒋都督令各县知事禁止缠足文》，载于《浙江军政府公报》1912 年第 48 期，第 3 页。

② 法规《禁止妇女缠足条例》，载于《济南市市政月刊》1929 年第 1 卷第 3 期，第 16～17 页。

③ 《禁止妇女缠足罚则》，载于《新汉口》1929 年第 1 卷第 4 期，第 36 页。

地促进妇女放足，条例还规定，劝导检查各员及村长或街道长劝导不力、检查不实的也要受到政府的惩罚处分。山西省颁布的《查禁妇女缠足考核办法》规定："各县县长区长由视察员切实查报，以备考核其成绩，标准根据各具结人数，如办理查禁缠足之成绩不及百分之七十者，申警；不及百分之六十者，记过；不及百分之五十者，减月俸十之二。"① 透过这些法令条例可以窥见当时政府和社会对妇女放足运动的重视，妇女缠足对女性来说实乃最残忍的身体摧残，这一恶习束缚着女性的自由，使她们不能与男性立于平等地位，更不可言教育、政治等权利，只能成为旧社会男子的附属品。但是在新文化、新风气的影响之下，在民主、自由、平等思想的传播之下，受此洗礼的女性们争先觉醒，起而要求自身解放和平等享有各种社会、政治权利。这一点从国民的角度不能不说是一种新的气象，新女性的崛起丰富了"新国民"运动的内涵，也使中华民国在提升国民素质、促进国民平等尤其是男女平等方面日益成为真正的"新中国"。

4.3.2 "新国民"与"新中国"之关系

新国民思想是从中华民国建立之时逐渐树立起来的，上文阐述了新国民的几点内涵，即民主、自由、平等、权利、责任、义务等是新国民必须具备的观念。中华民国是一个民主共和国，《临时约法》明确规定，国家归国民所有，人民是国家的主人，所以每个国民都是平等的，都有发表自己意见和看法的权利，这就是民主。孙中山曾说过："民主的观念在中国一向颇为流行，没有理由要以君主政体来妨害这种民主观念。中国人民不但爱好和平，遵守秩序，而且也浸染了选择自己的代表管理自己事务的观念。我们所需做的，只是把这种民主观念付诸实

① 本省法令《查禁妇女缠足考核办法》，载于《山西公报》1932 年第 5 期，第 21 页。

行。"①国民是一个国家的重要组成部分，没有国民就没有国家，"新中国"也必须是由国民组成的，而且对国民也有新的要求，即做一个"新国民"。新国民是"新中国"的主人，新国民不仅享有各种权利，它对"新中国"还有神圣不可推卸的责任和义务。比较有先见之明的政治家们早就明确了这一点，认识到"欲维持民国，须于地方上开通民智，振起民气，使知民国乃以人民为主人，使各地之人皆知尽主人之义务，则国事乃有可为也"。②如果每个国民都能认识到个人与国家的这种关系，无形中就会增强国家的凝聚力，就能够集众人之力建设一个日臻完善的国家。

当然，国民对国家尽义务是需要一定的条件的，那就是政府要给予国民充分的权利，其中言论权和监督权非常重要。中国人民在几千年的封建社会中是没有言论权的，更谈不上监督权，那时的中国不属于中国人民，属于各朝皇帝以及皇族，而中华民国的建立不仅使老百姓变成了国民，而且还日渐成为新国民，一时间"全民政治"成为保障新国民权利义务的法宝。"全民政治"是在反对军阀政治的背景下被提出来的，军阀政治是北洋军阀统治时期的政治特点，可以说是封建官僚政治的变种，不符合中华民国的国家性质，所以不少仁人志士提出要打倒军阀，建立新中华民国。孙中山在1923年的一次演讲中指出："我们要想是真正以人民为主，造成一个驾乎万国之上的国家，必须要国家的政治，做成一个'全民政治'。世界上把'全民政治'说到最完全最简单的，莫过于美国大总统林肯所说的'Of the People，By the People and for the People'。这意思译成中文，便是'民有'、'民治'、'民享'。"③这其实讲的是要保障民主和民权，怎样保障新国民的民主、使民权得以真

① 中国社会科学院近代史所、广东省社会科学院历史研究室、中山大学历史系孙中山研究室合编：《孙中山全集》第二卷，中华书局1982年版，第393页。

② 中国社会科学院近代史所、广东省社会科学院历史研究室、中山大学历史系孙中山研究室合编：《孙中山全集》第五卷，中华书局1985年版，第40页。

③ 中国社会科学院近代史所、广东省社会科学院历史研究室、中山大学历史系孙中山研究室合编：《孙中山全集》第八卷，中华书局1986年版，第323页。

正实现，是新中国应该解决的问题。

《新国民歌》中提到："立国之道，首宜注重人民。天下为民公有，此为大道之行。……凡事协作共享，中国再造复新。以期国权大启，发展民智精神。"[①] 这里强调了两点，一点是人民是国家的主人，一点是团结协作、众志成城建立新中国。新国民在保障国家安全方面也具有强大的力量，北洋政府时期，民众对帝国主义的指责和反抗对于打击帝国主义尤其是日本的侵略野心起到了重要的作用，在国际上也震慑了其他帝国主义国家。民众的几次示威游行已经充分显示了中国人民已经不是以前麻木不仁的民众，而是具有爱国意识和团结进步精神的新国民。这些事件使我们看到民众力量的伟大，但当我们详细审察各地民众的力量，不难看到民众力量的散漫和无组织。[②] 通过时人的描述，我们也看到，中国民众虽然已经逐步具有新国民的特征，但是还需要继续加以培养和训练，特别是在团体性和组织性上，团体意识或者说集体意识淡薄是新国民仍然需要改进的地方。"新中国"是属于新国民的，"新中国"是由新国民来创造的，这是新国民与"新中国"关系的最好体现。

民国时期，已经有很多有识青年自觉地组成各种救国组织，比如上文所讲的"新中国党"，还有一些知识分子为"新中国"提出的各种方案，如上文所讲的推行新教育、宣扬新思想、创办新报纸等，这些都体现了新国民对于国家命运的关注，体现了新国民努力创造新中国的举措。知识分子们宣扬，"新中国"的命运寄托在每个中国人的身上，但不可否认的是，"新中国"的创造还是要由少数优秀精英来领导，那么国民是如何选择未来"新中国"的领导人呢？为了了解民意，1926 年 1 月 4 日，《京报副刊》向读者征求关于"新中国柱石十人"的投票活动。主编孙伏园指出，20 世纪以来的中国已经是"病入膏肓"的病人，"几乎没有一条血管里没有毒的"，而挽救中国的希望就在于"在我们

---

① 黄镜亭：《新国民歌》，载于《希望月刊》1927～1928 年，第 4～5 卷，第 2～8 期，第 90～91 页。

② 毅：《民众！认识你自己的力量》，载于《国民新报复刊》1926 年第 76 号。

满是毒菌的病体里，忽然发生出多少白血轮来，把血液渐渐的洗涤干净，从此走上健康的道路”。他认为每个人心中都有“白血轮”人选，“却没有一个人出来征求，出来计算这笔总账，于是大家都含胡着”。《京报副刊》出于此，“特从一九二六的新年第一天动手征求起。假定这白血轮的数目为十枚，一九二六以后的新中国的命运便寄托在他们身上。这十枚白血轮我们名之曰‘新中国之柱石十人’”。[①] 孙伏园点出了《京报副刊》的初衷，希望国民能积极踊跃为自己心中的“新中国柱石”投票，选出最受民众瞩目的“新中国”领导人物。1926 年，《京报副刊》第 435 期刊登了在全国征求“新中国柱石十人”的投票结果，教育界的蔡元培得票最高，说明文化和教育在国人心中占有重要地位，特别是蔡元培的一些教育新理念得到国人的赞赏。从其他几位“柱石人物”所代表的党派和阶层分布来看，国人们期望的柱石分布在各个党派各个领域，期望实现各阶层的大联合。

自 1926 年 1 月 8 日发起至原定投票截止的 1 月 28 日，共收到 432 张票。《京报副刊》后来将投票截止日期延后一个月。至 2 月 28 日，民意测验投票活动正式截止，最终收到 791 张投票。[②] 一些人对这种投票方式的民意测验提出自己的看法，比如张申府曾说：“我很知道，这种投票只是一种把戏，而且是一种不会有结果的把戏。民意并不难知，也用不着这个。”但他也承认：“就令得不到一般的民意，却未尝不可藉觇一部分人的意思。”[③] 高佩琅先生指出：“真正民意，用甚么方法发现？我以为民意测验，是最好不过的了。所以这次先生的新中国柱石十人的征求，我是十分赞成，因为这等选举，原无利害冲突，既不受金钱的驱使，又不受势力的压迫，可纯粹凭个人的自由意志，和直觉的是非

① 孙伏园：《一九二六新年本刊征求“新中国之柱石十人”》，载于《京报副刊》1926 年第 374 期，第 1 页。

② 项旋：《1926 年〈京报副刊〉“新中国柱石十人”民意测验探析》，载于《近代史研究》2014 年第 6 期。

③ 张申府：《终于投一票》，载于《京报副刊》1926 年第 411 期，第 78 页。

之心，举他素日最崇拜的人。它的可贵，即在这一点。”[①] 正如二位先生所言，虽然这种投票不具有法律效力，也不能代表所有国民的意向，但是至少收到了七百余张投票，而且大多数人是很认真地参与这次“新中国柱石”的投票，这么多人的积极参与也可证明国民对“新中国”事业的热情和重视。这也是新国民在各种新思潮影响之下的个人与“新中国”关系的新发展。

在关于“新中国柱石”选举结果的说明中，其中一篇《新中国的柱石七个半》的作者是著名的细菌学、病毒学家李振翩，他表达了自己心目中理想的柱石人选：“一、孙文，他已经复活了。二、A君，电化中国时的总工程师。三、B君，昆虫学家，中国农业改进者。四、C君，电机枪电机炮发明家。五、D君，潜艇专家。六、E君，航空舰制造者。七、F君，国民政府卫生部长，国民医学会长，癌病原因发明者。八、吴稚晖，他三十年前便相约不看中国书，现在还口口声声提倡科学，实是寄生虫中之铮铮者。我投他半票，希望他将来担任国民政府的工作时，真个把那些鸟中国书丢到粪坑三千年。”[②] 由此可见，作者所举之人都是科学技术领域的人物，吴稚晖虽不是科学家，但也是积极提倡科学之人。这体现了国人在新文化运动影响下对科学和技术的重视，科学和民主成为两面最具代表性的旗帜，被时人所提倡和宣扬，科学救国思潮一度高涨，但文中提到“把中国书丢到粪坑三千年”的观点不免有失偏颇。

一位署名长弓的先生寄来的投票信中指出：“新者，革其旧之谓也，朱子下的定义，确实不差，那么我们理想中的新中国，当然是旧的革命的结果。……这里要请注意的，革命不是专事破坏的，也是建设的。所以我现在所举的新中国的柱石都是革命家”[③]。可以看出，在军阀割据各方、帝国主义竞相争夺在华特权的背景之下，国人对北伐和国

---

① 高佩琅：《发表投票的疑问》，载于《京报副刊》1926年第407期，第48页。
② 李振翩：《新中国的柱石七个半》，载于《京报副刊》1926年第410期，第72页。
③ 长弓：《最后的一票》，载于《京报副刊》1926年第434期，第80页。

民革命赋予很大期望，他们希望通过革命的方式将中国改造成一个独立自主、统一的“新中国”。

4.4 小　结

新文化运动在整个民国社会掀起了一股求“新”思潮，我们称之为新文化思潮。在此影响下，各行各业都以“新”为贵，这恰好契合了知识分子的“新中国”构想。北洋时期政治的黑暗和专制使知识分子们无法直接通过政治手段表达对“新中国”的看法，他们在自己所属的领域提出了各种“新中国”建设方案，通过促进各个领域的革新和发展来营造一个崭新的中国。比如他们在教育界提出发展新教育，培养新国民；在思想界文化界提出传播新思想，创造新文化；在社会生活领域提出革新生活伦理观，培养良好的生活习惯等。这些新内容都是“新中国”的重要组成部分，此时期国人对“新中国”的构想都是通过规划和营造这些具体领域的新面貌来体现的。还有些知识分子直接以建设“新中国”为己任，将“新中国”话语的使用推广到报刊和政党界，或创办《新中国》杂志，或成立“新中国党”，通过这种方式表达自己的“新中国”构想。在新教育、新思想、新生活等种种新举措共同作用下，国民意识得到了增强，普通民众也深感个人对“新中国”的责任和义务，纷纷表示要做一个新国民。“新国民”的培养和发展是“新中国”建设的重要内容，国民意识的新觉醒有力地推进了“新中国”的早日实现，同时“新中国”话语的内涵愈加丰富，新文化思潮的激荡使民主、自由、科学、平等成为“新中国”话语的主要内涵。

余论："新中国"从构想到现实

前述各章我们考察了"新中国"从一个地域名词到现代国家构想的发展演变，梳理了清末民初国人对"新中国"的不同构想和规划，展现了不同历史时期国人对"新中国"的期望和设想。通过以上研究，我们看到，近代以来，追求进步的国人不断探索救国救民的道路，提出了各种建立"新中国"的构想和方案，这些"新中国"构想虽在一定历史时期具有进步意义，但终因时代和阶级的种种局限性没能成为现实，都以失败而告终。直到中国共产党成立以后，党领导中国人民逐渐找到了一条正确的"新中国"建设道路，最终于1949年建立了真正的"新中国"——中华人民共和国，"新中国"也终于成为现实。对于国人的"新中国"构想除了以上章节所探究的，还有一些值得我们关注的问题，在这里作以补充。

5.1 清末民初"新中国"构想的历史局限性

"新中国"一词较早出现在晚清，最初是作为一个地域名词被使用，即康有为1889年提出的移民巴西，以此为"新中国"。此处的"新中国"与位于亚洲大陆的清王朝这个旧中国相对应，还不具有现代国家的含义。从名词概念的角度来看，“新中国”一词的表现形式伴随着晚清维新思想的盛行和进化论的传播，经历了国人从要求“维新中国”“以新中国”到呼吁建立一个“新中国”的发展演变，在此过程中，“新中国”一词的词性由动词变成名词。自康有为、梁启超之后，尤其是梁启超写作《新中国未来记》以来，“新中国”又从一个简单的地域名词逐渐成为近代国人对国家未来的构想。一代又一代仁人志士高呼“打倒旧中国，建立‘新中国’”，由于他们所处的历史时代不同，面临的国家境况不同，所受到的社会思潮影响也迥然不同，所以，他们在不同历史背景下提出的“新中国”构想千差万别，随着“新中国”概念的普及，“新中国”话语越来越流行，但“新中国”的内涵和称谓也不断发生变化，比如晚清的“立宪新中国”、民国初期的“民主共和国”和“虚君共和国”“三民主义新中国”等，体现了清末民初知识分子的“新中国”构想的发展轨迹。总的来说，随着历史的发展，国人对“新中国”的构想是逐渐具体和完善的，但同时又都具有一定的历史局限性。

晚清时期，康有为、梁启超等维新派提出了建立“新中国”的设想并频繁使用“新中国”作为其对未来国家的理想，他们的“新中国”构想体现了资产阶级改良派的政治思想。比如，梁启超在其著作《新中国未来记》中构想的“大中华民主国”是通过和平改良的方式建立的，并且第一任“新中国”的总统罗在田是清王朝的光绪皇帝。“新中国”的实现途径是联合志士、开民智、兴民德，待民智大开再开国会、立宪法，先由清王朝光绪帝任君主，进而圣主让权，人民共享民主。梁启超的“新中国”构想具有明显的阶级局限性，它实质上还是提倡用君主立宪代替封建专制，而且是通过渐进改良的方式。在顽固守旧的封建地主阶级和西方帝国主义的一致阻挠下，这种“新中国”构想不可能成功，它同维新变法一样最终失败，这就反映了梁启超等人政治改良思想的局限性，体现了维新派惧怕人民群众、惧怕暴力革命的软弱性和对封建地主统治阶级的妥协性。继《新中国未来记》之后，梁启超在

1911年发表了《新中国建设问题》，直接表达了他的“虚君共和”理想，这无疑是一种思想的倒退，暴露了梁启超政治思想中保守的一面。与梁启超相比，康有为的“新中国”构想更加不切实际，他希望通过与巴西政府协商的方式将中国人移往巴西，从而建立“新中国”，这对当时衰败落后的清王朝来说是不可能实现的，决定了他的“新中国”构想只能是一种空想。

在维新派提出“新中国”构想的同时，孙中山、邹容等革命派也表达了建立“新中国”的设想，他们的“新中国”构想代表了资产阶级革命派的国家理想。无论是邹容提出的“中华共和国”还是孙中山提出的“中华民国”，都主张走美国式的民主共和国道路，这种仿照美国的国家理想在很大程度上忽略了中国的国情和中国人民的接受程度，同样，他们同维新派一样没有注意到普通民众的力量，没能发动和团结民众，只是依靠所谓的军阀和上层知识精英，虽然通过革命的方式推翻了清王朝的统治，却没能建立一个真正的“新中国”，中华民国很快就名存实亡。当北洋军阀掌握实权之后，也正式宣告了资产阶级革命派提出的“新中国”构想以失败而告终。

民国初年，孙中山等人继续通过著书立说等方式对“新中国”进行构想，提出了“五权宪法”“实业计划”等建设“新中国”的方略，革命人士向岩写了《新中华民国》，他们都希望依靠自己的力量改变军阀统治下的中华民国，使中华民国成为名副其实的“新中国”。不可否认，孙中山的设想在当时具有很大的进步意义，但由于反动势力的强大和国民党的种种局限等原因，他提出的这些设想也没能真正地付诸实际。向岩的“新中华民国”方案也因为力量弱小而无法实施。这就证明了在反动势力异常强大的历史背景下，没有强大的革命力量和健全的革命组织，是不可能推翻“旧中国”，建立“新中国”的。

在本书的第4章，我们考察了新文化思潮影响下各界对“新中国”的构想，比如教育界、思想文化界、报刊界等，他们都是从各自的领域出发，提出通过改造教育、革新思想、改造社会等方案营造一个“新中国”。他们为建设“新中国”贡献了自己的智慧，提出了自己的主张，丰富和发展了民国时期国人的“新中国”构想，但是新文化运动早期的思想主张带有很强的小资产阶级自由主义的倾向，他们宣扬的民主、自由观念具有一定的局限性，而且他们的“新中国”建设方案囿于当时残酷的政治现实和新旧军阀交替统治的社会状况，在推行的过程中受到种种限制，得到的效果自然大打折扣。归根结底，主要是因为这些“新中国”建设方案没有触及“旧中国”的根本问题，更没有找到改变“旧中国”从专制到独裁、从旧军阀统治到新军阀专政这种恶性循环的正确道路。

清末民初国人的“新中国”构想虽然都没能成为现实，但在当时具有一定的进步意义，是先进人士对改变“旧中国”面貌的种种探索，这些构想为之后国人的“新中国”建设道路提供了一定的基础和借鉴。在这些进步人士对“新中国”的不断建构过程中，“新中国”从空想成为现代国家理想，这个发展演变过程体现了现代民族国家观念、民族主义思想对国人“新中国”构想的影响。

5.2 现代民族、国家观念及民族主义与“新中国”构想

近代以来，国人对“新中国”的构想和规划受到了各种因素的影响和制约，除了本书中已经提到的宪政、民主、共和、新文化思潮等因素以外，民族、民族主义和现代国家观念在中国的传播和发展也很大程度上影响着国人对“新中国”构想的深度和广度。

“民族”（nation）与“国家”（state）在语义所指上带有很大的重叠性，二者相伴而生。不少学者认为，在某种程度上，没有国家就没有民族，现代国家不仅是民族和民族主义的最佳预报者，而且现代国家与社会形式的联系对于重新统一的民族主义来说也是严峻考验，民族主义

是国家主权不可避免的伴随物。[①] 所以，民族、民族主义和现代国家始终存在不容忽视的紧密联系，保卫民族利益不受侵犯的现代理性诉求和认同促成了现代民族国家的出现。1900 年，梁启超在《少年中国说》中对国家的定义显然受到了现代民族国家观念的影响，他在《论中国学术思想变迁之大势》和《历史上中国民族之观察》两篇文章中对民族和中华民族的理解更是与西方民族观的传入紧密相关。

关于现代民族、国家观念在中国的传播和确立，已有不少学者做过专门的研究。学界普遍认为，汉文中"民族"一词较早出现在王韬《洋务在用其所长》一文以及梁启超 1899 年的著作《东籍月旦》中，但现代意义的"民族"大量使用是在 20 世纪初。梁启超在 1901 年的《中国史叙论》、1902 年《论中国学术思想变迁之大势》等文中已经频繁使用"东方民族""中国民族"等表述，并且首次提出了"中华民族"的概念。[②] 1902 年，梁启超在《论民族竞争之大势》一文中对民族主义也作了介绍，他指出："近四百年来，民族主义，日渐发生，日渐发达，遂至磅礴郁积，为近世史之中心点。顺兹者兴，逆兹者亡……民族主义者，实制造近世国家之原动力也"。[③] 梁氏认为，民族主义盛行使得世界各民族之间的竞争如群虎互睨，由于欧洲各国人口激增、国内生存矛盾激化，民族主义在 19 世纪末又生发出民族帝国主义，殖民主义思想也开始发酵。梁启超在文章中指出，达尔文的进化论加剧了民族之间的竞争，欧美国家借达尔文的学说以强者自居，宣扬优等民族必将制服劣等民族，"优等人斥逐劣等人而夺其利，犹人之斥逐禽兽"[④]。由此导致优等民族侵略劣等民族竟成为天经地义的"公德"，天赋人权

---

① ［英］安东尼·史密斯著，叶江译：《民族主义——理论、意识形态、历史》，上海世纪出版集团 2011 年版，第 52 页。

② 参见郑大华：《中国近代民族主义话语下的"民族""种族"和"国族"》，载于《史学月刊》2020 年第 8 期。李喜所：《中国现代民族观念初步确立的历史考察——以梁启超为中心的文本梳理》，载于《学术月刊》2006 年第 2 期。

③ 张品兴编：《梁启超全集》第 4 卷，北京出版社 1999 年版，第 887 页。

④ 张品兴编：《梁启超全集》第 4 卷，北京出版社 1999 年版，第 888 页。

思想被弱肉强食所取代，帝国主义、殖民主义由此盛行。

19 世纪末至 20 世纪初，西方现代民族观念是同民族主义、帝国主义交汇在中国传播开来并对中国民族国家的建构产生作用的。梁启超曾指出，民族主义是组建现代国家的重要因素，针对 20 世纪初民族竞争的惨烈，他指出："今日欲救中国，无他术焉，亦先建设一民族主义之国家而已。以地球上最大之民族，而能建设适于天演之国家，则天下第一帝国之徽号，谁能篡之？"[①] 此处所言的地球上最大的民族，指的应是中国国内各民族的统一体，他提倡依靠统一民族的力量建造新国家，从而实现救国的目的。正如有的学者所指出的，中国现代国家的建构正是在外国入侵的情况下发生的，它首先是以民族主义为旗帜，要求建立独立统一的民族国家。[②]

所谓民族国家，是指"一种主权独立、从民族的角度加以界定的国家形态。具体来说，民族国家是由王朝国家发展而来，并取代王朝国家的一种国家形态"。[③] 梁启超是较早开始在国内宣传介绍现代民族国家观念的主要代表人物，《清议报》《新民丛报》《新小说》等报刊发挥了重要作用。在此影响下，国人们提出了各种具有现代国家特征的"新中国"构想。1899 年，《清议报》连载伯伦知理的《国家论》，开始系统介绍西方现代的国家观念，指出国家是一个"有机体"，对国民、主权、法制等组成"有机体"的各个部分进行了介绍。伯伦知理的《国家论》对于中国人树立现代国家观念起到了重要作用。1902 年，梁启超《新民说》中专门一节名为"论国家思想"，他指出"中国人知有天下而不知有国家"，呼吁培养"新国民"，建立"新中国"。1903 年《浙江潮》连载的《新名词释义》中出现了"国家"一词的定义，采用了伯伦知理的"有机国家论"的观点。[④] 观念史的研究也表明，近

① 张品兴编：《梁启超全集》第 4 卷，北京出版社 1999 年版，第 899 页。

② 徐勇：《"回归国家"与现代国家的建构》，载于《东南学术》2006 年第 4 期。

③ 周平：《论中国民族国家的构建》，载于《当代中国政治研究报告Ⅵ》，黄卫平、汪永成主编，北京社会科学文献出版社 2009 年版，第 93 页。

④ 《新名词释义》，载于《浙江潮》1903 年第 2 期，第 186 ~ 187 页。

代中国学习西方建立现代民族国家正开始于 1900 ~ 1915 年这一时间段。① 笔者以为，中国现代民族国家的建构历程也正是国人的“新中国”构想不断具体和清晰的发展过程，而这一过程伴随着现代民族、国家观念以及民族主义思想在中国的传播和发展。正如美国学者列文森曾指出的：“近代中国思想史的大部分时期，是一个使‘天下’成为‘国家’的过程。”② 近代中国从“天下”到“国家”的思想演变过程也是国人的“新中国”构想不断发展的过程，是近代国人不断探索推翻“王朝国家”，建立“现代民族国家”的发展历程。

实际上，戊戌维新时期，民族和现代国家的概念已经开始传入中国。随着现代国家观念在中国的传播，国人对“新中国”的构想也进一步发展和深化，梁启超的《新中国未来记》、邹容的《革命军》、蔡元培的《新纪元》、陆士谔的《新中国》中对“新中国”的构建都受到了现代国家理论和观念的影响。所以，民族、民族主义和现代国家观念在近代中国的发展是“新中国”构想发展演变的一条暗含的线索。

安东尼·史密斯曾指出：“民族主义只有在短暂的时段内会变得极为重要，即在民族建构、征服、外部威胁、领土争议、或内部受到敌对族群或文化群体的主宰等危机时，民族主义才显得极为重要。”③ 笔者认为，在不同时期，民族主义会以不同的形式发挥作用，并且体现出不同的理论建构。比如在晚清时期，维新派和革命派要求建立“新中国”是在甲午战败、八国联军侵华的背景之下产生的，是在受到外族入侵情况下要求保护国家和领土的表现，它也是在民族和现代国家概念逐渐传入中国的背景下兴起的。孙中山“三民主义”思想中的民族主义始终在革命派的“新中国”构想中处于重要地位，最初呼吁建立的“新中

---

① 金观涛、刘青峰著：《观念史研究：中国现代重要政治术语的形成》，法律出版社 2010 年版，第 243 页。

② ［美］列文森著，郑大华、任著译：《儒教中国及其现代命运》，中国社会科学出版社 2000 年版，第 87 页。

③ ［英］安东尼·史密斯著，叶江译：《民族主义——理论、意识形态、历史》，上海人民出版社 2006 年版，第 24 页。

国”是为了推翻满清，恢复汉族统治，这是狭隘的民族主义的表现。革命派在建立民国后改变了对民族主义的认识，提出了“五族共和”，各民族相互融合形成“中华民族”的观念逐渐得到认同。民国初年，孙中山的《建国方略》和向岩的《新中华民国》，都提出建立一个真正民主共和的“新中国”，即“新中华民国”，他们提出反对军阀独裁统治，呼吁新建一个维护人民权利的民主共和国。北伐时期，国人对“新中国”的构想更是以民族主义相标榜，提出打倒帝国主义和军阀，统一全国，废除不平等条约，建立一个独立自由的“新中国”。进入20世纪三四十年代，民族主义的理论建构则主要表现为民族复兴思潮。[①]当时中国的各党各派都自觉地关注民族的复兴，诸多报刊开辟专栏讨论“民族复兴问题”，民族复兴思潮在中国思想界极为活跃。这一思潮的兴起是与当时的历史背景相联系的，日本帝国主义的侵略使中国陷入亡国灭种的民族危机之中，此时的国人高举民族解放和民族复兴的旗帜，提出全民族团结起来，共同打倒帝国主义，建立独立、平等、统一的“新中国”。1937年9月，中国共产党发表了《关于国共两党抗日民族统一战线建成后宣传内容的指示》，指出：“中华民族之复兴，日本帝国主义之打倒，将于今后的两党团结与全国团结得到基础”。[②] 在中国共产党的号召下，中华民族团结一致，建立了抗日民族统一战线，为建立“新中国”和实现“中华民族复兴”提供了重要的前提。可见，民族主义在现代国家构建中起着重要作用，它能动员、整理不同精英们的目标和利益，并使之合法化，为他们提供共同的平台。民族主义运动或以统一国家，或以新建国家，或最通常地以反对现存国家为目标。民族主义的论说只有在现代条件下，特别是当一个专制的国家从市民社会中分离出来，许多受过教育的人民产生了异化和挫折感，并需要寻求能承

① 郑大华：《“九·一八”事变后费希特民族主义思想的系统传入与影响》，载于《近代史研究》2009年第6期。

② 中央档案馆编：《中共中央文件选集》第11册，北京：中共中央党校出版社，1991年版，第348页。

诺重新整合国家和社会的学说之后，才能获得广泛的吸引力。[①] 通过对近代国人“新中国”构想的研究表明，这一理论在近代国人对“新中国”的不断追求和探索中得到了印证，近代中国的每一次新建国家运动、每一次“新中国”建设构想的热潮都与民族主义有着千丝万缕的联系。

近代国人对“新中国”的构想是在现代民族观念、国家观念传入中国以后逐渐深化和发展的，“新中国”的建设过程也是近代中国逐渐走向现代国家、实现现代化的过程。

5.3 中国共产党使“新中国”构想成为现实

近代国人对“新中国”的构想经历了很长的历史演变过程，在不同历史时期，面临不同的历史背景，国人对“新中国”的期望和构想也有所不同。本书从纵、横两个方向对清末民初国人的“新中国”构想进行了研究。首先，从纵的方面来讲，对不同时期的人们对国家的构想进行了考察，分析了近代以来国人的“新中国”构想经历了怎样的发展演变；其次，从横的方面来说，对同一时期不同派别、不同阶层的人们对“新中国”的构想进行了研究，梳理出他们之间的区别与联系。不同时期的“新中国”构想之所以呈现不同的面貌，是由不同的时代特征决定的；同一时期国人对“新中国”的构想存在差别，是因为他们的阶级属性不同、接受的思想不同，看待问题的出发点和立足点不同，从而对国家未来发展道路的规划也就截然不同，比如同一时期的维新派和革命派。在清末民初国人的“新中国”构想一一失败的背景下，中国共产党诞生了。

中国共产党的诞生是20世纪中国民族民主革命的新生因素，俄国

---

① ［英］安东尼·史密斯著，叶江译：《民族主义——理论、意识形态、历史》，上海世纪出版集团2011年版，第80页。

十月革命前后马克思主义的传播和中国工人阶级的成长壮大使中国共产党应运而生。中国共产党彻底的反帝反封建主张，超越了清末民初维新派、革命派的阶级局限性。中国共产党自诞生之日起，就开始了对“新中国”的构想和实践，肩负起了“为中国人民谋幸福，为中华民族谋复兴”的初心和使命，确立了推翻帝国主义、实现民族解放和推翻封建主义、建立人民民主政权的奋斗目标。它跟资产阶级国民党相比，具有更加彻底的反帝反封建特征，在与帝国主义的斗争中，中国共产党也没有放弃对封建主义的反抗，在追求民族解放的同时也对革命后的“新中国”进行构想和规划。

早在新文化运动时期，对于中华民族的危机，中国共产党早期领导人李大钊较早地提出了中华国家之再造和中华民族的更生问题。1917年2月，李大钊在《新中华民族主义》一文中就指出：“盖今日世界之问题，非只国家之问题，乃民族之问题也。而今日民族之问题，尤非苟活残存之问题，乃更生再造之问题也。余于是揭新中华民族主义之赤帜，大声疾呼以号召于吾新中华民族少年之前”。[①] 他在1917年4月发表的《大亚细亚主义》一文中进一步指出：“故言大亚细亚主义者，当以中华国家之再造，中华民族之复活为绝大之关键。”[②] 他号召亚洲被压迫和被奴役的人民，“拿民族解放做基础，根本改造，凡是亚细亚的民族，被吞并的都该解放，实行民族自决主义”，[③] 联合起来共同反抗帝国主义的侵略。他在《新纪元》和《战后之世界潮流》中，说明了无产阶级革命是20世纪不可抗拒的历史潮流。他的《我的马克思主义观》介绍了马克思主义的阶级斗争学说，指出无产阶级与有产阶级斗争的历史使命。中国共产党成立后继承和发展了早期共产主义者李大钊对马克思主义理论的传播，确立了阶级斗争路线和反对帝国主义、实现民族解放的革命目标。

---

① 朱文通等整理编辑：《李大钊全集》第2卷，河北教育出版社1999年版，第493页。
② 朱文通等整理编辑：《李大钊全集》第2卷，河北教育出版社1999年版，第663页。
③ 李大钊著：《李大钊选集》，人民出版社1959年版，第121页。

1922年7月，中国共产党在《关于“民主的联合战线”的决议案》中指出：“我们共产党应该出来联合全国革新党派，组织民主的联合战线，以扫清封建军阀推翻帝国主义的压迫，建设真正民主政治的独立国家为职志”。[①] 真正独立的、民主的“新中国”是中国共产党最早确立的国家理想。在革命实践过程中，中国共产党不断将马克思主义与中国国情相结合，曾提出“中华苏维埃人民共和国”“三民主义新中国”“新民主主义共和国”等作为其“新中国”话语的表述。[②]

5.3.1 从“中华苏维埃共和国”到“中华民主共和国”

中国共产党自成立以来就不断地领导工农运动，有着良好的群众基础。它彻底的反帝反封建的斗争纲领显示出中国共产党具有彻底的革命性。1927年5月，中共五大宣言提出要建立工农小资产阶级的革命民权同盟，“打倒帝国主义军阀及反叛的资产阶级的反革命联盟”“建立新的自由的中国”。[③] 中国共产党对于国民党镇压工农革命的反动统治予以坚决还击，他们不断团结和发动工农群众，建立了农村革命根据地和工农苏维埃政权，继续开展反帝反封建的革命斗争。

1927年10月23日，《中国共产党、中国共产主义青年团反对军阀战争宣言》明确提出：“我们将地主阶级的土地夺回来给农民，没收一切大工厂大银行大企业，消灭重利盘剥，推翻军阀及帝国主义，彻底的改良工人及一般劳动者生活，统一中国，造成新中国——工农兵劳动贫民代表会议（苏维埃）的中国”，只有这样“才能开始新中国将来的光

① 《建党以来重要文献选编》第1册，中央文献出版社2011年版，第139页。

② 张旭东：《中国共产党“新中国”话语体系的演进》，载于《人民论坛》2019年5月下，第92~94页；胡国胜：《中国共产党“新中国”符号的话语建构与历史演变》，载于《党的文献》2017年第1期，第95~103页。

③ 《建党以来重要文献选编》第4册，中央文献出版社2011年版，第224页。

明之路"[1]。此时的"新中国"指的是苏联模式的"苏维埃共和国"，这是"新中国"一词首次出现在党的正式文件中。"苏维埃共和国"包含了这之后相继提出的建立"苏维埃中国共和国""工农民主苏维埃共和国""中国工农苏维埃共和国"等口号。

中国共产党人瞿秋白在 1927 年 11 月发表关于中国革命前途的展望，他批判了国民党统治当局的反革命政策，认为国民党的统治不能解决中国的社会问题和民族解放问题，如土地问题、劳资问题、关税自主、民族独立等问题。[2] 他指出，"中国革命是由民权主义到社会主义的无间断的革命，中国革命恰好是马克思主义所称为由民权主义生长而成社会主义的最明显的实行。……中国只有一个革命：中国革命除非不胜利，要胜利便是工人阶级领导农民武装暴动获得政权开辟社会主义道路的革命"。[3] 所以，未来的"新中国"必须是工人阶级和农民阶级联合起来走向社会主义的道路。"中华苏维埃共和国"以及后来的"中华苏维埃人民共和国"的建立是中国共产党早期对"新中国"构想的实践。

1931 年 11 月 7 日，中华苏维埃共和国临时中央政府在江西瑞金宣告成立。中华苏维埃政权颁布了《中华苏维埃共和国宪法大纲》《中华苏维埃共和国土地法》《中华苏维埃共和国劳动法》等法律文件，规定没收地主阶级土地，分配给贫农和中农。这个政权性质是无产阶级领导的反帝反封建的工农民主专政[4]，专政的目的是消灭一切封建残余，驱逐一切帝国主义在华势力，统一中国。苏维埃政权采取斗争与教育并重的策略，一面与国民党政权进行斗争，一面实施对工农群众的教育。以

---

① 中央档案馆编：《中共中央文件选集》第 3 册，中共中央党校出版社 1983 年版，第 326 ~ 327 页。

② 瞿秋白：《中国革命是什么样的革命》，张勇、蔡乐苏主编：《中国思想史参考资料选集》晚清至民国卷（下），清华大学出版社 2005 年版，第 393 页。

③ 瞿秋白：《中国革命是什么样的革命》，张勇、蔡乐苏主编：《中国思想史参考资料选集》晚清至民国卷（下），清华大学出版社 2005 年版，第 395 页。

④ 张闻天著，张闻天选集编辑组编：《张闻天文集》（第一卷），中共党史出版社 1990 年版，第 286 页。

马列主义教育武装苏区的工农群众，启发民众为自身的解放而斗争，为了民族解放而斗争。创办苏维埃师范学校、苏维埃大学，成立青年团、工会、少先会、工农剧社、赤色体育会、消灭文盲协会、赤色教师联合会、赤色学生联合会等开展文化教育工作[①]，致力于消除文盲、消除封建思想和小资产阶级思想的残余。因第五次反围剿战争的失败，中华苏维埃共和国中央政府被迫于1934年10月撤离江西苏区，于1935年10月转移至陕甘苏区，首都由江西瑞金迁至陕西延安，于同年12月瓦窑堡会议后改为“中华苏维埃人民共和国”，1935年12月25日，中央政治局通过了《中央关于目前政治形势与党的任务决议》，决议指出：“为了使民族统一战线得到更加广大的与强有力的基础，苏维埃工农共和国及其中央政府宣告：把自己改变为苏维埃人民共和国，把自己的政策，即苏维埃工农共和国的政策的许多部分，改变到更加适合反对日本帝国主义变中国为殖民地的情况”。[②]“苏维埃人民共和国”是中国共产党在民族矛盾突出背景下对团结人民反对日本帝国主义的话语反映，它扩大了国家政权的阶级基础和社会基础，有利于团结更广大的力量共同抗日。

随着日本帝国主义侵略日益猖狂、民族危机日益加深，“苏维埃人民共和国”的名称已经不能适应全民族抗战的需要。1935年中国共产党发表《抗日救国宣言》，提出了“联合一切愿意抗战的力量、建立全国抗日民族统一战线”的口号。1936年9月中共中央政治局决议，将“人民共和国”口号改为“民主共和国”口号，1936年10月10日，《中共中央等为庆祝红一、二、四方面军大会合通电》中正式提出“中华民主共和国”[③]。11月2日，毛泽东在致许德珩等人的信中提到“为中华民主共和国而奋斗”[④]。这些都反映了中国共产党顺应时势对自己

① 张闻天著，张闻天选集编辑组编：《张闻天文集》（第一卷），中共党史出版社1990年版，第410页。

② 《建党以来重要文献选编》第12册，中央文献出版社2011年版，第540页。

③ 《建党以来重要文献选编》第13册，中央文献出版社2011年版，第319页。

④ 《毛泽东书信选集》，人民出版社1983年版，第84页。

要建立的国家称呼进行相应的调整，中国共产党的“新中国”话语也就从“苏维埃人民共和国”发展成了“中华民主共和国”。

1937年9月18日，张闻天在《论抗日民族革命战争的持久性》一文中指出：“全国性抗战的开始，即是中华民族新时代的开始，也即是独立自由幸福的新中国的诞生的开始，也即是东方被压迫民族历史的转变期的开始。……中华民族抗战的目的，是在打倒世界上最反动、最侵掠与最野蛮的法西斯日本帝国主义，是在建立一个统一的独立、自由、幸福的中华民主共和国”。[①]“独立、统一、自由、幸福”成为中国共产党要建立的“新中国”目标。

中国共产党在抗战时期不止一次地强调，“抗日战争是全民族的革命战争”，战争的目的是“驱逐日本帝国主义、建立自由平等的新中国”[②]。张闻天于1939年6月30日在中共中央机关报《新中华报》上发表《在民族自卫战最前线的岗位上》一文，他指出，中国共产党面对日本帝国主义的侵略，一方面始终坚持全面的全民族的抗战，势将“驱逐日寇出中国、打到鸭绿江边、收复一切失地”。另一方面，“坚决主张全国军队、政治、党务、民运、文化教育等方面的主动、大胆的、彻底的、迅速的改革，尤其着重于民主自由权利的保障与现代民主政治的建立，着手于大量发动、组织与武装民众，提高他们的觉悟程度，使他们在中华民族与国家内取得应有的政治的与社会的平等地位”。[③]他指出，中国共产党自成立之日起就确立了为中华民族和中国人民的彻底解放而奋斗的目标，“反对任何不切实际的速胜论和悲观失望的‘民族失败主义’”[④]。民族失败主义就是指汪精卫等人背叛民族、宣扬中华民

① 张闻天著，张闻天选集编辑组编：《张闻天文集》（第二卷），中共党史出版社1993年版，第353页。

② 《毛泽东选集》（第二卷），人民出版社1991年版，第482页。

③ 张闻天著，张闻天选集编辑组编：《张闻天文集》（第三卷），中共党史出版社1994年版，第2页。

④ 张闻天著，张闻天选集编辑组编：《张闻天文集》（第三卷），中共党史出版社1994年版，第7页。

族抗战必将失败的错误言行。中国共产党对“民族失败主义”的批判体现了对“民族复兴”奋斗目标的坚定信念，也即是说，中华民族的全面抗战必将胜利，中华民族必将实现民族独立和复兴。毛泽东更是写了《论持久战》，批判亡国论和速胜论，指出抗日战争的艰难性和持久性，最后肯定抗日战争的胜利必将属于中国，指出：“只要中国坚持抗战和坚持统一战线，就一定能把旧日本化为新日本，把旧中国化为新中国。”①

张闻天曾指出，全面抗日战争的前两年“锻炼了全民族的精诚团结，进步统一，发扬了忠勇奋发威武不屈的精神，唤起了全世界的同情和敬仰，粉碎了日寇速战速决的狂妄企图，奠定了继续抗战争取胜利之始基，开创了独立自由幸福的新中国的远景”。② 他呼吁坚持抗战、团结统一，彻底拥护三民主义，共同建立一个“独立自由幸福的新中国”③，实现抗战胜利和中华民族的解放。从“中华苏维埃共和国”到“中华民主共和国”的提出，是中国共产党为建立抗日民族统一战线所采取的重大步骤，是中国共产党出于民族大义，为促成抗日民族统一战线和争取抗日民族解放战争的最后胜利而对国民党所作出的必要让步。④ 在中国共产党的努力之下，全国各阶层民众团结在一起建立了全国抗日民族统一战线，可以说，全国性抗战的展开是中华民族完全觉醒的信号，是要打倒一切帝国主义压迫、争取本民族解放的光荣正义之战。

中国共产党自成立起，就自觉担负起了建立“新中国”的使命，在党的文件和宣言中多次使用“新中国”一词来表达自己的政策和纲

---

① 《毛泽东选集》（第二卷），人民出版社 1991 年版，第 457 页。

② 张闻天著，张闻天选集编辑组编：《张闻天文集》（第三卷），中共党史出版社 1994 年版，第 10 页。

③ 张闻天著，张闻天选集编辑组编：《张闻天文集》（第三卷），中共党史出版社 1994 年版，第 12～13 页。

④ 袁成亮：《从中华苏维埃共和国到中华人民共和国——新中国诞生之路述略》，《党史纵览》1999 年第 5 期。

领，并日益明确了他们的“新中国”构想的目标。如张闻天和毛泽东在文章中多次提到的统一、自由、民主、平等、幸福的“新中国”，中国共产党为了实现“新中国”构想不断进行着革命实践。在革命斗争过程中，中国共产党始终将民族利益放在第一位，在全面抗战初期适时地调整政策和方针，将最初的工农苏维埃政权调整为中华民主共和国政权，他们构建的“新中国”称号也从“中华苏维埃共和国”发展为“中华民主共和国”。

5.3.2 从“民主共和国”到“新民主主义共和国”

随着抗日战争形势的发展，中国共产党对“民主共和国”内涵进行了明确的阐释。1939 年 12 月，中共中央领导人毛泽东和其他几个在延安的同志张闻天、李维汉等合作写成了《中国革命和中国共产党》，文章指出：“中国现阶段的革命所要造成的民主共和国，一定要是一个工人、农民和其他小资产阶级在其中占一定地位起一定作用的民主共和国。换言之，即是一个工人、农民、城市小资产阶级和其他一切反帝反封建分子的革命联盟的民主共和国。这种共和国的彻底完成，只有在无产阶级领导之下才有可能”。[①] 这就将新民主主义革命所形成的“民主共和国”与一般意义上的“民主共和国”划清了界限。

毛泽东在《中国革命和中国共产党》一文中指出，“现时中国的资产阶级民主主义的革命，已不是旧式的一般的资产阶级民主主义的革命，这种革命已经过时了，而是新式的特殊的资产阶级民主主义的革命。……我们称这种革命为新民主主义的革命。这种新民主主义的革命是世界无产阶级革命的一部分，它是坚决反对帝国主义即国际资本主义的。它在政治上是几个革命阶级联合起来对于帝国主义者和汉奸反动派的专政，反对把中国社会造成资产阶级专政的社会。它在经济上是把帝

① 《毛泽东选集》（第二卷），人民出版社 1991 年版，第 649 页。

国主义者和汉奸反动派的大资本大企业收归国家经营，把地主阶级的土地分配给农民所有，同时保存一般的私人资本主义的企业，并不废除富农经济。因此，这种新式的民主革命虽然一方面是替资本主义扫清道路，但在另一方面又是替社会主义创造前提。中国现时的革命阶段，是为了终结殖民地、半殖民地、半封建社会和建立社会主义社会之间的一个过渡的阶段，是一个新民主主义的革命过程”。[①] 这是毛泽东对新民主主义的初步论述，之后他将此观点发展完善，就是后来的《新民主主义论》。新民主主义的提出是为了反击国民党对三民主义的歪曲解释，是为了揭露国民党政权的独裁专制。一方面，蒋介石国民政府对民主思想的打压，特别是对文化言论的控制已经违背了孙中山三民主义的原则，使三民主义遭到彻底的破坏，真正的三民主义几乎在中国销声匿迹。另一方面，孙中山的三民主义已经不能适应革命的变化，需要提出一种新型的、更加具有说服力的思想来指导中国的革命。于是中国共产党提出了工人阶级领导下的新民主主义，马克思、列宁主义的中国化和对彻底民主的强调成为新民主主义的特征，它致力于团结和发动群众，彻底打败帝国主义和封建主义，解决农民土地问题，坚持群众路线，实行彻底的民主。

中国共产党对新民主主义理论的完善是共产党员集体探索和思考的成果。在毛泽东提出新民主主义革命以及对新民主主义政治和经济的初步论述的基础上，1940 年 1 月 5 日，中共中央机关刊物《解放》第 103 期上刊载《抗战以来中华民族的新文化运动与今后任务》一文，署名洛甫。本文是张闻天在陕甘宁边区文化界救亡协会第一次代表大会上的报告，他指出，“抗战以来中华民族的新文化运动服从于抗战建国的政治目的。这是抗战建国的一种重要的斗争武器。其目的，是要在文化上、思想意识上动员全国人民为抗战建国而奋斗，建立独立、自由、幸

---

① 《毛泽东选集》（第二卷），人民出版社 1991 年版，第 647 页。

福的新中国，建立中华民族的新文化，以最后巩固新中国”。[①] 张闻天在报告中延续了中国共产党人对“新中国”话语的使用，这篇文章对中华民族如何实现抗战建国和抗战以后实现什么样的“新中国”进行了阐述，它对抗战以来中华民族新文化的性质、内容和任务作了系统全面的论述，指出中华民族的新文化应该是民族的、民主的、科学的、大众的，具体而言：“（一）民族的，即抗日统一，反帝、反抗民族压迫，主张民族独立与解放，提倡民族的自信心，正确把握民族的实际与特点的文化；（二）民主的，即反封建、反专制、反独裁、反压迫人民自由的思想习惯与制度，主张民主自由、民主政治、民主生活与民主作风的文化；（三）科学的，即反对武断、迷信、愚昧、无知，拥护科学真理，把真理当做自己实践的指南，提倡真能把握真理的科学与科学的思想，养成科学的生活与科学的工作方法的文化；（四）大众的，即反对拥护少数特权者压迫剥削大多数人、愚弄欺骗大多数人、使大多数人永远陷于黑暗与痛苦的贵族的特权者的文化，而主张代表大多数人利益的、大众的、平民的文化，主张文化为大众所有，主张文化普及于大众而又提高大众”。[②] 他强调，这个中华民族的新文化与“五四”时期的新文化运动不同，五四运动以前是在资产阶级领导下，五四运动以后主要在工人阶级领导下，二者虽同为民主主义的，但五四运动以后的新文化是彻底的民主主义，即新民主主义。他还指出：“中华民族新文化的胜利，必然是彻底的民主主义文化，即新民主主义文化的胜利，社会主义文化将在其中起着先锋的与指导的作用。”[③] 张闻天认为当前的任务是普及新文化到民众中去，扩大和巩固统一战线，编写新民族主义文化的教材、读物、杂志、报纸，编译介绍马列主义原著，使马列主义中国

① 张闻天著，张闻天选集编辑组编：《张闻天文集》（第三卷），中共党史出版社 1994 年版，第 37 页。

② 张闻天著，张闻天选集编辑组编：《张闻天文集》（第三卷），中共党史出版社 1994 年版，第 38～39 页。

③ 张闻天著，张闻天选集编辑组编：《张闻天文集》（第三卷），中共党史出版社 1994 年版，第 55 页。

化，“全中国的新文化运动者与青年知识分子，应该使用一切武器与力量，为坚持抗战，坚持团结，坚持进步，实现民主，实施宪政，建立独立、自由、幸福的新中国而奋斗”。[①] 这篇报告的主旨就是揭示了抗战以来中国共产党的文化方针，即建立一种民族的、民主的、科学的、大众的中华民族新文化，即新民主主义文化。这种新文化宣扬打倒日本帝国主义和汉奸文化，打倒主张投降、分裂的反动文化，打倒专制独裁的封建文化，为全面抗战胜利和“新中国”的建立提供文化支持。

1940 年 2 月 20 日，毛泽东在《解放》第九十八、第九十九期合刊发表《新民主主义论》，对抗战后中国要建立一个怎样的“新中国”和“新中国”的政治、经济、文化政策作了详细的阐述，《新民主主义论》开篇就提出了“中国向何处去”的问题，然后明确作了回答——“我们要建立一个新中国”。[②]《新民主主义论》指出，中国社会的半殖民地半封建性质决定了中国革命分为民主主义和社会主义两个阶段，而第一阶段是属于资产阶级民主革命的范畴，是要为资本主义发展扫除障碍，然而从五四运动和中国共产党的诞生起，“这种革命，已经不是旧的、被资产阶级领导的、以建立资本主义的社会和资产阶级专政的国家为目的的革命，而是新的、被无产阶级领导的、以在第一阶段上建立新民主主义的社会和建立各个革命阶级联合专政的国家为目的的革命”。[③] 所以，“现在所要建立的中华民主共和国，只能是在无产阶级领导下的一切反帝反封建的人们联合专政的民主共和国，这就是新民主主义的共和国，也就是真正革命的三大政策的新三民主义共和国”。[④] 这个新民主主义共和国既不同于欧美式的资产阶级专政的资本主义共和国，也不同于苏联式的无产阶级专政的社会主义共和国，它是几个革命阶级联合专政的共和国，是一切革命阶级对于反革命阶级的专政，这是“新民主

---

① 张闻天著，张闻天选集编辑组编：《张闻天文集》（第三卷），中共党史出版社 1994 年版，第 63 页。

② 《毛泽东选集》（第二卷），人民出版社 1991 年版，第 662～663 页。

③ 《毛泽东选集》（第二卷），人民出版社 1991 年版，第 668 页。

④ 《毛泽东选集》（第二卷），人民出版社 1991 年版，第 675 页。

主义共和国”的“国体”。关于政权机构的组织形式，即“政体”，毛泽东指出，“中国现在可以采取全国人民代表大会、省人民代表大会、县人民代表大会、区人民代表大会直至乡人民代表大会的系统，并由各级代表大会选举政府。但必须实行无男女、信仰、财产、教育等差别的真正普遍平等的选举制……这种制度即是民主集中制”。[①] 这是“新民主主义共和国”的政治。而“新民主主义共和国”的经济，是要实行“节制资本、平均地权”的道路，采取必要方法，没收地主土地分配给无地和少地的农民，实现“耕者有其田”，“凡本国人及外国人之企业，或有独占的性质，或规模过大为私人之力所不能办者，如银行、铁道、航路之属，由国家经营管理之，使私有资本制度不能操纵国民之生计”[②]，使无产阶级领导下的国营经济和各种合作制经济成为国民经济的主导。所谓新民主主义的文化，毛泽东指出，“就是无产阶级领导的人民大众的反帝反封建的文化”[③]，就是民族的、科学的、大众的文化。“新民主主义的政治、新民主主义的经济和新民主主义的文化相结合，这就是新民主主义共和国，这就是名副其实的中华民国，这就是我们要造成的新中国。”[④]《新民主主义论》是毛泽东对“新民主主义共和国”这个“新中国”的政治、经济、文化展开的全面论述。《新民主主义论》的发表表明，中国共产党的“新中国”构想已经从“民主共和国”进一步上升到了“新民主主义共和国”的高度，明确提出了无产阶级必然成为这个“新中国”的领导者。

《新民主主义论》阐述了中国共产党人“新中国”构想的丰富科学内涵，这是中国共产党人对马克思国家理论在中国文化范式中的探索，是中国共产党人对马克思主义国家学说的重要发展。以《新民主主义论》为理论基础，中国共产党人总结对于国家理论的探索与实践，逐

① 《毛泽东选集》（第二卷），人民出版社 1991 年版，第 677 页。
② 《毛泽东选集》（第二卷），人民出版社 1991 年版，第 678 页。
③ 《毛泽东选集》（第二卷），人民出版社 1991 年版，第 698 页。
④ 《毛泽东选集》（第二卷），人民出版社 1991 年版，第 709 页。

渐形成系统、完善的中国共产党的国家理论。

《新民主主义论》自面世起就被作为权威文本得到广泛的传播，据学者统计，仅在1940年就有30多家出版单位出版此书，中华人民共和国成立以前，其汉文版单行本就有250余种。在延安和其他解放区创办的各类学校里，从1940年起就开始讲授新民主主义革命理论，比如中国人民大学还保存陕北公学当年学习和讨论的小册子，何干之在华北联大开设了“新民主主义论解说”的课程。[①] 这些举措也必然使“新民主主义共和国”这个“新中国”话语称号得到了广泛的宣传和传播。全面抗战胜利前夕，建立“新中国”是民族革命胜利后的首要任务。“新中国”的使用频率和呼声越来越高，各阶层、各领域都在期盼“新中国”的诞生。1945年，中共七大上，毛泽东作了《论联合政府》的报告，重申了建立各党派各阶级联合专政的“新民主主义共和国”的构想，提出废止国民党一党专政，建立民主的联合政府，实行民主改革，“将中国建设成为一个独立、自由、民主、统一和富强的新国家”。[②] 联合政府的“新中国”构想得到了许多民主党派的支持和拥护，得到了广大人民群众的认可，决定了中国共产党最终成为“新中国”领导者的历史必然性。

5.3.3 从“新民主主义共和国”到“中华民人民共和国”

全面抗战胜利后，国民党反动统治陷入了全国人民的声讨中，中国共产党的各项民主政策和“新中国”建设方案日益得到国人的认可。中国共产党自成立之日起即确立的群众路线，是中国共产党区别于历史上任何政党的最显著的优势，使党能够深入群众、发动群众、团结群众，奠定了中国共产党深厚而广泛的群众基础。由于中国共产党对民主、自

---

① 刘辉：《中国共产党人的文化自觉——新民主主义文化思想再研究》，中共党史出版社2008年版，第212~217页。

② 《毛泽东选集》（第三卷），人民出版社1991年版，第1053页。

由、平等观念的坚守和践行，对民族独立和人民解放的不懈追求，使党能够团结一切民主革命的力量，完成反帝反封建的革命任务。1948 年 4 月 30 日，中共中央在纪念五一国际劳动节的口号中提出，“各民主党派、各人民团体、各社会贤达迅速召开政治协商会议”，讨论成立民主联合政府。这个号召得到各民主党派和各界人士的热烈响应，据统计，从香港地区北上进入中国共产党领导的解放区的民主人士和文化界精英先后有 20 多批、1000 多人。1949 年 1 月，各民主党派代表及其他人士李济深、沈钧儒、马叙伦、郭沫若、谭平山等五十五人联合发表《对时局的意见》，一致表示，中共中央提出的召开政治协商会议、成立人民民主联合政府的主张“符合于全国人民大众的要求”，表示“响应中共去年五月一日召开新政治协商会议解决国是之主张，愿在中共领导下，协力完成革命，缔造新中国”[①] “以期中国人民民主革命之迅速成功，独立、自由、和平、幸福的新中国之早日实现”。[②] 随着人民解放战争的不断胜利，中国共产党的领导地位逐渐确立，中国共产党关于建立人民共和国、走社会主义道路的主张，得到各民主党派和社会各界人士的认同。

1949 年 6 月 15 日，毛泽东在新政协筹备会开幕式上指出：“中国人民将会看见，中国的命运一经操在人民自己的手里，中国就将如太阳升起在东方那样，以自己的辉煌的光焰普照大地，迅速地涤荡反动政府留下来的污泥浊水，治好战争的创伤，建设起一个崭新的强盛的名副其实的人民共和国”[③]。1949 年 9 月 21 日，中国人民政治协商会议第一届全体会议在北京隆重召开，被邀参加会议的代表共 662 人，来自 45 个单位和地区，其中共产党人约占 44%，各民主党派约占 30%，工人、农民和无党派人士约占 26%。这充分体现了中国共产党领导的“新中

① 《李济深等五十五人发表时局声明，支持毛泽东八项条件》，载于《申报》1949 年 1 月 24 日（上海版），第二万五千四百八十号，第一版。

② 中共中央党史研究室著：《中国共产党的九十年：新民主主义革命时期》，中共党史出版社 2016 年版，第 315 页。

③ 《毛泽东文集》第 4 卷，人民出版社 1996 年版，第 1467 页。

国”具有广泛的人民民主的特点。特邀代表宋庆龄在政协会议上发言指出，“这是一个历史的跃进，一个建设的巨力，一个新中国的诞生！我们达到今天这个地位，是由于中国共产党的领导，这是一个唯一拥有人民大众力量的政党”。[①] 她号召：“让我们现在就着手工作，建立一个独立、民主、和平与富强的新中国。”[②] 民主建国会代表黄炎培在政协会议上发言，表示即将建立的“新中国”就像一所大厦，“这一所新的大厦，已经提名了是中华人民共和国”，“这所新的大厦有五个大门，每个门上两个大字，让我读起来：独立、民主、和平、统一、富强”。[③] 此时，关于“新中国”的名称，存在两种意见，即“中华人民民主共和国”和“中华人民共和国”，最终通过广泛地协商达到统一，确立了“中华人民共和国”作为“新中国”的称谓。周恩来在《关于人民政协的几个问题》中指出：“去掉了中华人民民主共和国的‘民主’二字，去掉的原因是感觉到‘民主’与‘共和’有共同意义，无须重复，作为国家还是用‘共和’二字比较好。”[④] 1949 年 9 月 22 日，《人民日报》发表社论《旧中国灭亡了，新中国诞生了！》，社论指出，政协会议的召开宣告了“旧中国的永远灭亡和新中国的伟大诞生”[⑤]，这个“新中国”将是“独立民主和平统一富强的‘新中国’”，国内各民族、各民主阶层在中国共产党的领导下共同为之奋斗。

1949 年 10 月，在中国共产党的领导下，中华人民共和国正式成立，标志着近代以来国人期望和构想的“新中国”从理想成为现实。“新中国”成为了“中华人民共和国”的简称，中国人民在中国共产党的领导下开启了独立、民主、富强、文明的社会主义新中国的建设和实践。

---

① 宋庆龄著：《宋庆龄选集》，人民出版社 1992 年版，第 468 页。

② 宋庆龄著：《宋庆龄选集》，人民出版社 1992 年版，第 471 页。

③ 杨建新编著：《五星红旗从这里升起——中国人民政治协商会议诞生纪事暨资料选编》，文史资料出版社 1984 年版，第 329、330 页。

④ 《建党以来重要文献选编》第 26 册，中央文献出版社 2011 年版，第 701 页。

⑤ 中央档案馆编：《中共中央文件选集》第 18 册（1949 年 1 月至 9 月），中共中央党校出版社 1992 年版，第 567 页。

参考文献

一、文集、资料汇编

[1] 陈独秀著：《独秀文存》卷三，安徽人民出版社1987年版。

[2] 陈旭麓、郝盛潮主编：《孙中山集外集》，上海人民出版社1990年版。

[3] 蔡元培著，高平叔编：《蔡元培全集》，中华书局1984年版。

[4] 蔡乐苏、张勇主编：《中国思想史参考资料集·晚清民国卷》，清华大学出版社2005年版。

[5] 陈平原、夏晓虹编：《触摸历史：五四人物与现代中国》，北京大学出版社2009年版。

[6] 丁文江、赵丰田编：《梁启超年谱长编》，上海人民出版社1983年版。

[7] 黄鸿寿编：《清史纪事本末》卷七十二，民国三年石印本。

[8] 黄兴著，湖南省社会科学院编：《黄兴集》，中华书局2011年版。

[9] 蒋贵麟主编《康南海先生遗著汇刊》(22)，台湾宏业书局1987年版。

[10] 姜华宣、张尉萍、肖甡主编：《中国共产党重要会议纪事(1921—2011)》，中央文献出版社2011年版。

[11] 康有为撰，姜义华、张荣华编校：《康有为全集》，中国人民大学出版社2007年版。

[12] 梁启超著，林志钧编：《饮冰室合集》，中华书局1989年版。

[13] 梁启超著，夏晓虹辑：《饮冰室合集》集外文，北京大学出

版社2005年版。

［14］李华兴、吴嘉勋编：《梁启超选集》，上海人民出版社1984年版。

［15］李大钊著：《李大钊文集》，人民出版社1984年版。

［16］梁漱溟著，中国文化书院学术委员会编：《梁漱溟全集》，山东人民出版社1989年版。

［17］张澜著，龙显昭主编：《张澜文集》，四川教育出版社1991年版。

［18］鲁迅著：《鲁迅全集》，人民文学出版社2005年版。

［19］毛泽东著：《毛泽东选集》，人民出版社1991年版。

［20］任建树主编：《陈独秀著作选编》，上海人民出版社2009年版。

［21］沈云龙主编：《近代中国史料丛刊》，台湾文海出版社1966年版。

［22］汤志钧编：《康有为政论集》，中华书局1981年版。

［23］汤志钧编：《章太炎政论选集》，中华书局1977年版。

［24］唐才常撰，王佩良校点：《唐才常集》，岳麓书社2010年版。

［25］王韬著，陈尚凡、任光亮校点：《漫游随录　扶桑游记》，湖南人民出版社1982年版。

［26］王韬著：《弢园文录外编》，上海书店出版社2002年版。

［27］王晴波编：《杨度集》，湖南人民出版社1986年版。

［28］薛福成著：《薛福成选集》，上海人民出版社1987年版。

［29］向虎雏编：《向岩纪念集》，湖北人民出版社2011年版。

［30］新中国报社编：《新中国手册》，新中国报社出版1943年（民国三十二年）版。

［31］新中国报社编：《新中国报专论集》，新中国报社出版1943年（民国三十二年）版。

［32］新中国报社编：《新中国报评论集》，新中国报社出版1943

年（民国三十二年）版。

[33] 叶德辉编:《觉迷要录》卷四，清光绪三十一年刻本。

[34] 张枬、王忍之主编:《辛亥革命前十年间时论选集》，三联书店 1960 年版。

[35] 邹容著，张梅编注:《邹容集》，人民文学出版社 2011 年版。

[36] 郑观应著，夏东元编：《郑观应集》，上海人民出版社 1982 年版。

[37] 章太炎著，上海人民出版社编:《章太炎全集》，上海人民出版社 1985 年版。

[38] 周天度编:《沈钧儒文集》，人民出版社 1994 年版。

[39] 中国社会科学院近代史所、广东省社会科学院历史研究室、中山大学历史系孙中山研究室合编：《孙中山全集》，中华书局 1981 年版。

[40] 中国第二历史档案馆编:《中华民国档案资料汇编》第三辑·政治，江苏古籍出版社 1991 年版。

[41] 中国第二历史档案馆编:《中华民国档案资料汇编》第五辑第 3 编·文化，江苏古籍出版社 1999 年版。

[42] 中国第二历史档案馆编:《中华民国史档案资料汇编》，江苏古籍出版社 2000 年版。

[43] 中共中央文献研究室编:《建国以来重要文献选编》，中央文献出版社 1997 年版。

[44] 中共中央文献研究室，中共湖南省委《毛泽东早期文稿》编辑组编，《毛泽东早期文稿》，湖南人民出版社 2008 年版。

[45] 中共中央文献研究室编:《毛泽东诗词集》，中央文献出版社 1996 年版。

二、专著

[1] [英] 埃里克·霍布斯鲍姆著，李金梅译《民族与民族主义》，上海人民出版社 2000 年版。

［2］［英］安东尼·史密斯著，叶江译：《民族主义——理论、意识形态、历史》，上海世纪出版集团，2011 年。

［3］［美］本尼迪克特·安德森著，吴叡人译《想象的共同体——民族主义的起源与散布》（增订版），上海人民出版社 2011 年版。

［4］陈旭麓著：《近代史思辨录》，广东人民出版社 1984 年版。

［5］陈旭麓著：《近代中国社会的新陈代谢》，中国人民大学出版社 2012 年版。

［6］［美］杜赞奇著，王福明译：《文化、权力与国家》，江苏人民出版社 1996 年版。

［7］［德］弗里德里希著，孟钟捷译：《世界主义与民族国家》，上海三联书店 2007 年。

［8］［德］哈贝马斯著，曹卫东译：《现代性的哲学话语》，译林出版社 2004 年版。

［9］［美］E. A. 麦雷著，梅葛等译：《新中国印象记》，上海群社出版 1939 年（民国二十八年）版。

［10］［美］杜赞奇著，王宪明译：《从民族国家拯救历史：民族主义话语与中国现代史研究》，社会科学文献出版社 2003 年版。

［11］［美］费约翰著，李霞等译：《唤醒中国：国民革命中的政治、文化与阶级》，生活·读书·新知三联书店 2004 年版。

［12］方汉奇著：《中国近代报刊史》，山西教育出版社 2012 年版。

［13］方素梅编著：《辛亥革命与近代民族国家建构》，民族出版社 2012 年版。

［14］冯自由著：《革命逸史》第二集，中华书局 1981 年版。

［15］［美］葛莱皮尔著，徐培仁译：《新中国》，青年出版社 1946 年（民国三十五年）版。

［16］［美］葛蕾勃尔著，唐长孺译：《新中国》，启明书局 1939 年（民国二十八年）版。

［17］葛兆光著：《思想史研究课堂讲录：视野、角度与方法》，生

活·读书·新知三联书店2005年版。

[18] 葛兆光著:《宅兹中国》,中华书局2011年版。

[19] 何志虎著:《中国得名与中国观的历史嬗变》,三秦出版社2002年版。

[20] [美] 贾恩弗兰科·波齐著,沈汉译:《近代国家的发展——社会学导论》,商务印书馆1997年版。

[21] 蒋梦麟著:《西潮与新潮》,东方出版社2006年版。

[22] 蒋廷黻著:《中国近代史》,武汉出版社2012年版。

[23] 蒋中正著:《中国之命运》,正中书局1943年3月普及本。

[24] 金观涛、刘青峰著:《观念史研究:中国现代重要政治术语的形成》,法律出版社2010年版。

[25] [美] 柯文著,雷颐、罗检秋译:《在传统与现代性之间:王韬与晚清改革》,江苏人民出版社1994年版。

[26] [美] 克利福德·格尔茨著,韩莉译:《文化的解释》,译林出版社1999年版。

[27] [美] 孔飞力著,陈兼、陈之宏译:《中国现代国家的起源》,生活·读书·新知三联书店2013年版。

[28] [英] (英) 昆廷·斯金纳著,奚瑞森、亚方译:《近代政治思想的基础》,商务印书馆2002年版。

[29] [英] 康德黎著,郑启中、陈鹤侣译:《孙逸仙与新中国》,民智书局1930年版。

[30] 康有为著,汤志钧导读:《大同书》,上海古籍出版社2005年版。

[31] 孔祥吉著:《康有为变法奏议研究》,辽宁教育出版社1988年版。

[32] 李起民著:《中国民主党派史稿》,四川人民出版社1988年版。

[33] 李世涛主编:《知识分子的立场——民族主义与转型期中国

的历史命运》，时代文艺出版社 2000 年版。

[34] 梁启超著：《新中国未来记》，广西师范大学出版社 2008 年版。

[35] 梁启超撰，朱维铮导读：《清代学术概论》，上海古籍出版社 2011 年版。

[36] 陆士谔著：《新中国》，上海古籍出版社 2010 年版。

[37] 罗梦册著：《中国论》，商务印书馆 1943 年（民国三十二年）版。

[38] 罗运炎著：《基督教与新中国》，美以美会全国书报部出版，中华民国十二年（1923 年）版。

[39] 罗志田著：《二十世纪的中国思想与学术掠影》，广东教育出版社 2001 年版。

[40] 罗志田著：《乱世潜流：民族主义与民国政治》，上海古籍出版社 2001 年版。

[41] 毛泽东等著：《新中国在进展中》，新中国出版社 1937 年版。

[42] 茅海建著：《从甲午到戊戌：康有为〈我史〉鉴注》，生活·读书·新知三联书店 2009 年版。

[43] [德] 马克思·韦伯著，林荣远译：《经济与社会》下卷，商务印书馆 1997 年版。

[44] [德] 马克思·韦伯著，王容芬译：《儒教与道教》，商务印书馆 1995 年版。

[45] 彭庆遐、刘维叔编著：《中国民主党派历史人物》，北京燕山出版社 1992 年版。

[46] 青之著：《论新中国——中国的现在与未来》，香港书店 1941 年版。

[47] 沙健孙主编：《中国共产党通史》，湖南教育出版社 2000 年版。

[48] [美] 史丹利著，李中译：《逝去的范式：反思国家理论》，

吉林人民出版社 2010 年版。

［49］孙科著：《三民主义新中国》，商务印书馆 1946 年版。

［50］陶绪：《晚清民族主义思潮研究》，人民出版社 1995 年版。

［51］汪晖著：《现代中国思想的兴起》（帝国与国家卷），生活·读书·新知三联书店 2008 年版。

［52］王尔敏著：《中国近代思想史论》，社会科学文献出版社 2003 年版。

［53］王建伟：《民族主义政治口号史研究（1921—1928）》，社科文献出版社 2011 年版。

［54］王奇生著：《留学与救国：抗战时期海外学人群像》，广西师范大学出版社 1995 年版。

［55］王天根：《〈天演论〉传播与清末民初的社会动员》，合肥工业大学出版社 2006 年版。

［56］王中江著：《进化主义在中国》，首都师范大学出版社 2002 年版。

［57］闻黎明著：《第三种力量与抗战时期的中国政治》，上海书店出版社 2004 年版。

［58］吴小龙著：《少年中国学会研究》，上海三联书店 2006 年版。

［59］萧公权著，汪荣祖译：《近代中国与新世界：康有为变法与大同思想研究》，江苏人民出版社 2007 年版。

［60］谢慧著：《知识分子的救亡努力——〈今日评论〉与抗战时期中国政策的抉择》，社会科学文献出版社 2010 年版。

［61］许纪霖著：《中国知识分子十论》，复旦大学出版社 2003 年版。

［62］杨奎松著：《失去的机会——战时国共谈判实录》，广西师范大学出版社 1992 年版。

［63］杨天石著：《国民党人与前期中华民国》，中国人民大学出版社 2007 年版。

[64]［美］易劳逸著，陈谦平、陈红民等译：《流产的革命：1927—1937年国民党统治下的中国》，中国青年出版社1992年版。

[65]［美］易劳逸著，王建朗、王贤知、贾维译：《毁灭的种子：战争与革命中的国民党中国（1937—1949）》，江苏人民出版社2010年版。

[66]［美］张灏著，崔志海、葛夫平译：《梁启超与中国思想的过渡（1890—1907）》，江苏人民出版社1993年版。

[67]张晨怡著：《近代中国知识分子的民族主义思想研究》，中央民族大学出版社2012年版。

[68]张朋园著：《梁启超与民国政治》，吉林出版集团2007年版。

[69]章永乐：《旧邦新造：1911—1917》，北京大学出版社2011年版。

三、期刊论文

[1]安树彬：《从传统天下观到近代国家观》，载于《华夏文化》2004年第1期。

[2]［法］巴斯蒂：《中国近代国家观念溯源——关于伯伦知理〈国家论〉的翻译》，载于《近代史研究》1997年第4期。

[3]白锐：《康有为近代民族国家观》，载于《求索》2005年第4期。

[4]陈动：《论国名与国号》，载于《厦门大学学报》2006年第3期。

[5]陈江：《从〈大中华〉到〈新中华〉——漫谈中华书局的两本杂志》，载于《编辑学刊》1994年第2期。

[6]陈玉屏：《略论中国古代的“天下”、“国家”和“中国”观》，载于《民族研究》2005年第1期。

[7]赤真：《旧王朝的丧钟和新制度的蓝图——读梁启超〈新中国未来记〉》，载于《包头师专学报》（社会科学版）1996年第1期。

[8]丛日云：《解读1949年国号之争》，载于《炎黄春秋》2012

年第12期。

[9] 桂栖鹏、找晓兰：《辛亥革命前夕革命派报刊与保皇派报刊的两次大论战》，载于《出版科学》2003年第1期。

[10] 郭继宁、郑丽丽：《清末新小说中的“新中国”想象》，载于《西南大学学报》(社会科学版) 2009年第4期。

[11] 何志虎：《康有为的“大中国观”与革命派放弃“驱除鞑虏”口号》，载于《史学月刊》2000年第5期。

[12] 何志虎：《戊戌维新与“近代救亡的中国观”的中级形态》，《宝鸡文理学院学报》2008年第2期。

[13] 何志虎：《中国称谓的起源》，载于《人文杂志》2002年第5期。

[14] 侯晚梅：《民主革命时期中共关于国家结构形式构想的历史演变》，载于《浙江海洋学院学报》(人文科学版) 2010年第1期。

[15] 胡阿祥：《有关“中华民国”国号的“一重公案”》，载于《唯实·文史长廊》2013年第1期。

[16] 胡明华：《“中华民国”国号考》，载于《江苏社会科学》2012年第3期。

[17] 胡学举、张晓丹：《邓小平论新中国》，载于《天府新论》2009年第6期。

[18] 黄国华、钟小敏：《中国共产党建国构想的历史回顾》，载于《理论与改革》1999年第6期。

[19] 黄晓峰：《姚大力谈历史上的民族关系和中国认同》，载于《东方早报上海书评》2011年12月4日。

[20] 黄兴涛：《民族自觉与符号认同：“中华民族”观念萌生与确立的历史考察》，载于《中国社会科学评论》2002年2月创刊号。

[21] 黄兴涛：《清末民初新名词新概念的“现代性”问题——兼谈“思想现代性”与现代“社会”概念的中国认同》，载于《天津社会科学》2005年第4期。

[22] 黄兴涛:《现代“中华民族”观念形成的历史考察——兼论辛亥革命与中华民族认同之关系》,载于《浙江社会科学》2002年第1期。

[23] 黄兴涛:《新名词的政治文化史:康有为与日本新名词关系之研究》,载于《新史学》第三卷,中华书局2009年版。

[24] 蒋红艳:《民族复兴与新中国建设学会——新中国建设学会成立原因探析》,载于《湖北社会科学》2013年第11期。

[25] 金观涛:《百年来民族主义的结构演变》,载于《二十一世纪》1993年第2期。

[26] 李春来:《中国共产党新民主主义共和国构思的两大理论特征》,载于《传承》2011年第10期。

[27] 李光伟:《走向新中国的必由之路》,载于《高校理论战线》2009年第12期。

[28] 李捷:《对毛泽东新中国探索的再思考——从〈毛泽东传(1949—1976)的写作谈起〉》,载于《现代哲学》2006年第1期。

[29] 李永春、郭汉民:《曾琦“少年中国”理想的渊源》,载于《湖南城市学院学报》2006年第1期。

[30] 梁化奎《“新中国”:党在民主革命时期的诉求表达和传播——以其在中共建党纪念文本中的表现为主要考察对象》,载于《安徽史学》2012年第5期。

[31] 林同奇:《“民族”、“民族国家”、“民族主义”的双重含义——从葛兆光的〈重建中国的历史论述〉谈起》,载于《二十一世纪》2006年4月号。

[32] 刘涛:《以小说为中国立法——蔡元培〈新年梦〉解》,载于《汉语言文学研究》2010年第4期。

[33] 刘向媛、何志虎:《鸦片战争与中国观的近代转换》,载于《宝鸡文理学院学报》2006年第5期。

[34] 刘学照:《论丘逢甲诗中的“新中国”思想》,载于《厦门

大学学报》（哲学社会科学版）2005 年第 2 期。

［35］刘学照：《孙中山与新中国运动》，载于《史林》2003 年第 3 期。

［36］刘振清：《解放战争后期建国方略评析》，载于《世纪桥》2007 年第 4 期。

［37］龙心刚：《也谈“中华人民共和国”作为国名的原因——兼与潘焕昭老师商榷》，载于《当代中国史研究》2009 年第 1 期。

［38］马忠文：《康有为自编年谱的成熟时间及相关问题》，载于《近代史研究》2005 年第 4 期。

［39］茅海建：《“康有为自写年谱稿本”阅读报告》，载于《近代史研究》2007 年第 4 期。

［40］茅海建：《巴西招募华工与康有为移民巴西计划的初步考证》，载于《史林》2007 年第 5 期。

［41］潘焕昭：《“中华人民共和国”国名考》，载于《党的文献》2007 年第 3 期。

［42］申晓云：《从“宪政”到“党治”——孙中山“再造民国”思想转换透视》，载于《南京社会科学》2011 年第 6 期。

［43］宋月红：《“中华人民共和国”国名补考》，载于《党的文献》2007 年第 5 期。

［44］王弟：《试论〈新中国未来记〉中梁启超的民族国家思想》，载于《绥化学院学报》2009 年第 5 期。

［45］王慧娟：《新中国国号之争》，载于《中共石家庄市委党校学报》2009 年第 4 期。

［46］王辑：《延安〈新中华报〉简史》，载于《新闻研究资料》1987 年第 2 期。

［47］王占阳：《新中国：百年来的理想与实践》，载于《炎黄春秋》2011 年第 8 期。

［48］王玉玲：《清末知识分子的“新中国”构想》，载于《清史

研究》2013 年第 4 期。

[49] 魏万磊：《20 世纪 30 年代中国民族复兴话语谱系的形成》，载于《复旦学报》(社会科学版) 2010 年第 2 期。

[50] 吴小龙：《“少年中国”的理想追求极其分化——简评少年中国学会》，载于《浙江社会科学》2000 年第 3 期。

[51] 吴晓红：《毛泽东与新中国的政体》，载于《呼伦贝尔学院学报》2000 年第 4 期。

[52] 徐文永：《毛泽东与〈新中华报〉》，载于《兰台世界》2006 年第 2 期。

[53] 徐勇：《“回归国家”与现代国家的建构》，载于《东南学术》2006 年第 4 期。

[54] 杨小川：《〈新中华报〉介绍》，载于《抗日战争研究》1997 年第 1 期。

[55] 杨雪冬：《民族国家与国家构建：一个理论综述》，载于《复旦政治学评论》2005 年第 1 期。

[56] 尤小立：《少年中国学会的解体与五四知识人的政党化》，载于《学术评论》2007 年第 3 期。

[57] 俞祖华：《近代中国民族主义的类型、格局及主导价值》，载于《齐鲁学刊》2001 年第 2 期。

[58] 袁成亮：《从中华苏维埃共和国到中华人民共和国——新中国诞生之路述略》，载于《党史纵览》1999 年第 5 期。

[59] 袁德娟：《黑暗中的迷茫与追寻——梁启超〈新中国未来记〉对民族救亡路径的探索》，载于《职教论坛》2009 年 6 月。

[60] 詹宏伟、赵明强：《新中国社会主义观与中国模式的生成发展》，载于《云南民族大学学报》(哲学社会科学版) 2010 年第 1 期。

[61] 郑大华：《民主革命时期中共的“中华民族”观念》，载于《史学月刊》2014 年第 2 期。

[62] 郑德荣、梁继超：《新中国诞生与中华民族的伟大复兴》，载

于《高校理论战线》2009年第7期。

[63] 郑永福：《〈新中国未来记〉与二十世纪初梁启超的思想》，载于《中州学刊》1987年第1期。

[64] 周平：《论中国民族国家的构建》，载于《当代中国政治研究报告》2008年第00期。

[65] 周汝江：《清末满汉问题与民族国家建设的困境》，载于《求索》2009年第11期。

[66] 周锡瑞著，贾建飞译：《大清如何变成中国》，载于《北京大学民族社会学研究通讯》2012年10月15日，第121期。

[67] 朱忆天：《康有为"虚君共和"论浅析》，载于《湖南师范大学社会科学学报》2011年第2期。

四、学位论文

[1] 王玉玲：《激进与保守之间：梁启超〈新中国未来记〉研究》，郑州大学2012年硕士学位论文。

[2] 崔树杨：《从〈新中国〉杂志看1919年前后中国社会的"新中国"建设构想热潮》，安徽大学2013年硕士学位论文。

五、报刊

[1]《申报》

[2]《维新日报》

[3]《新民丛报》

[4]《清议报》

[5]《新小说》

[6]《民报》

[7]《知新报》

[8]《中国新报》

[9]《新中国报》

[10]《大公报》

[11]《浙江潮》

[12]《少年中国》(1919 年少年中国学会)
[13]《大中华杂志》
[14]《新中国》杂志
[15]《新教育》
[16]《新国民》
[17]《新青年》
[18]《新中华》(1915 年)
[19]《新湖南》
[20]《新广东》
[21]《新潮》
[22]《新路》
[23]《新生》
[24]《新生活》
[25]《东方杂志》
[26]《京报副刊》
[27]《中华日报》
[28]《新中华报》(1939 年)

后　记

当我完成此书，积压在心中三年的石头终于落了地，这也意味着紧张充实的博士生涯就要结束了。在这三年中，我曾无数次地盼望这一刻的到来，特别是本书写作遇到瓶颈的时候。但是当这一刻真的来临，我的心情却极为复杂，有轻松，有雀跃，有感激，也有不舍。读博生活是艰难而辛苦的，个中滋味只有亲身经历者才能体会，它是体力和脑力的双重考验；但同时，它又是充实而满足的，那些日夜与书相伴的日子将成为我一生中值得骄傲的回忆。

回顾二十几年的求学经历，三年的博士生活是最煎熬的，也是收获最大的。早就听人说，要想博士毕业不蜕层皮是不可能的，很庆幸，我终于完成了这个蜕变。决定读博士是我初中时候就给自己定下的目标，那时候根本不了解博士是做什么的，只觉得那是一个很高的“头衔”。后来跟我一起读书的小伙伴们一个个地放弃了学业，而我心中求学的信念依然很坚定。我小时候身体很瘦弱，还记得十二岁那年，一个人骑着自行车到十里地以外的学校上学，风雨中摔倒在泥泞的土沟里，瘦弱的身体哭着爬着挣扎着，为了达到心中的目标，最终我还是坚持了下来。进入大学以后，对自己未来的规划慢慢地清晰，我喜欢大学生活，喜欢校园里青春的活力和知识的碰撞，于是就暗自下定决心，要学更多的知识，将来成为一名大学教师，这就更加坚定了我要考博和读博的想法。经历了四年本科和三年硕士生活，2012 年 9 月，我终于实现了读博的愿望，成为中国人民大学中国近现代史专业的一名博士生。三年的博士生活让我尝尽了酸甜苦辣咸，最艰难的时候曾怀疑自己是否适合读博士，论文没思路时也曾经动过放弃的念头，有段时间心力交瘁、夜夜难寐，但还好，我最终挺了过来。现在，我终于相信“坚持就是胜利”的真谛，也越来越坚定地秉持着“越努力越幸运”的人生格言。

在这三年中，我取得了一些成绩，也收获了一些荣誉和肯定，而这一切除了我个人的努力，也离不开关心和帮助我的老师和同学，在这里，我要向他们表达最真诚的谢意！首先，我最要感谢的是我的博士生导师马克锋教授，感谢他愿意接收我成为他的学生。马老师性格温和、为人谦逊，但是对学生却极为严格，特别是在学习和学术方面，他经常强调学术规范的重要性，要求我们多读书、多练习写文章。博士还没入学，老师就给我布置了任务，他要求我以“新中国”构想为主题写一篇论文开学交给他。那年暑假我就开始收集资料，在北大图书馆和国家图书馆学习了将近一个月，但是由于思路受限和研究不得门路，开学时交给老师的论文不尽如人意，马老师认真看完后给出了一些修改建议，要求我重新理出思路，重写一篇再交给他。博士第一年课业繁重，我在课余时间继续修改那篇文章，直到第二年完成的论文才得到老师的些许认可，这篇文章奠定了我的博士论文的基础，在导师的悉心指导下，最终确定以“近代国人的‘新中国’构想研究”作为博士论文的题目，并顺利完成了论文的写作。读博期间，在马老师的督促和鼓励下，我连续发表了三篇相关学术论文，并申请承担了一项研究生科研基金项目。博士论文的完成更是离不开了老师的指导和点拨，从论文选题到开题到论文的预答辩，马老师倾注了诸多心血，老师的谆谆教诲我将铭记在心。老师曾利用春节假期给我修改论文，并且几乎是逐字逐句地修改，这种严谨的态度和奉献的精神感人至深。导师这种严谨的治学之道和谦逊低调的处事风格，深深打动了我，他的教诲与鞭策将激励我在以后的科研和教学之路上奋勉前进，勇于创新。我还要感谢我的硕士生导师——郑州大学的郑永福教授，是他引领我走进学术的大门，在我进入中国人民大学攻读博士学位期间，郑老师和师母仍然非常关心我的学习和生活，他们的鼓励和帮助督促着我不断进步。

其次，我要感谢中国人民大学清史研究所的夏明方教授和黄兴涛教授。在夏明方老师的研究生指导课上，老师不止一次地对我的论文提出写作和修改建议，并试图打开我的思路，夏老师做学问的勤奋精神和严谨态度始终是我学习的典范。在夏老师的鼓励下，我的课程论文《清末知识分子的“新中国”构想》也得以发表，夏老师对学生的提携和帮助鼓舞着我不断努力。黄兴涛教授虽然事务繁忙，也在百忙之中抽出时间对我的论文提出一些有益的建议，他曾在多种场合表示了对我的论文的关注，这使我深受鼓舞。在此对两位老师的关心和帮助衷心地表示感谢！另外，我还要感谢北京大学的徐万民教授、清华大学的欧阳军喜教授、中国社会科学院的罗检秋教授和中国人民大学国际关系学院的闫润鱼教授、首都师范大学的方敏教授，几位老师参加了我的博士论文开题，并提出许多可行性建议。感谢人民大学历史系的郭双林教授、高波老师、杨雨清老师和牛贯杰老师以及清史所的朱浒老师，他们在我的博士论文预答辩上指出了论文的不足之处，并给予了修改意见。

此外，感谢陪伴我生活和学习的同学刘淑芳、吴元、黄娟、蒋继瑞、胡晔、陈黄蕊等，刘淑芳和黄娟在资料收集方面曾给我提供了很大的帮助。我的好朋友孙丽、孙雪姣、傅琪惠、刘素萍、朱晓经常给我鼓励。感谢同门张树军师兄、孙钦梅师姐和师弟赵冲、王家亮、贾琦伟、徐鹤涛等，谢谢他们在我读博期间鼓励和帮助我。还有许多同学和朋友曾给予我很大的支持，友谊的温暖为我提供了积极前进的力量，在此一并对他们表示感谢！

最后，我要感谢我的家人。家庭的温馨和亲人无私的爱不断激励着我前进。最应该感谢的是我的父母，他们不仅给了我生命，还指引着我人生的方向。他们的勤劳和乐观、宽厚和仁慈潜移默化地影响着我，是他们培养了我善良的品格和坚强的意志。感谢他们默默地支持我完成学业，谢谢他们在我遇到困难时耐心地安慰我、鼓励我，在我有些骄傲大意时严厉地提醒我、批评我，特别是我的爸爸，他总能在我取得一点小成绩有些膨胀时及时地提醒我。父母为我付出了太多太多，他们永远是我坚强的后盾，他们的支持和期望是我完成博士学业最大的动力。感谢我的两个弟弟，他们经常对我嘘寒问暖，关心我的生活和学习，作为姐姐的我没能给他们提供什么帮助和照顾，反而是他们为我做了很多，为了不影响我学习，父母生病时不告诉我，替我照顾父母，这使我深感惭愧。父母和家人为我提供了后顾无忧的生活环境，使我能够安心地学习、顺利地完成学业，谢谢他们这么多年的理解和支持。

此书是对我三年博士生活的总结和检验，“吾生也有涯，而知也无涯”，我将在以后的工作中再接再厉，在教学和科研的道路上勇往直前。

博士毕业以后，我终于实现了梦想，成为了一名大学教师。转眼毕业已6年有余，在教学工作之余，我对博士论文进行了修改和完善，最终形成了本书。这一工作的完成离不开爱人和孩子的支持，我始终记得孩子刚学会说话就不断地说着“妈妈加油”，这带给我莫大的精神力量。在本书出版之际，感谢默默支持我的爱人和天真可爱的孩子，他们的爱一直激励着我不断前进！